W0083109

Monika Muranyi

Die menschliche Akasha

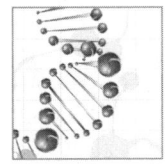

Monika Muranyi

Die menschliche Akasha

Gesammelte Kryon-Botschaften: Die persönlichen Lebenslektionen entschlüsseln

Wichtiger Hinweis

Die im Buch veröffentlichten Empfehlungen wurden von Verfasserin und Verlag sorgfältig erarbeitet und geprüft. Eine Garantie kann dennoch nicht übernommen werden. Ebenso ist die Haftung der Verfasserin bzw. des Verlages und seiner Beauftragten für Personen-, Sach- und Vermögensschäden ausgeschlossen.

Aus dem Englischen von
Maria Müller-de Haën

Titel der Originalausgabe:
The Human Akash
Copyright © 2014 by Monika Muranyi
originally published in 2014 by Ariane Édition
CANADA

Deutsche Ausgabe:
© 2015 KOHA-Verlag GmbH Burgrain
2. Auflage
Lektorat: Miriam Pfadt
Alle Illustrationen: Shutterstock
Covergestaltung: Sabine Dunst / Guter Punkt, München,
unter Verwendung einer Grafik von
© Chad Baker/Thomas Northcut/Thinkstock
Layout: Birgit-Inga Weber
Gesamtherstellung: Karin Schnellbach
Druck: CPI Moravia Books
ISBN 978-3-86728-273-4

Widmung

Dieses Buch ist Ihnen,
liebe Leserinnen und Leser, gewidmet.
Sie sind die neuen Menschen,
die auf einer neuen Erde erwachen.
Gemeinsam säen wir
die Saat des Friedens.

Inhalt

Vorwort

Der Wind bringt ein Gefühl bevorstehenden Unheils mit sich, während er seufzend durch die Segel streift – eine geisterhafte Stimme, die Seeleuten wohlbekannt ist. Die salzige Gischt des Meeres sticht auf unseren Gesichtern. Wir stehen in Reih und Glied auf dem schwankenden Holzdeck und bereiten uns darauf vor, unserem Schicksal zu begegnen. Wir sind an die Bewegung unseres großen Schiffes gewöhnt; doch in den letzten Momenten, als unser Kapitän unser Kriegsschiff manövriert, um den Feind anzugreifen, ist sie noch stärker geworden.

Wir haben alle Angst – und zur Angst gesellt sich die Kälte. Viele um mich herum sind schweigsam und beten. Ich sehe, wie sie die Lippen bewegen und ihrem Gott ihre letzten süßen Worte zuflüstern. Einige von ihnen ziehen kleine Erinnerungsstücke an ihre Frauen und Kinder heraus und halten sie fest in der Hand …, doch nie lassen wir die Waffen los …, niemals. Manche weinen, doch niemand verurteilt dies. Viele von uns werden schon bald sterben, und unter Kriegern gibt es während dieser letzten Augenblicke keine »Regeln«. Das sind sehr persönliche Momente, und jeder sieht dem Tod auf seine Weise ins Auge.

Der Ruf zu den Waffen steht bevor. Im Halbdunkel der Morgendämmerung streicht der Wind über die Wellen und erreicht die Segel des Schiffes; wir bringen uns in Position für einen unsichtbaren Feind, der sehr nahe, aber im Nebel verborgen ist. Die Segel werden angeluvt und füllen sich, der Kapitän schiftet durch den Wind und versucht, die Position des Feindes zu erraten. Wir segeln windwärts, und der Kapitän hat uns einen Kampfvorteil verschafft. Das Meer spricht erneut zu uns, als eine heftige nördliche Dünung gegen unsere Backbordseite drückt und das Deck auf eine Weise kippt, die uns sagt, dass wir uns in Richtung Kampflinie manövrieren.

Diese Augenblicke werden in vielen Büchern beschrieben und verherrlicht, als ob sie eine Art Abenteuer wären. Doch die meisten Menschen werden nie diese absolute Stille kennenlernen, die wir vor dem Kampf Mann gegen Mann auf See erleben. Die Schiffe müssen so zusammengebracht werden, dass man an Bord gehen kann, müssen aber zugleich so lange wie möglich außerhalb der Reichweite der großen Kanonen bleiben, die auf beiden Schiffen vorhanden sind. Es werden keine Anweisungen gebrüllt, und kein Kampfschrei ist zu hören. Stattdessen wird Stillschweigen bewahrt, damit trotz Wind und Wellen die gleichmäßige, emotionslose Stimme des Kapitäns zu hören ist, die ständig Befehle zur Anpassung der Ruder und zum finalen Segeltrimm erteilt. Die Trimmer sind auf den Rahen, ebenso die Bogenschützen und Wachposten. Auf Deck sind wir über hundert Männer in Rüstung und bewaffnet, und man hört nichts außer diesen geisterhaften, surrealen Stimmen, die das Schiff navigieren, und dem Ächzen des Schiffes, das gegen die Meeresbrandung ankämpft.

Aus dem Nebel taucht der Feind auf – es sind so viele! Das feindliche Schiff ist, wie man uns ja schon gesagt hatte, viel größer als unseres. Eine neue kalte Welle der Furcht überrollt uns, als wir sehen, was da wirklich auf uns zukommt, und wir wissen, wie die Chancen stehen … Niemand sagt etwas; wir schauen einfach unserem Schicksal in die Augen. Das feindliche Schiff trifft auf unserer Steuerbordseite auf uns, wir auf seiner Backbordseite. Beide Schiffe werden unverzüglich an Fahrt verlieren, um entern zu können, während beide langsam, ohne Abstand aneinander vorbeigleiten. Wir sehen, wie sie hektisch die Segel einholen, um den Wind aus den Segeln zu nehmen. Wir machen das Gleiche.

Die Kanonen beider Schiffe werden abgeschossen, ein ohrenbetäubender Lärm. Auf beiden Seiten ertönt fast gleichzeitig Gebrüll, und das Deck neigt sich unter unseren Füßen, als unser mit Eisen gepanzertes Schiff den Hauptstoß des Kanonenschusses auf dem Rumpf abbekommt. Die meisten Kanonen zielen auf den Rumpf des gegnerischen Schiffes, doch ein paar kleinere Kanonen sind auch auf die Betakelung gerichtet. Durch die Schäden bricht auf den Decks beider Schiffe Chaos aus, und schon stecken wir mittendrin.

Wir müssen uns vor allem darauf konzentrieren, am Leben zu bleiben und uns vor unserer Furcht zu schützen. Die fallende Betakelung schlägt auf dem Deck auf, wo wir stehen, und die nassen, schweren Leinen peitschen auf uns ein wie angreifende Schlangen, die uns umschlingen und vom Kampf abhalten wollen. Wir stehen jetzt nicht mehr in Reih und Glied; die Schilde über uns erhoben, versuchen wir, *den herumfliegenden Trümmern auszuweichen, und rennen wie wild umher.*

Als Nächstes kommen die Pfeile geflogen. Unsere Beobachtungsposten sehen das, und es ergeht Befehl, die Schilde vor uns zu halten. Wir sehen die gegnerischen Bogenschützen, die an den Rahen des Fockmastes festgeschnallt sind; so können sie erstklassig zielen, während ihr Schiff neben dem unsrigen ist. So festgebunden, bieten sie aber auch ein sicheres Ziel, und viele Männer werden dort sterben; sie hängen in ihren Gurten wie Stoffpuppen ..., langsam verfärben sich die Segel blutrot. Wir schauen zu, wie unsere Bogenschützen versuchen, die gegnerischen Bogenschützen zu dezimieren. Schmerzensschreie gellen auf beiden Seiten, wenn die Pfeile ihr Ziel erreichen. Dann beginnt um mich herum das Sterben. Überall sinken Männer zu Boden. Konzentriere dich! Mach das, was man dir beigebracht hat! Achte darauf, von woher die Pfeile kommen, und halte dein Schild in diese Richtung. Lausche und beobachte!

Es ergeht ein schneller Befehl, nach Steuerbord zu wechseln, wo große Teile der Reling in Erwartung des Kampfes entfernt wurden. Wir müssen schnell sein! Die hölzernen Einstiegsrampen sind hochgezogen worden und gewähren ein wenig Schutz vor dem anhaltenden Pfeil- und Speerregen. Weitere Männer fallen, und wir rücken vor, um ihre Plätze einzunehmen. Konzentriere dich! Leiste den gefallenen Kameraden keine Hilfe! Schau sie nicht an! Sonst bist du als Nächstes dran.

Seit dem ersten Kanonenfeuer ist nicht einmal eine Minute vergangen; wir stoßen weiterhin Kampfesschreie aus, als wir scharenweise auf das Deck zum anderen Schiff drängen, wie es Vorschrift ist. Unsere Kommandeure behaupten, der Lärm würde den Feind erschrecken, aber wir wissen, dass damit vor allem die Schmerzensschreie der Männer übertönt werden sollen, die durch schreckliche Wunden zu Fall gebracht wurden und die wir, wie man uns beigebracht hat, nicht anschauen sollen. Nicht hinschauen! Konzentriere dich!

Noch einmal dröhnen die Kanonen, und mein Tod ist das, was meine Vorgesetzten einen »dummen Tod« nennen. Ich sterbe nicht ehrenvoll. In all dem Chaos, dem Lärm und der Verwirrung finde ich mich am äußersten Rand der Landungsbrücke wieder. Unsere eigene koordinierte Kanonensalve war zu träge, schlug auf unser eigenes Deck auf und beförderte mich hinunter in das wüste Gewühl zwischen den beiden Schiffen, die knirschend aneinanderreiben. Ich muss gleichzeitig auseinandergerissen und ertrunken sein. Nie habe ich mich dem Feind gestellt, nie mein Land verteidigt. Ich habe komplett versagt. Das Meer verhöhnt mich, als es sich unverzüglich über meinen abgetrennten Körperteilen schließt und meine Seele in Gefangenschaft nimmt. Niemand hört meine Schreie.

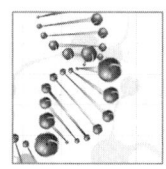

Ich erwache schweißgebadet. Schon wieder dieser Traum! Warum träume ich das so oft? Hat das mit einem Film oder einem Buch zu tun, den ich gesehen bzw. das ich gelesen habe? Der Traum war so real! Ich konnte die Geräusche hören.

Darüber denke ich nach, während ich mich für die Arbeit fertig mache, meine E-Mails checke und einem Freund eine SMS über mein Smartphone schicke. Könnte dieser Traum auf eine tatsächliche Erfahrung zurückgehen? Ist das vielleicht die Erklärung für meine Angst vor dem Meer? Mein Leben lang haben sich meine Freunde über mich lustig gemacht, wenn ich nicht ins Meer gehen wollte. Schwimmbäder und Swimmingpools sind okay, auch Seen, aber das Meer – niemals! Ich weiß, das ist nicht rational, aber Angst ist nun einmal nichts Logisches. Vor einiger Zeit habe ich erkannt, dass ich das Meer nicht nur einfach nicht mag – ich hasse es. Ich hasse das Gefühl, das es mir vermittelt, als ob es mich kennen würde. Es ist egal, ob ich darin schwimme oder nicht, ich mag es einfach nicht – und ein Boot besteigen oder mit dem Schiff fahren …, nie im Leben! Man schlug mir schon vor, eine Therapie zu machen, aber ich hatte meine eigene Lösung, und sie funktioniert. Ich lebe einfach so weit weg vom Meer wie möglich.

Als ich mich auf den Weg zur Arbeit mache, spüre ich immer noch einen Rest der Angst, die mich in meinem Traum gefangen hielt. Ich fahre mit dem Auto los auf die Straße. Ich lächle und genieße die tägli-

che friedliche Fahrt zur Arbeit durch die weite texanische Prärie, weit weg vom Meer und in Sicherheit.

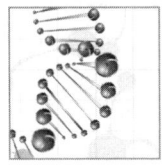

Die vorstehende Geschichte stammt nicht von mir, aber es könnte meine Geschichte sein. Wie Kryon uns sagt, können diese erstaunlich realen Träume sehr wohl Ausdruck vergangener Leben sein, die über diese geheimnisvolle Energie, die sogenannte *Akasha-Chronik,* in das derzeitige Leben übertragen werden. Bestimmte vergangene Lebenszeiten, die ganz besonders dramatisch waren, scheinen in unser Zellgewebe eingeprägt zu sein. Können sie uns im Hier und Jetzt beeinflussen? Haben diese Überbleibsel einen Einfluss auf unser derzeitiges Leben und unsere Entscheidungen? Die Antwort lautet: Ja! Sie bergen umfassendes Potenzial, unser Leben zu beeinflussen und auch zu verändern.

In diesem Buch geht es um diese erstaunlichen Akasha-Energien, von denen Kryon in den letzten vierundzwanzig Jahren immer wieder gesprochen hat. Doch es handelt sich um viel mehr als lediglich um Informationen über Erfahrungen aus früheren Leben. In dieser neuen Energie nach dem Jahr 2012 können wir – wie uns gesagt wird – tatsächlich auf tief greifende Weise mit unserer eigenen Akasha-Energie arbeiten. Wir können sogar die Furcht und Angst vergangener Erfahrungen *um*schreiben, das Drama aufheben und es sozusagen außer Kraft setzen.

Und wie wäre es, wenn wir nach unseren Talenten und körperlichen Attributen aus der Vergangenheit »schürfen« würden? Können wir sie uns in unserem derzeitigen Leben zunutze machen? Warum eigentlich nicht, wenn sie sich doch in uns befinden? Sind Sie daran interessiert?

Dies ist das zweite themenorientierte Buch der Autorin und Kryon-Archivarin Monika Muranyi. Das erste Buch, »Der Gaia-Effekt«, war eine sorgfältig recherchierte Zusammenstellung von praktisch allem, was Kryon jemals über Gaia durchgegeben hat. Es wurde so gut aufgenommen, dass Monika klar wurde: Sie müsste eigentlich noch mindestens zwei Bücher über weitere Themen schreiben. Das Buch, das Sie, liebe Leserinnen und Leser, in der Hand halten, ist Buch Nummer zwei.

Die Akasha ist kompliziert und wird oft missverstanden. Monika Muranyi stellt zusammen, was Kryon über dieses Thema durchgegeben hat, und versieht das Material mit Erklärungen und Kommentaren. Und sie stellt Kryon viele Fragen, um bestimmte Eigenschaften und Attribute noch klarer zu machen. Diese Fragen stehen nirgendwo sonst, sie sind einzig und allein in diesem Buch zu finden. Genießen Sie diese Reise, auf der Sie ein Thema erforschen, welches Ihre Abstammung auf dem Planeten Erde untersucht!

Lee Carroll

*** Gerne möchten wir Ihnen die zu diesem Buch erhältliche App »Akasha Power« von Lee Carroll empfehlen: Sie enthält Channelings und Anleitungen, mit deren Hilfe Sie das Potenzial und das Wissen Ihrer Akasha in Ihr Leben integrieren und sie nutzen können.

Weitere Informationen finden Sie auf Seite 302 dieses Buches oder unter www.leecarroll.momanda.de.

Einleitung

In meinem Vorgängerbuch »Der Gaia-Effekt« habe ich die weisen Lehren Kryons über Gaia zusammengestellt. Es erzählt die Geschichte der tiefen Beziehung zwischen der Menschheit und Gaia, dem Planeten Erde. Dieses zweite Buch der Kryon-Trilogie beschäftigt sich mit der menschlichen Akasha. Es gibt einen Kreislauf des Lebens und ein großartiges System. Jeder Mensch hat eine Akasha, auf die er zugreifen kann, um sein derzeitiges Leben zu bereichern und die Energien potenzieller zukünftiger Leben zu verändern. »Der Gaia-Effekt« war eine Einladung an die Leser, ihre Beziehung zu Gaia zu erneuern. Dieses Buch lädt die Leser ein, ihre Beziehung zu sich selbst zu erneuern und zu ihrer eigenen Meisterschaft zu erwachen.

Viele Menschen auf dem Planeten waren bereits früher hier – in unzähligen Lebenszeiten voller unvorstellbarer Ereignisse und Erfahrungen. Wer sind Sie wirklich? Welche Talente tragen Sie in sich? Warum haben Sie sich für eine bestimmte Arbeit entschieden? Auf was können Sie in Ihrem Leben nicht verzichten? Was sind Ihre größten Ängste? Die Antworten auf diese Fragen sind für jeden Einzelnen etwas ganz Einmaliges und Persönliches. In jedem von uns sitzt unsere flüchtige Akasha mit der Blaupause dessen, wer wir sind. (Speziell zur flüchtigen Akasha siehe Kapitel 10: »Mit der Akasha kommunizieren«.)

Sie können sich Ihre Akasha wie ein spirituelles Gefäß vorstellen. In diesem Gefäß befindet sich alles, was mit Ihnen zu tun hat. Wenn Sie es aufmachen, kommt die Weisheit all Ihrer Leben heraus, die Sie jemals gelebt haben. Das spirituelle Gefäß ist eine Metapher für die spirituellen Lektionen in Ihrer Akasha. Das heißt, Sie müssen nicht alles wieder von Neuem erlernen. Sie müssen dieses Gefäß einfach nur öffnen und Ihr spirituelles Wissen wieder erwecken. Doch wie können wir dieses spirituelle Gefäß öffnen? Den Anfang haben Sie bereits gemacht, indem Sie dieses Buch lesen. Spirit sieht Ihre Absicht! Wenn Sie die nachfolgenden Informationen lesen, insbesondere die Durchgaben von Kryon, spüren Sie vielleicht so etwas wie ein Erinnern. Und Sie *erinnern* sich tatsächlich an Ihre spirituelle Weisheit! Den Großteil meines Lebens galt meine Leidenschaft der Natur. Das ist immer noch so, allerdings auf eine andere Art und Weise als früher. Diese Leidenschaft führte mich in Australien auf die Universität, wo ich mein Studium in Angewandter Naturwissenschaft mit Auszeichnung abschloss. Die wissenschaftliche Forschung, insbesondere die Feldforschung in einer großartigen Natur, war für mich der Himmel auf Erden. Nach dem Studium arbeitete ich als Park Ranger für eine Nationalparkagentur in Canberra. Das Leben war toll. Ich tat eine Arbeit, die ich liebte, und wurde auch noch dafür bezahlt. Es fühlte sich eigentlich gar nicht wie Arbeit an. Über 15 Jahre arbeitete ich in zahlreichen Nationalparks in ganz Australien und Neuseeland. Ohne dass es mir klar war, hatte mich meine Akasha genau dort »abgesetzt«, wo ich mich am wohlsten fühlte: in der Natur, bei Gaia. Ich war zufrieden und glücklich, in einer spektakulären Landschaft, weit entfernt von der Hektik und dem Lärm der Großstadt, zu leben.

Als 2005 meine Ehe in die Brüche ging, kamen viele, bisher unbewusste Probleme an die Oberfläche. Das Ereignis war direkt mit einer wichtigen Lebenslektion verknüpft, auch wenn ich dies zum damaligen Zeitpunkt nicht erkennen konnte. Im Laufe eines langsamen spirituellen Erwachungsprozesses (langsam, weil ich ein Sturkopf bin) entdeckte ich allmählich einen ganz neuen Aspekt meiner selbst. Mein emotionaler Zusammenbruch war der Katalysator gewesen, der mich schließlich aus dem »Überlebensmodus« herausbrachte. Ich hatte meine Absicht kundgetan, mehr zu wissen. Während dieses Prozesses hatte ich mein spirituelles Gefäß geöffnet. Und langsam kamen das Wissen und die spirituelle Weisheit heraus, die mich zur Energiearbeit von Peggy Phoenix Dubro und den von Lee Carroll gechannelten Kryon-Botschaften führten. Und meine spirituelle Reise geht weiter. Wie so viele andere Menschen habe ich nach wie vor mit Ängsten und Herausforderungen zu kämpfen.

Möchten Sie Ihre Ängste und Herausforderungen überwinden? Möchten Sie die alten Energiemuster identifizieren und loswerden, weil sie erkennen, dass sie Ihnen nicht mehr dienlich sind? Und möchten Sie gleichzeitig die Talente und Fähigkeiten aus Ihren früheren Leben wieder aufgreifen? Würde Ihnen das gefallen? Dann ist dieses Buch etwas für Sie. Es soll Ihnen helfen, sich selbst besser zu verstehen und Zugang zu Ihrer inneren Weisheit und Göttlichkeit zu erhalten. Vielleicht können Sie dann auch andere Menschen besser verstehen.

Dieses Buch wurde auf Basis der Kryon-Channelings geschrieben. Kryon ist eine Art liebevolle Engel-Wesenheit, die der Menschheit Botschaften des Friedens und der Selbstermächtigung übermittelt. Lee Carroll ist das ursprüngliche Kryon-Medium; über ihn werden die Botschaften von Kryon seit über vierundzwanzig Jahren durchgegeben. Lee ist Autor von dreizehn Kryon-Büchern und Koautor der Bücher »Die Indigo-Kinder«, »Indigo-Kinder erzählen« und »Indigos werden erwachsen«. Diese Bücher wurden in über zwanzig Sprachen übersetzt.

Lee Carroll hat auf der ganzen Welt Vorträge über die menschliche Akasha gehalten. Regelmäßig ändert er die Themen seiner Vorträge, um immer mit dem dynamischen Fluss neuer Informationen von Kryon Schritt zu halten. Der überwiegende Teil der in Lees Vortrag über die menschliche Akasha enthaltenen Informationen ist auch in diesem Buch zu finden, und zwar mit ausdrücklicher Erlaubnis von Lee Carroll, damit so viele Menschen wie möglich die tiefen Wahrheiten über das unglaubliche Akasha-System entdecken können.[1] In diesem Buch ist alles zusammengestellt, was bis Januar 2014 über die Akasha bekannt war. Kryon hat zudem Antworten auf mehr als dreißig Fragen geliefert, die mit den Themen dieses Buches zu tun haben.[2]

Sind Sie ein »Kryon-Neuling«? Oder haben Sie vielleicht noch nie etwas von Kryon gehört, wurden aber von diesem Buch angezogen? Stellen Sie sich darauf ein, hier scheinbar Unglaubliches zu lesen. Das Buch geht auf mehrere Themenbereiche ein; die Kapitelüberschriften sind ein Hinweis auf die jeweils darin enthaltenen Informationen. Begriffe wie »lemurisch« und »plejadisch«, die Ihnen womöglich unbekannt sind, werden in meinem Vorgängerbuch »Der Gaia-Effekt« genauer erklärt.

Wenn wir uns den Themen zuwenden, die verschlüsselt in unserer Akasha zu finden sind (beispielsweise Karma und Lebenslektionen bzw. Lebensaufgaben), verändern wir unsere Schwingung und damit auch die Schwingung des Planeten Erde. Wir säen die Samen des Friedens und betätigen uns als Mitschöpfer eines neuen Lebens voller Erleuchtung. Als Einzelne öffnen wir uns einer ganz neuen Ebene der Freiheit. Kollektiv öffnen wir die Tür hin zur Erschaffung eines aufgestiegenen Planeten.

Ich danke Ihnen allen sehr für Ihr Hiersein auf dem Planeten und schätze Ihren Mut, der Sie diese Reise der Selbsterfahrung und Erleuchtung antreten lässt. Dieser Weg ist nicht immer einfach, aber der Lohn ist unermesslich!

Abschließend ist festzustellen, dass nicht alles über die menschliche Akasha in dieses Buch aufgenommen werden konnte. Bei Interesse können Sie gerne weitere Informationen auf meiner Website www.monikamuranyi.com nachlesen.[3]

Liebe und Segen
Monika Muranyi

Kapitel 1

Die menschliche Akasha

Kennen Sie den Ausspruch »*Die Antwort liegt im Innern*«? Er hat mich früher echt genervt! Inzwischen habe ich verstanden, dass die Antworten tatsächlich in uns selbst zu finden sind. Aber ich wusste zunächst einfach nicht, wie ich den Zugang zu diesem Inneren hätte finden können. Ist das für Sie ebenfalls ein Problem? Dann ist das Wissen über die menschliche Akasha vielleicht auch für Sie hilfreich.

Seit über vierundzwanzig Jahren gibt Kryon Botschaften über die Akasha-Chronik durch, basierend auf der Prämisse, dass der Mensch eine Akasha-Chronik hat und auch die Erde über diese Akasha verfügt.

Was heißt das? Wissen Sie, was die Akasha ist? Und wo sie ist? Genau dieses Wissen möchte dieses Buch vermitteln.

Der Begriff *Akasha* stammt aus dem Sanskrit und hat je nach Philosophie unterschiedliche Bedeutungen. Auf der metaphysischen und elementaren Ebene wurde er mit »Himmel«, »Weltraum« und »Äther« umschrieben. Er steht für mystisches Wissen, welches auf einer nicht physischen Existenzebene verschlüsselt existiert. Das alles besagt nicht viel, sondern verdeutlicht einfach, dass das Konzept der Akasha-Chronik bzw. eines Akasha-Systems an und für sich nichts Neues, jedoch in gewisser Weise etwas Ungreifbares ist. Doch wir sind dabei, die spirituelle Weisheit und das spirituelle Wissen über die Akasha-Chronik zu entdecken, und das ist sehr wohl etwas Neues!

Vermutlich verstehen Sie das Konzept der Reinkarnation bzw. halten Reinkarnation für möglich. Vielleicht erinnern Sie sich sogar an frühere Leben.

Nicht alle Menschen glauben an die *eine* Seele, die sich schon viele Male auf dem Planeten reinkarniert hat. Wenn Sie das nicht glauben, macht es für Sie wenig Sinn, weiterzulesen. Dann können

Sie dieses Buch einfach zumachen, ohne es jemals wieder zu öffnen, oder es an jemand anderen weitergeben.

Die frühesten spirituellen Systeme (wie der Hinduismus und der Buddhismus) glauben an vergangene Leben. Dieser Glaube hat sich lange gehalten – ein Hinweis darauf, dass dies eines der überzeugendsten intuitiven Konzepte über den Kreislauf des Lebens war. An einem bestimmten Punkt in der Geschichte der Menschheit wurde diese Vorstellung jedoch verworfen. Im Mittelalter wurde man (in manchen Teilen der Erde), wenn man solche Gedanken über frühere Leben vertrat, als Häretiker betrachtet und getötet.

Da stellt sich die Frage: Warum lehnen so viele Glaubenssysteme die Vorstellung von vergangenen Leben ab, wenn das doch eine spirituelle Kernwahrheit ist? Die Antwort lautet: Wegen der Kontrolle.

Man kann sich das so vorstellen: Sie haben nur ein Leben, was wiederum bedeutet, dass Sie auch nur ein Leben nach dem Tod haben, und in diesem Fall sollten Sie sich lieber anständig benehmen und sich Ihre einzige Chance auf ein ewiges Leben nicht vermasseln. Die Vorstellung, Ihr Leben drücke sich immer wieder von Neuem aus, macht es den Verantwortlichen der »Einmal-Glaubenssysteme« schwer, andere dazu zu zwingen, sich an die etablierten Regeln zu halten.

Wie Kryon oft sagt, ist es egal, was der Mensch glaubt, solange er sich seines inneren Gottes bewusst ist. Viele Glaubenssysteme sind dem Menschen dienlich, weil sie einen Gott verehren; das gilt auch für Systeme, die nicht an vergangene Leben glauben – die Liebe Gottes für jedes einzelne Leben ist dennoch immer vorhanden. Kryon sagt: »*Jedes System, das auf Liebe basiert, ist ein gutes System, denn Mitgefühl und Liebe sind die Kernthemen.*«

Nicht alle meine Freunde und Bekannten glauben an vergangene Leben. Das ist in Ordnung so. Auch ich war mir lange Zeit nicht im Klaren darüber. Spirituelles Gewahrsein kann man schließlich nicht erzwingen. Man kann anderen nur auf ihrer Reise behilflich sein, wenn sie bereit sind, die Tür zu öffnen. Außerdem weiß man nie, wie sich die Dinge entwickeln. Eines Tages stehen diese Menschen vielleicht vor Ihrer Tür und bitten Sie um Ihre Weisheit und Ihr spirituelles Wissen.

Zweifeln Sie an der Reinkarnation? Dann lassen Sie mich ein paar Fragen stellen. Warum können sich Tausende von Menschen ganz lebendig an Einzelheiten aus einem früheren Leben erinnern, unter anderem auch Kinder, die ihren Eltern ganz genau etwas beschreiben, was ein Kind in dem Alter eigentlich gar nicht wissen kann? Wie ist das möglich? Sind ihre Erfahrungen womöglich tatsächlich real? Die Antwort lautet: Ja! Was für ein Zufall! (Siehe dazu besonders Kapitel 10:»Mit der Akasha kommunizieren«.)

Warum erinnern sich nicht alle Menschen an ihre früheren Leben? Weil das zum menschlichen»Set-up« gehört, wenn wir auf den Planeten kommen. Das ist die Dualität, von der Kryon spricht. Die multidimensionalen Stückchen und Teilchen des einzelnen Menschen sind verborgen.

Wenn Sie Ihre Absicht bekunden, herauszufinden, wer Sie wirklich sind, werden Sie sich nach und nach der vielen»Ichs« bewusst, von denen Kryon immer wieder spricht. Auch wenn Sie sich nicht bewusst an die Einzelheiten Ihrer vielen früheren Leben erinnern und sie mental nicht»parat« haben, sind doch all diese Erfahrungen in Ihnen vorhanden. Ihre Zellstruktur erinnert sich. Ihr Höheres Selbst war bei all den Geschehnissen dabei. Wenn man diese Realität versteht, wird vieles verständlich und erklärbar, was für andere Menschen, die nicht an frühere Leben glauben, ein Rätsel und etwas Mysteriöses bleibt.

Wenn wir also frühere Leben haben, wie funktioniert dieses System der Reinkarnation und des Karmas? Die Antwort ist komplex und vielschichtig; es existiert innerhalb des Akasha-Systems. Man kann es sich wie eine Art Energie-Buchhaltung vorstellen, die über Sie Buch führt – über jeden Ausdruck des Lebens, den Sie auf der Erde einmal hatten und noch haben werden.

Es ist nicht einfach zu beschreiben, was die menschliche Akasha-Chronik ist und wo sie zu finden ist, und zwar weil sie etwas Multidimensionales ist, aber auch in der Dreidimensionalität (3-D) existiert. Die Akasha ist Teil des Kreislaufs des Lebens, eines Kreislaufs, der sich immer wiederholt. Alte Seelen kommen aus einem bestimmten Grund zurück: Wir haben die Chance, die Schwingung der Erde zu erhöhen, indem wir viele Male reinkarnieren – das ist der Ausdruck des Lebens, der für uns eine Lernmöglichkeit darstellt. Durch dieses Lernen können Sie die Schwingung des Planeten erhöhen oder auch nicht; das ist Ihre Entscheidung, die freie Wahl, von der Kryon spricht.

Wenn ein Mensch den »*Wind der Geburt*« passiert und seinen ersten Atemzug macht, beginnt sein ganz individueller Lebensausdruck. Die Akasha-Energie wird dabei mitgebracht. Der Begriff *Akasha-Chronik* bezeichnet das Aufzeichnen der Akasha. Die Akasha können wir als eine Energie definieren, die »Alles, was ist« repräsentiert. Ihre Akasha-Chronik ist also eine Aufzeichnung von allem, was Sie jemals waren, und noch viel mehr. Das Konzept der Akasha steht auch für die Potenziale von allem, was sein kann, und ebenso für das, was womöglich nicht realisiert wird. Kryon sagt dazu Folgendes:

Dies ist die Geschichte von etwas Unglaublichem, die Geschichte des erstaunlichen menschlichen Wesens. Es ist nicht die Geschichte eines besonderen Menschen. Es ist nicht die Geschichte eines Menschen, der Superkräfte besitzt. Es ist unwichtig, ob Menschen reich oder arm sind.

Ich möchte euch die Geschichte des Menschen aus meiner Perspektive erzählen – was geschieht, wenn ihr meine Seite des Schleiers verlasst, und was geschieht, wenn ihr zurückkommt. Das seid ihr – jeder Einzelne von euch. Hört gut zu, denn es mag das, was euch in der Vergangenheit erzählt wurde, auf den Kopf stellen.

Ihr sagt vielleicht, das Leben fange einfach an, aber das stimmt nicht. So manche möchten Kryon gerne austricksen und stellen ethische Fragen. Doch solche Fragen sind ein Trick. Denn für Menschen gibt es da viele Widersprüche, versteht ihr? Also warten sie auf Kryons Antwort, die ihr nicht mögen werdet, denn sie geht weit über euren scheinbar ethischen 3-D-Geist hinaus.

Also: Es steht ein wunderbares System dahinter; dabei geht es um Geburt, Leben und Tod. Und bevor ihr hier auf dem Planeten ankommt, ist bereits bekannt, wen ihr potenziell hier kennenlernt. Eure karmischen Attribute bei eurer Ankunft auf dem Planeten sind alle bekannt. Die Synchronizitäten für die Begegnung mit bestimmten Menschen sind vorhanden! Das hat nichts mit Wahrsagerei oder Prophezeiungen der Zukunft zu tun, sondern mit energetischen Veranlagungen. Können alle existierenden Potenziale bereits geplant und festgelegt sein? Es mag euch sehr komplex erscheinen, doch ihr kennt tatsächlich schon alle potenziell auftretenden Synchronizitäten, bevor ihr zum ersten Mal euren Fuß auf den Planeten setzt. Und innerhalb dieses Rahmens wählt ihr eure Eltern, und sie wählen euch. Wann beginnt das Leben? Es beginnt eigentlich Äonen, bevor ihr geboren werdet. Das ist die Liebe Gottes in Aktion, und das sollte euch etwas sagen: Es ist kein Zufall, dass ihr hier seid!

»Kryon, das kann nicht sein. Ich bin doch ein Waisenkind. Ich habe meine Eltern gar nicht gekannt.« Oh, du dreidimensionaler Mensch, du hörst nicht zu! Denn aus der Tiefe deiner Weisheit hast du dir Eltern ausgesucht, die dich zu einem Waisenkind machten, und zwar – wie man sagen könnte – deshalb, weil du auf meiner Seite des Schleiers den Geist Gottes hast. Manchmal wirst du Herausforderungen wählen, um dem Planeten mit deinen möglichen Lösungen zu helfen. Hör gut zu: Niemand ist hierhergekommen, um zu leiden! Du bist hergekommen, um das Rätsel des Lebens zu lösen, und genau daran sind jene, die hier auf den Stühlen sitzen und zuhören, interessiert.

Jeder von euch hier ist ein Teil des Schöpfers. Jeder von euch hat auf meiner Seite des Schleiers angefangen. Doch meine Seite ist kein Ort. Ihr könnt das nicht verstehen, denn in der Dreidimensionalität muss es einen physischen Ort geben, von dem ihr kommt. Gott ist kein Ort. Gott *ist* einfach. Das ist für euch schwer verständlich, denn ihr seid dreidimensional. Eigentlich seid ihr aber ein Teil dieser Suppe, die *Gott* genannt wird.

Gott hat kein physisches Attribut. Ein Teil von Gott zu sein, ist in 3-D nicht zu erklären. Ich sitze vor euch, aber ich bin kein singuläres Einzelwesen. Ich bin wie ihr ein Teil der »Gottessuppe«. Mein Name auf der anderen Seite des Schleiers ist nicht Kryon. Dieser Name wurde für euch geschaffen. Ich bewohne während dieser Kommunikation als eine Gruppe die Energie meines Partners. Ich sehe jene, die das lesen, und ich sehe jene, die diese Botschaft hören. Könnt ihr euch das überhaupt vorstellen?

Es ging also nicht erst bei eurer Geburt los. Ihr seid schon immer gewesen! Ihr *wart* schon, bevor das Universum geschaffen wurde. Ihr gehört zu Gott und seid Teil der Familie Gottes und habt euch dafür entschieden, zu einem bestimmten Zweck auf die Erde zu kommen – ein Zweck, der allen bekannt ist (außer euch).

Wir haben schon oft versucht, euch zu erklären, warum ihr auf den Planeten gekommen seid. Das ist echt schwierig, denn es hat eigentlich nicht sehr viel mit der Erde zu tun, sondern vielmehr mit dem Universum und mit zukünftigen Energien, die ihr aufgrund eurer hier gemachten Erfahrungen erzeugt. Es ist schwierig, dem Fisch im Aquarium die Außenwelt zu erklären, denn der Fisch kennt nur das Aquarium. Wenn ihr dem Fisch von eurem Sonnensystem erzählt, dann versteht der Fisch nichts. Er versteht nur das, was er kennt. Wir sagen also nochmals: Das, was ihr im Aquarium tut, hat Auswirkungen auf etwas viel Größeres, was außerhalb des Aquariums liegt.

Ihr werdet es nicht glauben, aber ihr wolltet hierherkommen. Als ihr die Potenziale eurer Eltern und den Ort eurer erneuten Geburt gesehen habt, habt ihr gesagt:»*Ja! Ich kann es kaum erwarten, dorthin zurückzukehren. Lasst mich gleich dort hingehen!*« Jeder von euch weiß, was in seinem Leben geschehen ist.

Jetzt gehen euch viele Gedanken durch den Kopf, nicht wahr? »*Kryon, ich glaube nicht, dass ich gekommen wäre, wenn ich diese Potenziale gekannt hätte.*« Das ist das unglaubliche Menschenwesen, ihr Lieben. Oh doch, du hast es gewusst! Du hast sämtliche Potenziale von dem gekannt, was du bis jetzt durchlebt hast. Alles war als Potenzial da, und du bist direkt da hineingeschritten und hast sie ausgelebt.

»*Warum liebt Gott die Menschheit so sehr?*« Wir haben diese Frage gerade beantwortet. Ihr kanntet die Potenziale und seid dennoch gekommen, denn ihr liebt den Planeten genauso sehr wie ich. Weil etwas Größeres vor sich geht. Es geht darum, wohin die Schwingung dieses Planeten geht. Nach oben? Nach unten? Denn egal, was passiert, es erschafft etwas viel, viel Größeres. Und damit diese Integritätsprüfung stattfinden kann, müssen Menschen auf diesem Planeten geboren werden und nach dem verborgenen inneren Schöpfer suchen.

Hört gut zu: Zum geplanten Zeitpunkt der Geburt, nachdem der Embryo voll entwickelt ist, stehe ich mit euch (metaphorisch gesprochen) an einem Ort, den wir den *Wind der Geburt* genannt haben. Das ist ein Portal zwischen Linearität und Multidimensionalität. Es ist kein Ort, sondern eher eine göttliche Energie. Ihr blickt auf meine Energie, und ich blicke auf eure. Dann kommt das, was mit jedem von euch geschah, denn ich repräsentiere die Gruppe, die euch verabschiedet und willkommen heißt. Ich bin Kryon, und ich liebe die Menschen. In dieser wunderschönen Energie sagte ich zu euch:»Bist du bereit? Bist du dir sicher?« Und jeder Einzelne von euch gab mir eine wunderschöne Energie-Umarmung. Dann seid ihr verschwunden, und der unglaubliche Prozess begann.

[Pause.]

Auf dem Planeten geboren zu werden, ist nicht einfach. Als Erstes spaltet ihr euch ab. Nicht alles vom Teil Gottes, der ihr seid, wird in den menschlichen Körper übertragen. Etwas davon verbleibt auf dieser Seite des Schleiers. Aber das habt ihr gewusst, nicht wahr? Denn ihr verbringt so viel Zeit damit, nach dem zu suchen, was abgespalten wurde ..., dem Höheren Selbst, und möchtet euch damit verbinden. Aber bei der Geburt seid ihr ein einsames Einzelwesen geworden. Denn ihr werdet von einem multidimensionalen Wesen zu einem singulären 3-D-Wesen. Das Höhere Selbst bildet am besten das ab, was ihr wirklich seid. Es ist die Energie der Kernseele und dein wirkliches *Selbst*. Darum fühlt es sich so gut an, wenn ihr euch endlich wieder damit verbindet. Um diese Verbindung habt ihr gebeten, und sie wird zu einer Erinnerung.

Bei der Geburt spaltet ihr euch also ab. Das ist aber nicht alles, und an diesem Punkt wird es für euch schwer verständlich. Stücke und Teile eures essenziellen Spirit, die nicht euer Höheres Selbst sind, bleiben auf meiner Seite des Schleiers. Diese Energien, die ebenfalls euer»Selbst« sind, werden zu euren Geistführern. Ich habe euch gerade eben ein Geheimnis gelüftet: Eure Geistführer, das seid ihr selbst. Darum fühlt es sich so gut an, wenn sie bei euch sind, und darum fühlt ihr euch so verloren, wenn sie sich zurückziehen.

»Kryon, ich fühle mich oft so deprimiert und allein.« Das habe ich schon so oft gehört. Die hier im Raum Anwesenden, diejenigen, die das hören und lesen, sagen das immer wieder zu mir. Wenn ihr, wie ich, eine multidimensionale Vorstellung von eurem Leben hättet, würdet ihr die ganze Zeit ein Gefolge um euch herum sehen. Wir haben das schon so oft gesagt: Ihr seid nicht allein! Ihr könnt gar nicht allein sein, aber in 3-D fühlt es sich so an, nicht wahr? Diejenigen unter euch, die deprimiert sind, haben die Tür zu Spirit niemals wirklich geöffnet, oder? Hättet ihr es getan, dann hättet ihr dort eine Energie gefunden ..., die Energie des Höheren Selbst, die euren »Druck« erwidert, um euch wissen zu lassen, dass tatsächlich etwas da ist. Das gilt für euch alle. Oft sehe ich die Person in der Ecke stehen, die weint, niedergeschlagen, allein und verzweifelt ist. Ich sehe die wunderschöne Energie der Geistführer um sie herum, die nichts tun ..., denn dieser Mensch hat ihnen niemals die Erlaubnis gegeben, irgendetwas zu tun. Und doch habt ihr alle solche Geistführer!

Der Mensch kommt also auf die Erde, und in seiner DNA steckt Göttlichkeit. Von eurer Göttlichkeit habt ihr nicht so viel abgespalten, nur von eurer Dimensionalität. Eure DNA ist voller Heiligkeit. Das muss so sein, denn wenn ihr euch mit eurem Höheren Selbst rückverbinden wollt, dann braucht ihr dazu Göttlichkeit in eurer Zellstruktur – und die habt ihr!

Als Erstes läuft bei der Geburt ein multidimensionaler, zeitloser Prozess ab. Im Moment der Geburt des Kindes wird eine Kristallstruktur in der *Höhle der Schöpfung* aktiviert. Die Erde *weiß dann, dass du wieder auf der Erde bist oder dass du gerade zum ersten Mal angekommen bist.* Alte Seelen wurden von der Kristallstruktur erwartet, denn sie ist in Wirklichkeit die Essenz aller Lebensspannen, die auf die nächste Lebensspanne wartet. Euch ist klar, dass ihr andere Leben gehabt habt, oder etwa nicht? Diese Leben fühlen sich vielleicht fremd an, doch in jedem dieser Leben hattet ihr einen Freund – den Freund namens *Höheres Selbst.* Und dasselbe Höhere Selbst habt ihr auch jetzt.

Ihr lieben Menschen, das bedeutet, dass die Erfahrungen dieser vergangenen Leben überhaupt nichts Fremdes sind. Denn ihr wart dabei.

Dies zu erkennen, ist wichtig, denn es gibt euch die Möglichkeit, einige eurer früheren Talente anzuschauen, euch daran zu erinnern und sogar einige davon wieder zu aktivieren. Die Kristallstruktur eures eigenen Kristalls ist aktiviert, und das ist fast so wie die Jahresringe eines Baumes. Jedes Leben wird darin repräsentiert und ist sichtbar.

Nun, da ist etwas, das ihr wissen solltet: Alles, was ihr auf dem Planeten in spiritueller Hinsicht getan habt, ist in diesem Kristall gespeichert und in eurer DNA vorhanden! Bei der Geburt wurde es in zwei multidimensionale Energien oder Schichten übertragen, welche wir *die Akasha-Chronik der DNA* genannt haben [Strang 7 und 8 der DNA; siehe Kryon-Buch 10, »Die 12 Stränge der DNA«]. Auf diese Weise kann alles, was ihr jemals gewusst oder erfahren habt, im Fall eures Erwachens – oder wenn ihr spirituelle Fragen stellt – zu euch zurückkommen.

Für viele der Menschen, die dies lesen, sind das sehr gute Nachrichten. Es bedeutet: Nichts von euren Bemühungen über die ganzen Zeitalter hinweg geht verloren. Wenn du zurückkommst, lieber Mensch, dann ist alles, was du im Leben gelernt hast, nach wie vor da, und du musst es nicht noch einmal lernen! Du musst nichts ein weiteres Mal durchmachen, wenn du nicht willst.

Versteht ihr, was ich euch da gerade sage? Diejenigen unter euch, die die Tür aufstoßen möchten, um den inneren Gott zu finden, die wirklich die Hand nach dem Schöpfer ausstrecken, öffnen buchstäblich das Gefäß der Spiritualität mit allem, was sie jemals gelernt haben. Langsam ergießt sich dieses Wissen über euch, und ihr erinnert euch.

So viele von euch stellen diese Fragen: »*Was tue ich? Wie mache ich es? Was kommt als Nächstes? Wie sehen die Prozesse, die Vorgehensweisen aus? Wie, wie, wie?*« Und wie wir euch seit zwanzig Jahren sagen, wird euch eure Intuition aufzeigen, was ihr bereits gelernt habt, sobald ihr diese Tür öffnet! Das wisst ihr schon. Damit das einen Sinn ergibt, sind neue Prozesse auf die Erde gebracht worden, um diese Dinge auf eine für euch verständliche Weise zu strukturieren. Und diese Prozesse haben vor 1987 nicht existiert.

Die Lehrerin Peggy [Phoenix Dubro] ist hier. Schon vor Äonen kannte sie die Potenziale von dem, was sie hier würde tun können. Sie ist die begeisterte Verwalterin einer neuen Energie. Aber diese Informationen wurden ihr langsam übermittelt, um euch dabei zu helfen, Gott zu verstehen. Es wäre vor 1987 nicht möglich gewesen, eben diese Energie, die sie jetzt lehrt, zu lehren, und während die Jahre seit damals verstrichen sind und sich die Energien Gaias verschoben haben, wurde ihre Arbeit vertieft. Versteht ihr, wie das funktioniert? Ihr »Gefäß des Wissens« wird geöffnet und von allen verstanden.

Alles, was ihr tut, wird auf dem Planeten als Energie registriert und verbleibt, nachdem ihr gegangen seid, im Kristallgitter. Wie die Geologen wissen, ist das meiste Gestein auf diesem Planeten, insbesondere in der Erdkruste, kristalliner Natur. Kristalle tun etwas, was die meisten von euch verstehen: Sie speichern Energie und haben ein Gedächtnis. Selbst Wissenschaftler wissen von der Energie der Erinnerung in Kristallen. Darum sollte das nicht allzu esoterisch für euch sein, und eure Vorstellungskraft sollte ausreichen, um zu verstehen, dass alles, was ihr tut, in dieser Erinnerungsdatenbank festgehalten wird. Es schwingt im Planeten mit einer höheren Frequenz. Das, was ihr kollektiv in all euren Leben getan habt, ist hier verblieben und hat den Planeten in eine höhere Schwingung versetzt. Diese Energie ist zurzeit erstaunlich! Denn das unglaubliche Menschenwesen hat in den letzten zwei Wochen sogar das Kristallgitter verändert!

Ihr lebt euer Leben. Manche von euch finden die »Geheimnisse dieser Dinge« heraus und manche nicht. Diese Geheimnisse sind lediglich nicht so leicht sichtbar. Aber sie offenbaren sich, sobald ein Mensch danach sucht.

Wie wir gestern Abend [im Channeling des Vorabends] gesagt haben, wird kein einziger Mensch beurteilt. Doch ihr möchtet gerne von Gott auf menschliche Art, linear beurteilt werden, nicht wahr? Der Gedanke, dass ihr sterbt und vielleicht alle zum selben glorreichen Ort geht, ergibt für euch keinen Sinn, nicht wahr? Ihr sagt: »Na ja, Kryon, und was ist mit den schlechten Menschen? Ich war gut. Er war schlecht. Kommen wir wirklich an denselben Ort?« Oh ja, ihr Menschen, ihr geht beide nach Hause. Gute

Arbeit geleistet! In eurem Kulturkreis haben wir euch diese Informationen als Channeling in der Heiligen Schrift [Lukas 15,11–32] durchgegeben. Habt ihr sie aufgenommen? Habt ihr sie verstanden? Es ist das Gleichnis vom verlorenen Sohn. In diesem Gleichnis steht der Vater für Gott – und die beiden Söhne für Menschen auf der Erde. Einer macht alles richtig, und der andere macht alles falsch. Dann kommen sie beide nach Hause in dieselbe Energie, und es wird für beide dieselbe Willkommensparty veranstaltet! Eines Tages wird jeder von euch seinen letzten Atemzug tun. Das ist für euch kein trauriger Tag. Er mag für diejenigen traurig sein, die ihr zurücklasst, aber nicht für euch. Ihr alle seid bereits in dieser Situation gewesen. Diejenigen, die zuhören, die hier Anwesenden, und diejenigen, die dies lesen, hört gut zu: Wenn euer natürliches Leben zu Ende ist, macht ihr eine Reise zur Höhle der Schöpfung und hinterlasst im Kristall die Essenz von allem, was ihr erreicht habt. Sämtliche schöne Gedanken, die euch etwas gelehrt haben, alle eure Verkörperungen und eure Lebensausdrücke – all das wird diesem multidimensionalen Objekt eingeprägt. Dann verlässt der nicht menschliche Teil von euch (der multidimensionale Seelenteil) diesen Planeten und vereinigt sich mit dem Höheren Selbst. Alles, was abgespalten war – die Heiligkeit der Zellen, sämtliche Geistführer –, kehren zum jeweiligen Teil Gottes zurück. Das solltet ihr feiern! Ich tue es. Denn wenn ich euch auf der anderen Seite des Schleiers treffe, dann begegne ich einem Bruder/einer Schwester. Auch in diesem Moment ist das so. Ich verabschiede mich von denen, die mich verlassen und geboren werden. Ich heiße diejenigen wieder willkommen, die hinübergegangen sind und nach Hause kommen.

»Kryon, wie kannst du an so vielen Orten zur gleichen Zeit sein?« Ihr könnt nicht gleichzeitig diese Frage stellen und das verstehen. Ich bin kein singuläres Wesen. Ich bin ein Teil des Schöpfers, genau wie ihr.

Kryon
(Live-Channeling »Das unglaubliche menschliche Wesen«,
Caracas/Venezuela, 2. November 2008)

Ist das, was Sie da gerade gelesen haben, für Sie etwas völlig Neues? Oder gehören Sie vielleicht zu den Gesegneten, die von Geburt an ein intuitives Wissen über den inneren Schöpfer haben? Bei mir war das leider nicht der Fall. Erst als ich bereits über dreißig war, erfuhr ich von der menschlichen Akasha und dem System, von dem Kryon hier spricht. Viele spirituelle Glaubenssysteme auf dem Planeten beruhen auf der einseitigen menschlichen Sicht, wir seien singuläre Wesen. Wie Kryon sagt, sind wir das nicht. Für uns ist dieses Konzept extrem schwer verständlich. Die Menschen denken lieber, sie seien auf einem Pfad »spiritueller Weiterbildung«. Sie glauben, wir müssten so eine Art Schuld bezahlen, und durch das Begleichen dieser Schuld schreiten wir zur nächsten Ebene des Lernens und der Erleuchtung weiter. Und sobald sie alle ihre Lektionen gelernt haben, müssen sie nicht mehr auf der Erde reinkarnieren, sondern lernen in höheren Gefilden weiter.

Laut Kryon ist es an der Zeit, dieses Denken der alten Energie aufzugeben. Ich verstehe, warum die Idee »spiritueller Weiterentwicklung« für so viele Menschen so anziehend ist. Wer mag schon die Vorstellung, jemand, der anderen Menschen etwas Schreckliches zufügt, würde ohne Strafe davonkommen? Das verletzt unseren Gerechtigkeitssinn bzw. eher unseren menschlichen Gerechtigkeitssinn, der auf der Voreingenommenheit der Singularität beruht. Doch so denkt Gott nicht.

Wenn wir nicht auf der Erde sind, denken wir wie Gott. Wir kehren von den Beschränkungen des dreidimensionalen Menschen zurück zur *Einheit:* zur multidimensionalen Gottessuppe. Das ist, wie mir klar ist, schwer zu begreifen: Wenn wir uns mit unserem Höheren Selbst verbinden, verbinden wir uns mit der schöpferischen Quelle.[4]

Wie Sie nun verstehen, sind Sie mehr, als Sie bislang erkannt haben. Und so wollen wir uns jetzt einmal mit der persönlichen Akasha-Chronik beschäftigen. Wo ist sie zu finden und was ist ihr Sinn und Zweck?

Kapitel 2

Die persönliche Akasha

Ihre persönliche Akasha-Chronik existiert an drei Orten (bzw. eigentlich an vier; auf den vierten gehe ich später noch ein). Wie Kryon gesagt hat, besteht der Ausdruck unserer vielen Leben darin, herauszufinden, ob wir die Schwingung von Gaia erhöhen und zu einem aufgestiegenen Planeten werden können. Angesichts dieses Ziels ist es durchaus logisch, davon auszugehen, dass die Akasha-Chronik sowohl in Gaia als auch in uns abgelegt und gespeichert ist, nicht wahr? Die Speicherorte in Gaia sind die Höhle der Schöpfung und das Kristallgitter. In uns ist es unsere DNA. Die drei Speicherorte der Akasha sind also die Höhle der Schöpfung, das Kristallgitter und die menschliche DNA.

Gaia hat ein Magnetgitter. Jedes DNA-Stückchen ist von einem Magnetfeld umgeben – energetische Informationen können zwischen den verschiedenen Akasha-Speicherorten also anhand magnetischer Eigenschaften übertragen werden. Magnetismus ist eine multidimensionale Energie.

Jetzt fragen Sie sich vielleicht: Warum zeichnet Gaia alles Tun der Menschen auf? Die Antwort lautet: Jede einzelne menschliche Seele, die auf die Erde kommt, bewirkt eine Veränderung. Die Energie eines jeden einzelnen, einzigartigen Menschen verändert die Lebenskraft der Erde. Wenn eine solche Seele also auf der Erde ankommt, erstellt Gaia eine Art »Akte« und speichert diese als energetischen Abdruck. Gaias intelligentes Bewusstsein »weiß« deshalb alles über Sie. Die Lebenskraft des Planeten ist alles Lebendige, und dazu zählen auch Dinge, die die meisten Menschen nicht einmal als lebendig betrachten. Das Konzept von Gaia und der Akasha ist sehr umfassend und etwas Großartiges; es ist Teil eines Systems, das in meinem Vorgängerbuch »Der Gaia-Effekt« genauer beschrieben wurde. Sie haben das Buch nicht gelesen? Das macht nichts. Kurz gesagt geht es bei diesem System um die Mitarbeit

Gaias an der spirituellen Erfahrung des Menschen. Alles dreht sich um den Menschen, sogar der Sinn und Zweck unseres Planeten. Was ist also in Ihrer Akasha alles aufgezeichnet? Vieles davon erklärt das Unerklärliche. In der persönlichen Akasha-Chronik findet sich Folgendes:

- ❤ eine multidimensionale Akte über jedes Leben
- ❤ alle Energien aus dem, was der Mensch erreicht hat
- ❤ alles Unerledigte (was mit der Lebenslektion zu tun hat)
- ❤ karmische Gruppen-Attribute
- ❤ alle Talente und Fähigkeiten, die über viele Leben hinweg erworben wurden
- ❤ jegliches spirituelle Wachstum
- ❤ eine Quantenaufzeichnung über das, was Sie getan haben, und Ihre sämtlichen noch bevorstehenden Potenziale

An der Akasha-Chronik fällt zweierlei besonders auf:

Erstens scheint die Energie chaotisch zu sein, weil die Akasha sich ständig verändert und sich von Neuem anpasst, je nachdem, was Sie *jetzt* tun.

Ein Beispiel: Ihr Freund meldet sich und möchte morgen mit Ihnen zu Mittag essen. Sie verändern dadurch Ihr zukünftiges Potenzial, egal, ob Sie zu- oder absagen! Und morgen haben Sie die Wahl: Sie können sich zum Mittagessen treffen oder nicht. Das ist der freie Wille des Menschen: die Freiheit, das Geplante umzusetzen oder nicht. Je nachdem, ob Sie sich entscheiden, zum Mittagessen zu gehen oder nicht, verändern sich Ihre Potenziale – ein scheinbares Chaos, weil Spirit das alles gleichzeitig sieht und nicht als die lineare Abfolge von Ereignissen, wie wir Menschen das wahrnehmen.

Zweitens: Der Begriff »früheres Leben« ist nicht ganz korrekt, denn in einem Quantenzustand gibt es keine Zeit und damit auch keine Vergangenheit. Zeit verläuft im Kreis, Sie betrachten also immer die Potenziale des »Jetzt«.

Wie funktioniert das alles? Die Antwort auf diese Frage ist komplex; am besten lassen wir es Kryon selbst erklären:

Es gibt zwei Arten der Akasha-Chronik: Eine ist global und eine ist persönlich. Die globale ist an dem Ort enthalten, von dem wir so oft im letzten Jahr gesprochen haben: in der Höhle der Schöpfung. Sie ist ein physischer Ort auf diesem Planeten, der mit kristalliner Energie angefüllt ist. Man könnte sagen, alle Menschen, die dies hören oder lesen, haben einen Kristall in jener Höhle. Das ist multidimensional nicht ganz zutreffend, doch so können wir es euch am besten in 3-D vermitteln. So könnt ihr es euch auch leicht vorstellen. Ihr alle habt an diesem heiligen Ort ein physisches Kristallobjekt, das heilig ist und auf diesem Planeten verbleibt, auch nachdem ihr gegangen seid.

Dieser Kristall ist zeitlos, und das ist schwer zu erklären. Er trägt die Kernenergie eures Höheren Selbst in sich, während ihr hier auf dem Planeten seid. Wenn ihr nicht hier seid, wird die Energie dieses Gegenstandes auf dem Kristallgitter, das global ist, abgelegt. Alles, was ihr jemals auf dem Planeten wart, wurde in das Gitter eingeprägt und hat es ganz durchdrungen. Man könnte deshalb sagen, euer Höheres Selbst wohne immer noch auf der Erde. Auf einer gewissen Ebene stimmt das. Und das erklärt auch, warum der Mensch »mit den Toten sprechen« kann. Denn in einem zeitlosen Zustand ist jeder, der jemals gelebt hat, immer noch hier, innerhalb des Kristallinen.

Die erste Art der Akasha-Chronik:
Ein Überblick über das Kommen und Gehen

Wenn ihr auf den Planeten kommt, aktiviert ihr diese einzigartige, persönliche Kristallstruktur, und euer Höheres Selbst ist dann, solange ihr hier seid, verantwortlich für diesen Kristall. Es ist der Verwalter dieses Kristalls. Das Höhere Selbst eines jeden Menschen ist immer auf meiner Seite des Schleiers, doch Teile davon verbinden sich mit euch und dem Planeten wie über eine Schnittstelle. Mit diesen Teilen kommt ihr während der Meditation in Kontakt. Sobald ihr auf der Erde ankommt, wird die Energie des Höheren Selbst mit der Erde verbunden, solange die Erde existiert. Das Leben, das ihr jetzt gerade lebt, wird in diese kristalline Struktur eingeprägt. Die Entscheidungen, die ihr trefft (spiritueller und anderer Art), alle Dinge, die ihr erlebt, und was ihr als Menschen durchmacht, all das fließt in diesen Kristall ein. Die Eigenschaften kristalliner Strukturen sind eurer Wissenschaft wohlbekannt. Ein Kristall ist ein Mineral mit einer atomaren Struktur, die über eine langfristige atomare Ordnung verfügt. Dadurch entsteht ein einzigartiges Attribut, das schon früh entdeckt wurde: Es ist nämlich eine Art Speicher. In unserem Fall geht das weit über das hinaus, was eure Wissenschaft jemals erreichen wird ..., wir sprechen über eine Kristallstruktur, die heilige Lebenslektionen enthält, Wissen, Gedächtnis und Erinnerungen. Die Kristallstruktur hat zudem das Potenzial der ihm eingeprägten Zukunft, das könnt ihr in 3-D nicht erkennen bzw. verstehen. Es ist schwierig zu erklären, deshalb lasst es uns an dieser Stelle einfach halten.

Ihr lebt euer Leben auf der Erde. Wenn ihr es abschließt und das erlebt, was ihr den *Tod* nennt und wir den *Übergang*, kommt ihr für einen Augenblick zur Höhle der Schöpfung zurück. An diesem Punkt wird alles, was ihr erfahren und gelernt habt, in dem Kristallobjekt versiegelt, und dann verlässt eure irdische Essenz und der persönliche heilige Anteil eures Höheren Selbst den Planeten.

Man könnte diese kristalline »Akte« mit den Ringen eines multidimensionalen Baumes vergleichen, in die ein Leben nach dem anderen aufgenommen wird, alles, was ihr gelernt habt, und alles, was eure DNA gesammelt hat. Das ist viel tiefgründiger, als ihr erwartet, denn die Veränderungen, die sich in eurem Bewusstsein ergeben haben, wenn es denn welche gab, verbleiben auf diesem Planeten in Form einer Schwingungsveränderung. Selbst die Erde hallt sozusagen von eurer Schwingung wider ..., der vergangenen und der gegenwärtigen. Nichts wird verschwendet; nichts geht verloren, ihr lieben Menschen. Was ihr hier tut, bleibt hier. Alle eure Taten, alle Entscheidungen, alle Situationen der Erleuchtung, die Liebe, die Freude, das Drama und der Kummer – sie sind nicht einfach nur für euch da, sie sind ebenso für die Erde da. Die Schwingung der Erde setzt sich deshalb aus der Energie von Billionen von Lebenszeiten zusammen, die von der Menschheit seit ungefähr 50.000 Jahren geschaffen wird. Es ist keine »Zeitkapsel«, denn sie ist die ganze Zeit über aktiv. Eine Zeitkapsel ist passiv. Multidimensionales ist immer im »Jetzt«. Deshalb ist nichts davon mit einem »Zeitstempel« versehen. Es »ist« einfach; und es wird von dem Planeten als ständig gegenwärtig und aktuell »gesehen«. Was ihr jemals erlebt habt, wird also immer noch erlebt und ist frisch.

Nach einer gewissen Erdenzeitspanne kehrt ihr vielleicht wieder zur Erde zurück. Das machen die meisten Menschen, denn eine Lebenszeit auf diesem Planeten ist wie ein Tag im Leben eines größeren Plans. Der größere Plan – das ist eine Übersicht über Hunderte von Lebenszeiten. Spirit sieht euch nicht als Menschen in diesem Leben, sondern als eine zeitlose, heilige Wesenheit, die Teil der Familie Gottes ist, für die Erde arbeitet und immer wieder in verschiedenen Inkarnationen oder »Ausdrücken karmischer Energie« hier gewesen ist.

Dies ist für euch sehr schwer zu verstehen und zu akzeptieren, denn eurer Meinung nach beginnt das Leben mit der Geburt und endet mit dem Tod. Das ist in etwa so richtig wie die Auffassung, das Leben beginne mit der Morgendämmerung und ende mit der Abenddämmerung. Es geht immer weiter, und jedes Leben ist wie ein Tag in einem größeren Leben. Immer wieder wacht ihr auf und schlaft wieder ein ..., immer und immer wieder.

Ihr nennt diesen Prozess »Reinkarnation«. Ein Ausdruck eures Höheren Selbst kommt wieder auf die Erde. Es ist übrigens immer dasselbe Höhere Selbst. Denkt einmal darüber nach: viele Leben, viele Gesichter, beide Geschlechter ..., immer dasselbe Höhere Selbst. Es kommt herein, so wie schon zuvor, und fügt eurem Kristall neue Anfangsenergie hinzu. Ihr werdet dann auf dem Planeten geboren und setzt die Reise scheinbar als jemand anderes fort. Dann lebt ihr dieses Leben. Wenn ihr es beendet, wird das, was ihr erfahren und gelernt habt, zu einem weiteren Ring auf dem Kristall. Im Laufe der Zeit wird diese heilige Kristallstruktur durchtränkt mit Hunderten von Lebensringen. Ein Höheres Selbst, viele Lebenszeiten, viele Namen und Gesichter –

all das seid *ihr*. Das ist die Essenz der Höhle der Schöpfung und der Prozess des Kristallgitters. So funktioniert es. Was immer ihr tut, bleibt hier auf diesem Planeten und trägt zur Energie der gesamten Menschheit bei, die nachfolgen wird. Das ist der Überblick über die Akasha-Chronik in der Höhle der Schöpfung. Schwierig zu erklären ist, auf welche Weise sie auch die Zukunft enthält. Denn im Kristallgitter befinden sich auch all die potenziellen Leben, die ihr leben könntet. Das hilft, schon einmal vorzubereiten, wer ihr das nächste Mal sein werdet. Das kann ich euch nicht erklären, und ich werde es auch nicht versuchen und sage nur, dass all das einen Sinn und Zweck hat. Es wird oft als »Karma« bezeichnet, als eine Fortführung von Unerledigtem, gerade so, als wenn ihr morgen aufwacht und euren Beschäftigungen nachgeht, zu denen ihr bisher noch nicht gekommen seid. Die Erledigungen warten auf euch ..., sie sind die Zukunft. Doch wenn es sich dabei um eine multidimensionale Energie handelt, dann war sie schon immer da und wirkt sich auf das aus, was ihr beim Aufwachen tut.

Die zweite Art der Akasha-Chronik: Die DNA – Selbstfindung, Bewusstheit und Lebenslektionen

Jetzt kommen wir zur Unterweisung des heutigen Tages. Es gibt eine weitere, zweite Form der Akasha-Chronik. Es gibt eine Mini-Akasha-Chronik, die bei der Geburt in eurer DNA entsteht. Sie nimmt im Mutterleib Form an und wird euch bei der Geburt mitgegeben. Diese Akasha-Chronik dreht sich darum, wer ihr seid und wer ihr auf der Erde gewesen seid. Sie enthält in den Schichten der DNA in euch auch die Potenziale dessen, was ihr tun könntet. Das hört sich vielleicht an, als ob es um dieselben Attribute wie in der kristallinen Chronik in der Höhle der Schöpfung geht, doch so ist es nicht. Die Chronik in der Höhle ist für die gesamte Menschheit und ist mit dem Kristallgitter der Erde verbunden. Die Chronik in eurer DNA dient der Selbstfindung, der Bewusstheit, dem Karma und den Lebenslektionen.

Das ist esoterisch und kommt euch sogar merkwürdig vor, nicht wahr? So manch einer findet es vielleicht sogar unglaublich, dass in eurer DNA aufgezeichnet sein soll, wer ihr jemals wart. Lasst uns darüber sprechen. Wir wollen davon reden, wie sich das auf euch auswirkt und was es bedeutet. Wir übermitteln euch das alles in kurzer Zeit, zusammengefasst in dieser heutigen Botschaft.

Einige von euch fragen da: *»Also, Kryon, das kommt mir doch gleich rätselhaft vor. Ich verstehe, was du sagst. Du lehrst uns gerade, dass wir mit vielen Energien aus der Vergangenheit hereinkommen. Doch wie ist es mit denjenigen, die zum ersten Mal auf der Erde sind? Sie haben sozusagen einen Kristall ohne Ringe und ohne die Energie von vergangenen Ausdrücken, ohne vergangene Erfahrungen auf der Erde. Was ist damit? Was passiert in diesem Fall?«* Das ist eine sehr logische Frage. Die auf dem Planeten einzigartige Energie eines Neulings ist wohlbekannt. Fast alle, die diese Zeilen lesen, haben sie erfahren. Es gibt zudem viele Neuankömmlinge! Wisset: Kryon ist sich der geometrischen Progression, also der zahlenmäßigen exponentiellen Zunahme der Bevölkerung auf diesem Planeten sehr wohl bewusst. Eine solche Zunahme, ihr Lieben, bedeutet, dass es sehr viele solche Neulinge gibt, die zum ersten Mal hier sind. Wie hoch auch immer der prozentuale Anteil der alten Seelen sein mag, der Prozentsatz derer, die noch nie hier gewesen sind, ist höher. Wir wissen das. Das gehört zum Plan und der Energie der Erde. Diese Botschaft gilt also nicht für diejenigen, die noch nie hier waren. Über die Attribute der Neuankömmlinge haben wir schon ein andermal gesprochen.

Kryon
(Live-Channeling »Es ist in der DNA!«,
Kelowna/BC, Kanada, 28. Juni 2008)

Sie verstehen jetzt also, was Ihre persönliche Akasha ist. Nun müssen Sie auch begreifen, dass all diese Lebenszeiten durch Ihr Höheres Selbst miteinander verknüpft sind. Ihr Höheres Selbst ist in jedem Ihrer vergangenen und zukünftigen Leben dasselbe.

Was bedeutet »früheres Leben« wirklich?

Viele Menschen meinen aufgrund ihrer menschlichen »Scheuklappen«, dass alles linear sei. Für uns ist das Konzept einer im Kreis verlaufenden Zeit extrem schwer verständlich. Für uns geht die Zeit in eine Richtung, nämlich nach vorne, wodurch die Vorstellung einer Vergangenheit, Gegenwart und Zukunft entsteht. Die Idee, alles existiere in einer Jetzt-Realität, ist zu weit weg von dem, was wir wahrnehmen können. Früher dachten die Menschen, die Erde sei eine flache Scheibe und wenn man zu weit auf das Meer hinaussegelte, würde man vom Rand in die Tiefe stürzen. Die Vorstellung einer runden Welt war zu weit weg von dem, was sie sehen konnten. Das klingt bekannt, nicht wahr?

Wenn – wie Kryon sagt – die Zeit in einem Kreis verläuft, dann gibt es so etwas wie ein »früheres Leben« nicht. Alle Leben sind jetzt in Ihnen, denn die Energien dessen, was Sie angesammelt haben, sind ein Teil von Ihnen. Anstatt also von »früheren Leben« zu sprechen, können Sie sich vorstellen, Sie haben derzeitige Lebensattribute, von denen manche bereits realisiert worden sind und andere nicht. Klingt das verwirrend? Vielleicht kann Kryon Ihnen dieses Konzept besser begreiflich machen.

Es gibt kein »früheres Leben« oder etwas dieser Art – das bedeutet es im Klartext. Denn wenn ihr diesen Planeten verlasst, werdet ihr euch außerhalb der Zeit wiederfinden [den Einschränkungen der linearen Zeit entzogen]. Es gibt auf der anderen Seite des Schleiers keine Zeit. Sie ist etwas, das eurer Bequemlichkeit und eurer Lebensweise in 4-D [3-D] zuliebe geschaffen wurde.
Lasst mich euch sagen, was das bedeutet. Hört genau zu, denn das ist wichtig. Ihr meint, ihr hättet frühere Leben? Habt ihr nicht. Ihr habt mehrere aktuelle Leben gleichzeitig. Wenn ihr euch aus der euch bislang bekannten Zeit herausbegebt, wie

werdet ihr sie dann nennen? Stellt es euch einmal folgendermaßen vor: Es handelt sich um mehrere Schichten von Leben, aber ihr durchlebt sie jetzt alle gleichzeitig, von daher sind sie allesamt jetzige Leben – sie alle.

Aber da ist einer (oder eine ...) ganz oben auf diesem vielschichtigen Stapel; einer, der das Oberkommando hat, und das ist der, der ihr jetzt gerade seid – der, den ihr im Spiegel seht –, derjenige, der derzeit euren Körper bewohnt und von dem ihr denkt, er sei der Einzige. Es ist derjenige, der in dem, was ihr die Akasha-Chronik nennt, mit allen anderen spricht. Es ist ein interdimensionales Vorstellungsmodell, das auch von einer Schicht eurer DNA repräsentiert wird ..., ebenfalls unsichtbar. Diese interdimensionale Schicht der DNA erinnert euch daran, dass alle anderen Leben dennoch da sind und gleichzeitig gelebt werden, aber auf eine Weise, die jenseits der Linearität angesiedelt ist. Warum erzähle ich euch das? Weil dort, meine Freunde, das Vorratslager eurer Möglichkeiten ist.

Ist es nicht eigenartig, wie wir interdimensionale Vorstellungen für den Menschen in eindimensionale Erklärungen hineinzwängen müssen? Ich möchte euch von dem endlosen Zyklus an Leben berichten, die in euch aktiv sind, aber um das zu illustrieren, muss ich auf ein Beispiel zurückgreifen, demzufolge sie ganz simpel linear »übereinander gestapelt« sind, damit ihr es versteht! Wenn ihr das irgendwie begreifen könnt, wird es hilfreich für den nächsten Schritt sein.

Wie würdet ihr es finden, von allem profitieren zu können, was ihr je als Engel getan habt, seit ihr auf dem Planeten eintraft? Lemurier, wie wäre es, 52.000 Jahre Erfahrung durchkämmen zu können, um sich das Beste von alldem herauszusuchen? Wie würde dir das gefallen, Lemurier? Nun, ich werde es euch sagen: Ihr stellt die Verbindung zum Höheren Selbst her, und plötzlich setzt der Quanteneffekt ein, und ihr seid an all diese Leben gleichzeitig angeschlossen! Einige von euch wissen, wovon ich hier rede, und einige wissen es nicht. Die Weisheit hält sich euch gegenüber verborgen ..., diese Weisheit der Zeitalter. Ihr könnt tief in diesen Leben wühlen, die ihr aktuell gleichzeitig durchlebt, und euch mit Hilfe von demjenigen, der das Oberkommando hat [wer ihr jetzt seid], dafür entscheiden, die jeweils besten Teile von allen herauszupicken und viele frühere Merkmale zutage zu fördern, um von ihnen Gebrauch zu machen.

Hier meine Erklärung dazu: Wir haben das Thema zwar schon früher angeschnitten, aber ich werde noch einmal meinen Partner dafür benutzen, obwohl er es nicht mag, wenn ich so über ihn spreche. [Pause, während Lee überlegt, was als Nächstes kommt.]

Über Lee

In seiner Frühzeit lief seine Zwiesprache mit Spirit, wenn es darum ging, der Channeler zu sein, der er jetzt ist, folgendermaßen: *»Ich kann nicht schreiben und habe es auch noch nie getan. Ich kann keine öffentlichen Vorträge halten und habe es auch noch nie getan. Ich bin im Grunde ein einsiedlerhafter Technikmensch. Ich bin auch nicht gesellig. Ich bin eher ein ruhiger Typ und sage nicht viel, und ich bin nervös, wenn ich vor Leuten stehe. Wie also soll ich das weiter vorantreiben, wo ich doch keines der Talente habe, die man ja nur allzu offensichtlich für das braucht, worauf sich der Ruf, den ich erhalten habe, bezieht?«*

Nun, wir zeigten ihm auf eine Weise, die er noch immer nicht versteht, dass diese Talente immer da waren, nur versteckt; sie waren Bestandteile seiner persönlichen Akasha-Chronik. Es sind Eigenschaften, die er tief aus den früheren Leben versteckt in sich trägt; und er glaubt in einer linearen spirituellen Geschichte, die er für erledigt hält, sie lägen hinter ihm. Sie sind jedoch absolut nicht weg, und sie sind sogar ein Anteil von ihm und noch immer aktiv. In einem Prozess, der ihm noch immer ein Rätsel ist, förderte er das Leben zutage, in dem er der Schriftsteller war. Er förderte den Redner zutage, der er in einem seiner Leben war. Er förderte die Eigenschaften aus seinem Vorratslager zutage, die er brauchte, und das Ergebnis seht ihr ja. Es waren Talente, die immer zu ihm gehört hatten, nur dass sie bei seiner Geburt – so dachte er zumindest – für ihn nicht präsent waren.

Er langte tief hinunter und zog sie aus der Essenz der Akasha-Chronik hervor, die in seiner DNA angesiedelt und höchst lebendig ist. Die Verheißung von Spirit lautet deshalb, dass auch ihr es schaffen könnt! Aber wir verwenden ihn als Beispiel, da er hier vor euch sitzt und ihr so sehen könnt, was wir meinen. Was von alldem willst du also, Schamane? Kommt dir diese Vorstellung wirklich so abwegig vor?

Verjüngung

Hier noch mehr Stoff zum Nachdenken: Wenn ihr nicht an frühere Leben glaubt, lasst mich euch etwas fragen, das nur dieses aktuelle Leben betrifft. Erinnert ihr euch daran, wie ihr zehn wart? Die meisten von euch bejahen das. Nun, ebenso erinnert sich eure DNA! Was haltet ihr davon? Lasst es einmal auf euch wirken. Eurem Körper hat sich eine Erinnerung eingeprägt, die einen zellulären Stempel »Erinnerung: zehn Jahre alt« trägt. Sie ist noch immer da, müsst ihr wissen. Es ist eine zelluläre Erinnerung. Wie würdet ihr es finden, ihr noch einmal einen Besuch abzustatten? Vielleicht sagt ihr dazu: »Na ja, warum sollte ich das?« Weil bei den meisten von euch eure DNA, als ihr zehn wart, unversehrt und rein und heil und jung war. Obwohl das lange zurückliegt, hat euer Körper eine Erinnerung zurückbehalten, wie das damals war.

Wie würde es euch also gefallen, in der nächsten Meditation euren Körper zu instruieren: »Gehe zur Prägung der DNA im Alter von zehn Jahren und reproduziere sie!« Warum nicht? Der Körper reproduziert sich ständig, Zelle für Zelle. Er verjüngt sich. Begeben wir uns zur DNA im Alter von zehn Jahren: jung, rein, unverbraucht, mit der Energie des Kindes, kaum zu bändigen. [Kryon lächelt.] Sie lebt noch, müsst ihr wissen. Sie ist noch immer da – im Verjüngungsgedächtnis des Körpers.

Zukunftsvorstellungen

Oh, und hier noch ein Punkt: Diese Vorstellung, die ihr euch von der Zukunft macht ..., sie ist so einschränkend. Lasst mich euch schnappschussartig eine Idee davon vermitteln, wie die Zukunft wirklich beschaffen ist. *»Kryon«*, haben einige ausgerufen, *»darin liegt aber ein Widerspruch. Du sagst, Gott kann alles, aber du sagst auch, dass Gott unsere Zukunft nicht kennt. Wie kann das sein?«* Ganz einfach. Gott kennt jede eurer Zukünfte, aber er weiß nicht, für welche ihr euch entscheiden werdet!

Spirit kennt die Potenziale von allem, was ihr tun könntet. Es ist außerordentlich komplex für euch, aber für uns ist es das nicht. Es ist interdimensional und beschreibt eine Schleife. Wir können die Potenziale jeder Entscheidung sehen, die ihr während eures Lebens treffen könntet. Von daher wissen wir alles bis auf eines: Wir wissen angesichts dieser Situation der Entscheidungsfreiheit auf diesem Planeten nicht, für welche Zukunft ihr euch entscheiden werdet. Das bleibt euch überlassen.

So präsentiere ich euch dies, damit ihr es überdenkt und diesen Kreis des »Jetzt« vollendet. Die Vergangenheit habe ich bereits besprochen, gehen wir jetzt auf die Zukunft ein, die ihr im Sinn habt. Stimmt ihr zu, dass ihr mit jedem Leben in eine höhere Schulklasse versetzt werdet? Mit anderen Worten, da ihr aus jedem Leben lernt und bei eurer Reinkarnation das gesamte Wissen aus dem, was ihr die früheren Leben nennt, mitbringt, seid ihr im nächsten Leben weiser. Stimmt ihr da zu? Ihr lernt, lernt, lernt. Wenn dies der Wahrheit entspricht und wenn es tatsächlich so funktioniert, wie ich sage (das tut es), und wenn es auf der anderen Seite des Schleiers wirklich keine Zeit gibt – warum dann nicht auf der Leiter der Akasha-Potenziale fünf Leben nach oben klettern und euch die Weisheit greifen, die ihr in eurer Zukunft erlangen werdet? Zieht sie herunter und macht sie euch jetzt zunutze! Wie wäre das?

Das nennt man »Aufstieg«, lieber Mensch. Interdimensional zu werden, ist von daher eine Einladung, in dieser Goldgrube – eurer Akasha-Chronik – zu schürfen und an den Glanzpunkten eurer Vergangenheit und Zukunft teilzuhaben.

Dieser Prozess ist nichts für schwache Gemüter. Er stellt genau das infrage, wovon man euch gesagt hat, es seien eure Einschränkungen in 3-D.

Kryon
(Live-Channeling »Die vielen Ichs«,
Manhattan/New York, 1. April 2006)

Sehen Sie jetzt, wie wir unser derzeitiges Leben verändern können, indem wir die Energien unserer vergangenen und zukünftigen Realitäten anzapfen? Auch hier ist es wieder das Höhere Selbst, das sie alle miteinander verknüpft. Es ist immer dasselbe Höhere Selbst. Das Höhere Selbst ist das Tor zur anderen Seite. Wir können uns an unser Höheres Selbst wenden, um alles, was wir jemals gelernt haben und was noch kommen wird, zu erfahren.

Bevor wir uns weiter mit der persönlichen Akasha-Chronik in der DNA beschäftigen, wollen wir uns die Akasha in Gaia genauer anschauen.

Die Höhle der Schöpfung

Sie müssen ein paar wichtige Dinge über den Speicherort der Akasha-Chroniken in Gaia verstehen. Kryon hat viele Durchgaben über die Höhle der Schöpfung gemacht, und Lee Carroll hat diese Informationen in seinen Vorträgen weiter vertieft. Diese Höhle hat folgende Attribute:

- ❤ Sie existiert tatsächlich, wird aber niemals gefunden werden.
- ❤ Sie ist kristallin.
- ❤ Sie enthält die Akasha der gesamten Menschheit.
- ❤ Sie trägt von jedem gelebten und jedem potenziellen zukünftigen Leben eine Aufzeichnung.
- ❤ Sie bewahrt für jeden Menschen einen Kristall.
- ❤ Sie hat Kristalle, die dort verbleiben, auch wenn Sie gegangen sind.

Die Höhle der Schöpfung ist etwas sehr Komplexes. Wir können uns kaum vorstellen, dass so etwas überhaupt existiert, und schon gar nicht, wie es funktionieren könnte. Laut Kryon gibt es eine potenzielle Aufzeichnung von jedem bevorstehenden Leben, was voraussetzt, dass Sie zurückkommen. Sie meinen vielleicht, Sie würden nicht wiederkehren, aber Sie tun es! Sie kommen zurück, weil das Bewusstsein auf dem Planeten nicht dasselbe ist wie auf der anderen Seite des Schleiers. Sobald Sie auf die andere Seite gehen, können Sie es kaum erwarten, wieder zurückzukommen, insbesondere wenn Sie eine alte Seele sind.

Sie denken womöglich: »Moment mal, ist das nicht Vorherbestimmung?« Wie das Wort schon sagt, bedeutet dieses Wort »im Vorfeld bestimmen«. Wir glauben, Gott habe bestimmte Dinge bereits vorher festgelegt. Interessanterweise aber nur *bestimmte* Dinge. Doch in Wahrheit gibt es keine Vorherbestimmung, sondern es geht um Veranlagung. Sie sind dafür veranlagt, bestimmte Dinge zu tun. Doch nur, weil Sie diese oder jene Veranlagung haben, heißt das noch lange nicht, dass Sie dieses oder jenes dann auch wirklich tun. Ihr derzeitiger Ausdruck des Lebens ist nicht vorherbestimmt. Sie haben einen freien Willen und können Ihr Karma verändern. Verändern Sie Ihr Karma, dann verändert sich auch alles, was Sie tun.

Jedes kommende Leben basiert auf den Potenzialen des »Jetzt«. Jedes Mal, wenn ihr euer gegenwärtiges Leben verändert, verändern sich auch die Potenziale der kommenden Leben. Es gibt keine Zeitlinie, nur ein ständig aktualisiertes Potenzial eures nächsten Lebens, welches ihr erschafft, während ihr euer derzeitiges Leben durchlebt.[5]

Und wenn das, was Sie in Ihrem jetzigen Leben tun, sozusagen das Gerüst für das nächste Leben bildet? Was werden Sie anders machen? Wollen Sie sich den Herausforderungen, denen Sie sich heute stellen müssen, auch in einem anderen Ausdruck des Lebens stellen?

Eigentlich geht es um mehr als lediglich darum, Potenziale für das nächste Mal zu kreieren; es geht vielmehr um den energetischen »Fußabdruck«, den Sie auf und im Planeten hinterlassen. Alles, was Sie auf Ihrer Suche nach Gott und Ihrer inneren Göttlichkeit weiterbringt, erhöht Ihre Schwingung, und dadurch erhöhen Sie wiederum die Schwingung des Planeten, wodurch sich dessen Potenziale ändern. Schauen Sie sich nur an, was sich im Laufe der letzten zwanzig Jahre alles verändert hat! Sehen Sie, wie sich die Welt von Krieg, Eroberung und Trennung ab- und der Liebe, dem Mitgefühl und der Einheit zuwendet? Diese Bewusstseinsveränderung geht langsam vor sich, aber ein Anfang ist gemacht. Nach wie vor gibt es diejenigen, die sich lieber an die alten Weltuntergangspotenziale klammern. Wie Kryon gesagt hat: Die alte Energie stirbt nicht so leicht. Doch trotz aller Widrigkeiten geht es auf der Erde in Richtung Frieden.

Die Höhle der Schöpfung ist statisch. Die Anzahl der dort befindlichen Kristalle ist immer gleich. Wie kann das sein? Woher wissen wir, wie viele Seelen auf dem Planeten sein werden? Jemand, der linear denkt, will ganz genau wissen, wie viele Kristalle sich dort befinden, und würde sie am liebsten zusammenzählen.

Es gibt derzeit sieben Milliarden Menschen auf der Erde, und den Prognosen nach werden es 2050 zehn Milliarden sein. Gibt es in der Höhle der Schöpfung zehn Milliarden Kristalle? Oder zwanzig Milliarden?

Doch so funktioniert das nicht. Die Anzahl der Kristalle (und damit der Seelen) lässt sich nicht zählen. Man kann es sich so vorstellen: Die Meere des Planeten sind salzig. Wie viele einzelne Salzstückchen sind im Meer? Das weiß niemand. Man kann sie nicht zählen, weil sich das Salz im Meer auflöst. Es ist Teil des Meeres und keine separate Entität mehr. Der Quantenzustand ist für Menschen nur schwer verständlich, da wir alles und jedes vereinzeln und quantifizieren wollen. Uns geht es um Gewissheiten, nicht um Wahrscheinlichkeiten. Doch ein Quantenzustand funktioniert so nicht. Die Anzahl der Seelen, die auf den Planeten kommen werden, ist ein Quantenpotenzial, und diese Quantenpotenziale sind Spirit in einem Quantenzustand bekannt.

Und übrigens: Die Prognose einer weiterhin wachsenden Bevölkerung basiert darauf, dass alles so bleibt wie bisher. Meinen Sie wirklich, diese Schätzung spiegelt die genaue Zukunft wider? Wie sieht die Welt heute aus? Es gibt Industrienationen und Entwicklungsländer. In den Industrienationen ist die Geburtenrate niedrig, weil große Familien viel Geld kosten. Immer mehr Frauen kümmern sich lieber um ihre Karriere. Durch die stärkere Gleichberechtigung zwischen Männern und Frauen haben Frauen ihre Fruchtbarkeit selbst besser unter Kontrolle; Eltern können die Anzahl ihrer Kinder bestimmen. Es gibt Verhütungsmittel und Familienberatungsstellen. Ganz anders sieht es in den Entwicklungsländern aus. Hier ist die Geburtenrate hoch, denn Großfamilien können sich gemeinsam um die Landwirtschaft kümmern. Eltern haben viele Kinder, weil sie davon ausgehen, dass aufgrund der hohen Kindersterblichkeit einige sterben werden. Es gibt keine Altersrente, also müssen sich die Kinder um ihre alten oder kranken Eltern kümmern. Familienplanung und -beratung gibt es kaum. Und was wird passieren, wenn sich die Entwicklungsländer weiterentwickeln? Die Geburtenrate wird sich verändern!

Doch zurück zur Höhle der Schöpfung und zu den Potenzialen. Entgegen aller Wahrscheinlichkeit ist der von so vielen vorhergesagte Weltuntergang nicht eingetreten. Der international bekannte Autor und Vortragsredner Gregg Braden bringt in seinem Buch »Fractal Time« uralte Weisheit mit modernen Erkenntnissen zusammen; heraus kommt ein neues Modell der Zeit. Braden verbindet das alte zyklische Konzept mit den modernen Gesetzmäßigkeiten von fraktalen Mustern und zeigt auf, wie historische Kriegs- und Friedenszeiten die sich wiederholenden Muster unserer Vergangenheit sind. Diese fraktalen Muster können erkannt, gemessen und vorhergesagt werden. Die wiederkehrenden Zyklen verfügen über ein Zeitfenster, den sogenannten Entscheidungspunkt: An diesem Punkt hat die Menschheit die Möglichkeit, sich im betreffenden Zyklus für ein anderes Ergebnis zu entscheiden. Während des fünften Entscheidungspunktes der Menschheit stand ihr ein sehr reales Atomkriegsrisiko bevor. Wir haben das Jahr 2012 überschritten und damit die Entscheidung gefällt, uns nicht auszulöschen. Es gab keinen Atomkrieg.

Und wenn wir uns ausgelöscht hätten? Was wäre dann mit der Höhle der Schöpfung geschehen? Und mit den potenziell noch kommenden Leben? Um das Geschehen zu verstehen, müssen wir unser lineares Denken aufgeben. Die kommenden Lebenspotenziale wären sozusagen verfallen, aber die Kristalle gibt es noch immer, denn das waren die Potenziale zu einer bestimmten Zeit.

Was passiert mit den Kristallen, wenn wir gegangen sind? Um diese Frage zu beantworten, muss man sich noch einmal Baumringe vorstellen. Sie stehen für eine Aufzeichnung der Vergangenheit in 3-D-Zeit. Ähnlich wie Jahresringe an Bäumen das jährliche Wachstumsmuster des Baumes aufzeichnen, zeichnen die Kristalle jedes Leben, jede Leistung, jeden Misserfolg, jede Persönlichkeit, jeden Lebensausdruck, jede Leidenschaft, jegliches spirituelle Wachstum, jede Erinnerung und jedes Geschlecht immer wieder auf. All das wird zusammengestellt und steht Ihnen immer zur Verfügung.

Wie sind die Kristalle organisiert? Laut Kryon auf Basis karmischer Gruppen. Das erklärt womöglich unsere Gefühle anderen Menschen gegenüber. Was ist eine karmische Gruppe? Hier müssen wir Karma neu definieren. Karma ist eine Energie, die einen bestimmten Sinn und Zweck verspürt. Wie ist das mit Menschen, die Sie kennen? Meinen Sie, Sie hätten frühere Leben mit ihnen verbracht? Sie sind sich vielleicht nicht sicher, aber Sie spüren zu manchen dieser Leute eine starke Verbindung. Im Laufe Ihres Lebens schließen Sie viele Freundschaften, die manchmal fürs Leben sind und manchmal nur eine Weile andauern, dann gehen Sie weiter auf Ihrem Weg. Und was geschieht, wenn Sie sich innerlich verändern? Dann verlieren manche Freunde an Bedeutung. Sie schließen neue Freundschaften, und das ist fast so, wie wenn Sie eine neue karmische Familie bekämen.

Die Vorstellung, unsere Kristalle wären nach karmischen Gruppen (Familien) organisiert, erscheint uns seltsam. Wie oft haben Sie schon den Satz gehört »Man kann sich seine Freunde aussuchen, aber nicht seine Familie«? Wirklich? Das kann man sich nur sehr schwer vorstellen. Warum sollte sich jemand eine Familie aussuchen, in der er oder sie misshandelt wird? Warum sich für ein Dasein als Waise entscheiden? Hier gilt es wieder zu bedenken: Das Bewusstsein, welches wir auf dem Planeten haben, ist nicht das Bewusstsein, das wir auf der anderen Seite des Schleiers haben! Wir kommen in unsere Familie und wissen, dass wir

Wandlungspotenziale präsentiert bekommen. Es liegt an uns, zu entscheiden, unser Karma aufzuheben oder nicht. Und es ist auch unsere Entscheidung, beispielsweise alles aus einer Opferhaltung heraus zu betrachten. Wir alle haben die Chance, über unsere ganz individuelle Lebenslektion hinauszuwachsen und in den Aufstiegszustand zu gelangen.

Was passiert mit den Kristallen in der Höhle der Schöpfung, wenn wir unser Karma aufgeben? Was meinen Sie wohl? Verlassen wir dann womöglich die jeweilige karmische Gruppe? Das ist nicht nur möglich, sondern laut Kryon gelangen wir dann in die »karmalose Gruppe«. Was heißt das? Wenn wir unser Karma aufgeben, verlassen wir die karmische Gruppe in der Höhle der Schöpfung. Unser Kristall ist dann zwar immer noch da, aber er befindet sich nicht mehr in der früheren karmischen Gruppe. Wir erzeugen in unserem derzeitigen Lebensausdruck unsere eigene Gruppe auf dem Kristallgitter. Kommt Ihnen das bekannt vor? Haben Sie sich weiterentwickelt und dabei Ihre Familie und Freunde, die sich in vielen Fällen immer noch auf dem Rad der Wiedergeburt in ihrem Drama drehen, zurückgelassen? Wenn ja, dann möchte ich Ihnen meine Anerkennung dafür aussprechen, dass Sie Ihr Leben in die Hand genommen haben! Sie werden nicht mehr von Ihrem Karma hin- und hergeschubst. Sie haben buchstäblich das Ruder ergriffen und steuern Ihr Boot jetzt selbst. Und wenn Sie sich dafür entschieden haben, weiterhin Ihr Karma zu leben, dann möchte ich betonen, dass kein Urteil darüber gefällt wird, denn wir sind aus freien Stücken hier.

Wie ich bereits gesagt habe, zeichnet die Höhle der Schöpfung auch unser Geschlecht auf, das wir in all unseren Leben haben. Was heißt das? Wie Kryon uns gesagt hat, gehört es zum Menschsein dazu, während unseres Kommens und Gehens auf dem Planeten beide Geschlechter zu haben. Alle alten Seelen auf dem Planeten waren Mann und Frau. Das ist in ihrer Akasha aufgezeichnet. Oft haben wir viele Leben hintereinander dasselbe Geschlecht, weil es so besser funktioniert. Wenn dann ein Wechsel des Geschlechts ansteht, gewöhnen wir uns über eine Zeit von mindestens drei bis vier Lebensspannen daran. Die Gesellschaft nennt Menschen, die diesen Übergang durchmachen, homosexuell. Zehn Prozent der

Erdbevölkerung durchlaufen zu jeder Zeit diese Übergangsphase. Die Wahrheit ist: Wir alle haben das mitgemacht, haben Schwierigkeiten und Diskriminierung erlebt und dabei sogar den Tod gefunden. Es ist an der Zeit, zu erkennen, dass Homosexualität Bestandteil eines wunderbaren Systems ist.

Einstellungen verändern sich nur langsam, aber es ist wichtig, den ersten Schritt zu tun. Sie haben die Wahl, entweder die Saat der Erleuchtung auszusäen, um auf dem Planeten Frieden zu schaffen, oder nicht.

Nun, da Sie wissen, was die Höhle der Schöpfung ist, können Sie Kryons Beschreibung dazu lesen:

Der Name »Höhle der Schöpfung« ist von mir und steht für eine Speichereigenschaft des Akasha-Kreislaufs – für eine Eigenschaft des Systems der Akasha. Es ist in vielen Erscheinungsformen und unter verschiedenen Namen bekannt. In Wahrheit gibt es dafür keinen Namen, denn es handelt sich um ein System und nicht um einen Ort, obwohl auch ein Ort dazu gehört, ein Ort voller Schönheit, innerhalb der Erdkruste, könnte man sagen, und doch tiefer ... In einer Dimension, die niemals von einem Menschen gesehen oder gefunden werden kann, gibt es etwas Geheiligtes, und das ist der Akasha-Kreislauf. Er ist kristalliner Natur, doch er kann nicht gezählt oder aufgelistet werden. In einem Quantenzustand gibt es eine kristalline Struktur für jede einzelne Seele auf dem Planeten, die jemals hier war und jemals hier sein wird. Sie befindet sich im »Jetzt«, was nicht die Zeit, sondern Zeitpotenziale repräsentiert.

Es gibt einen Plan, einen Ankunfts- und Abreiseplan mit einer Struktur, die die Seelen ausfüllen sollen. Und es gibt etliche, die von anderen Orten kommen und zum ersten Mal auf dem Planeten in Erscheinung treten. Das könnt ihr euch nicht vorstellen. Oh, ihr könntet es in eure drei Dimensionen stecken, doch es würde nicht stimmen. Und es muss auch nicht stimmen. Ihr müsst nur wissen, dass es existiert. Man könnte es als »Akasha-Buchhaltung« bezeichnen.

Pro Kristallobjekt gibt es eine Seele, und doch lässt es sich nicht zählen. Da könntet ihr sagen: *»Moment mal. Es müssen ja*

Milliarden dieser Kristalle vorhanden sein. Warum können sie nicht gezählt werden?« Und erneut sage ich: Wenn es Suppe wäre, wie könntet ihr das Salz zählen? Wie den Geschmack mit einer Zahl versehen? Es ist der Quantenzustand, der den Menschen verwirrt, denn ihr möchtet vereinzeln, trennen, beschriften, quantifizieren und zählen – doch das könnt ihr mit der Liebe nicht tun. Und doch sage ich: Für jede und jeden von euch gibt es einen Kristall.

Eine Seele kann viele Lebenszeiten haben. Hört zu, ihr alten Seelen: Auf diesem Planeten gibt es eine euch bestimmende, energetische, kristalline Quantenquelle, die euch mit Gaia verbindet. Sie ist etwas sehr Tiefgehendes und repräsentiert den Kreislauf des Lebens.

Die Gründe

Was meint ihr, warum wurde dieses System wie eine Höhle geschaffen? Wieso sollte es in Gaia sein? Das System schließt, wie ihr seht, die Erde mit ein. Das muss es. Interessanterweise wussten die Alten das alles. Die Alten, eure allerältesten Ahnen, versuchten als Erstes, die Erde zu verstehen. Schaut euch die indigenen Völker an, die diese Region bevölkerten. Als Erstes brachten sie der Erde ein Geschenk dar. Bis heute verstehen die indigenen Völker auf dem ganzen Planeten dieses System. Die Erde ist lebendig, sie ist die Mutter. Die Erde stellt Nahrung bereit, genau wie die Mutter. Und sie zu ehren und ihr ein Geschenk zu überreichen, ist das Erste, was ihr tut.

Wenn die Erde die Mutter ist, wie verhält es sich dann mit dem Leben auf der Erde? Als Ureinwohner würdet ihr als Erstes dieses Leben ehren und respektieren. Es existiert vielleicht im Wald in Gestalt des Wolfes, des Bären, des Bibers oder der Beutelratte. Sie alle sind dort als Teil der Lebenskraft von euch und Gaia, und sie sind das System, das die Spiritualität fördert, wovon ihr nichts wisst. Der Kreislauf ist der Grund für euer Sein. Die indigenen Völker wussten das. Meint ihr, sie hätten die Felle und die Pelze der Tiere getragen, weil sie warm sind? Ja und nein. Oftmals geschah es vielmehr aus Ehrfurcht. Sie trugen sie auf ihren Köpfen, um den Wald, die Bäume und die Tiere zu ehren. Sie ehrten damit den Planeten, die Erde und das System.

Alle Lebenszeiten, die ihr je hattet, sind in einer wunderschönen, multidimensionalen Energie einem quantenhaften Kristallobjekt eingeprägt. Es ist das Teilchen von euch, welches das Buchhaltungsobjekt in der Höhle ist.

Die Funktionsweise des Systems

Hört gut zu! Es existiert zusammen mit all den anderen – Milliarden, wenn ihr sie einzeln erfasst. Es gibt einen Zusammenfluss an interaktiver Energie zwischen den Kristallobjekten. Das heißt, selbst wenn ihr sie aufeinanderstapelt, sie »Seelen« nennt, sie mit einer Kerbe verseht und sie »Kristallstücke« nennt, sind sie das nicht. Sie bilden zusammen ein System und gehen ineinander über. Darüber haben wir bislang noch nie gesprochen, weil das so komplex ist.

Während ihr mit anderen Menschen Lebenszeiten vollendet, kreuzt ihr manchmal die Energien dieses Zusammenflusses, und sie werden zu etwas anderem. Aus einer werden zwei. Aus zwei werden vier. Familien, die untereinander in karmischem Austausch zusammenarbeiten – insbesondere in der alten Energie –, verändern tatsächlich kristalline Teile dieses Systems, Teile, die scheinbar nicht einmal etwas miteinander zu tun haben. Das ist eines der komplexesten Rätsel, die ihr jemals gesehen habt. Menschen mit Menschen. Es erklärt Synchronizitäten. Es erklärt Intuition, und es ist mit Gaia lebendig.

Gaia weiß, wer hier ist, und Gaia reagiert auf das Bewusstsein derjenigen, die auf der Erde wandeln, sie reagiert auf die Personifizierung, die Verkörperung des Ausdrucks eurer Seele in diesem Leben, des Ausdrucks, der gerade euer Gesicht trägt. Es ist der Ausdruck mit dem aktiven Bewusstsein, welches das, was mit dem Planeten Erde geschieht, verändern kann. Das sieht

Gaia. Das verändert ihr. Wie wir euch gesagt haben, verändert ihr das Kristallgitter des Planeten, und damit verändert ihr in Wirklichkeit mit all eurem Tun Energie und übertragt sie in die Höhle der Schöpfung. Denn es gibt ein System – und zwar ein sehr komplexes.

DNA – die persönliche Akasha-Chronik

In eurer DNA tragt ihr eure persönliche Akasha-Chronik. Was habt ihr auf diesem Planeten getan? Wie viele Male seid ihr hier gewesen? Welche Energien habt ihr bereits erfahren? Alte Seelen haben etwas, was nur sehr wenige Menschen haben und was niemand hat, der zum ersten Mal ankommt. Ihr habt eine Chronik, eine Art »Akte«. Jede einzelne Energie aus jeder einzelnen Lebenszeit verbleibt in der DNA. Und doch zeigen sie sich nicht als Stapel von aufeinandergeschichteten Leben, der von einem Medium in der Akasha gelesen werden könnte. Diejenigen, die eure sogenannten früheren Leben lesen können, lesen Energien und keine vergangenen Leben, denn alles befindet sich miteinander vermischt auf der Oberfläche, wo es gesehen und gelesen werden kann.

Die tiefgründigsten aller vergangenen Leben, die ihr jemals gelebt habt, befinden sich alle zusammen obenauf. Es gibt keine Hierarchie. Die Menschen möchten alles gerne der Reihe nach – und nach Datum geordnet – betrachten. Die Menschen sehen diese Leben eines nach dem anderen ablaufen. Die Menschen wenden sich an ein Medium, das vergangene Leben lesen kann, und fragen: »Kostet die Sitzung mehr, wenn das gewünschte vergangene Leben älter ist?« Das ist wirklich lustig! Das ist linear. Viele von euch erwachen gerade eben für eines der tiefgründigsten Leben, die ihr jemals hattet – sie erwachen für das erste, das lemurische Leben.

Lemurien existierte jahrtausendelang als die älteste, nachhaltigste Zivilisation auf dem Planeten. Sie wird geschichtlich nicht anerkannt und ist auf immer und ewig am Fuße des Berges im Pazifischen Ozean begraben, den ihr jetzt Hawaii nennt. Das war so geplant. Die Menschen sollten nicht die Dinge ausgraben, die Teil der Schöpfungsgeschichte sind. Es würde euch einseitig beeinflussen, und euch würden dadurch ein bisschen zu viele Informationen vermittelt werden.

Die Rätselfrage lautet: Könnt ihr das finden, was in eurem Inneren begraben ist? Diese neue Energie kann wie ein Teil einer Zwiebelschale angesehen werden; nicht nur der Planet, auch ihr seid dabei, diese Schale abzuwerfen. Schichten werden abgeworfen, sodass ihr nun beginnt, eure innere Akasha zu sehen; darum fühlen so viele von euch im Laufe dieses Umbruchs bestimmte Dinge.

Könnt ihr womöglich wirklich einiges davon tun? Die Antwort lautet: Ja! Wie viele von euch sind sich jetzt ihres inneren Schamanen bewusst? Wie viele von euch erkennen so nach und nach ganz im Privaten und auf ganz persönlicher Ebene ihre alte Seele? Manche haben tatsächlich wieder Zugang zu bislang verborgenen Talenten. Einige von euch werden Schriftsteller, Geschichtenerzähler ... All diese kreativen Dinge – Musik, Komposition, Kunst, Malerei, Design etc. – sind Teil von euch. Ihr wisst, dass sie da sind.

Veränderung des Geschlechts

Ihr alten Seelen, ich möchte euch etwas verraten. Wenn ihr alt genug seid – und viele von euch sind es –, dann seid ihr alles gewesen. Hört ihr mich? Ihr alle. Ihr seid beide Geschlechter gewesen! Alle von euch waren auch das, was ich als »zwischen den Geschlechtern« bezeichnen will, ihr habt also alle schon das Geschlecht gewechselt. Wisst ihr, was geschieht, wenn es für euch an der Zeit ist, das Geschlecht zu wechseln? Wir haben das schon einmal angesprochen. Ihr verbringt Dutzende von Lebenszeiten mit demselben Geschlecht. Ihr seid daran gewöhnt, und es ist bequem. Ihr könnt euch nicht vorstellen, etwas anderes zu sein, und doch ist es jetzt an der Zeit, das zu ändern. Ihr benötigt ungefähr drei Lebenszeiten, bis ihr euch daran gewöhnt habt, und in diesen drei Lebenszeiten werdet ihr das haben, was ich als »Geschlechter-Verwirrung« bezeichne. Das hat aber überhaupt nichts mit Verwirrung zu tun, sondern ist total normal. Und doch betrachtet die Gesellschaft das oft als anormal. Ich sitze hier und sage euch, dass ihr das alle schon mitgemacht habt. Ihr alle. Das ist so bei alten Seelen. Das gehört zum System.

Ich möchte etwas über den Kreislauf sagen, der durch die Höhle der Schöpfung vorgegeben wird, die die Akasha-Chronik aller Dinge, allen Lebens und aller Seelen ist. Ihr verbindet euch mit Gaia über die Schnittstelle des Kristallgitters und wandelt auf der Erde mit eurer Akasha-Chronik und eurer DNA. Ihr nutzt die in euch befindlichen Informationen, und der Kreis schließt sich. Wenn ihr mit eurem Bewusstsein und eurem Handeln auf das Kristallgitter einwirkt, dann wird dadurch auch die Höhle der Schöpfung verändert.

Alles befindet sich in einem Kreislauf, meine Lieben. Das ist wunderschön. Es ist interaktiv. Ich kann darüber hinaus nur noch eines erklären: Je höher ihr schwingt und je mehr ihr euer auf dem Planeten gewonnenes Wissen nutzt, desto stärker verändert sich der Planet. In der Höhle der Schöpfung fließt die Quantenenergie von Milliarden von Seelen, darunter sogar von Millionen, die noch gar nicht hier sind, zusammen; auch sie werden dadurch beeinflusst, und ich sage euch auch warum: Ihr verändert die Zukunft, wenn ihr an der Vergangenheit arbeitet. Ihr verändert die Struktur all jener, die ankommen werden, ebenso ihr Handeln und ihr Bewusstsein. Was ihr heute tut, sät den Samen des Friedens auf der Erde aus, sodass die, die ankommen, bei ihrer Geburt das haben werden, was ihr habt. Das ist viel tiefgründiger, als euch klar ist, und ihr sitzt auf dem Stuhl und macht euch Gedanken über die Benzinpreise ... Seht ihr, was ich damit sagen will? Vielleicht ist es an der Zeit, das einmal für einen Augenblick zu lassen und zu sagen: *»Danke, Gott, dass ich weiß, was ich weiß!«*

Wenn ihr von hier weggeht, solltet ihr etwas wissen: Ihr seid unvorstellbar großartig und solltet erhobenen Hauptes wandeln. Ihr wisst wirklich nicht, was ihr getan habt! Manche nennen es ein Opfer, wir nennen es Stimmigkeit. Hier im Raum gibt es einige, die mit voller Absicht nur für drei Monate auf den Planeten gekommen sind. Dann starben sie und brachen ihrer Mutter scheinbar das Herz. Nun könntet ihr sagen: »*Wieso hätte ich jemals so etwas tun sollen?*« Und ich sage euch: Damit eure Mutter Gott finden konnte, deshalb. Weil sie es sonst nicht getan hätte. Sie musste an den dunkelsten Ort gehen, Selbsterforschung betreiben und als Lichtarbeiterin wieder hervortreten. Das ist in der Akasha aufgezeichnet! Das ist eine Energie, die sich im Kristallgitter befindet! Meint ihr, Gott wüsste das nicht? Das gehört zum System.

Oh, ich weiß, wer hier ist. Vielleicht warst du diejenige, die auf der anderen Seite stand, Mama. Jetzt weißt du es. Vielleicht sitzt du deswegen hier auf dem Stuhl. Meinst du, wir wissen nicht, wer hier ist? Es ist großartig. Ihr nennt es ein Opfer, doch das stimmt nicht. Ihr seid für drei Monate hier, ihr kehrt nach Hause zurück, und dann kommt ihr wieder hierher – oft zur selben Mutter. Das ist ein System! Es ist wunderschön.

Es gibt viel weniger Seelen-Chroniken, als ihr meint, weil ihr nämlich immer wieder zurückkommt. Wie viele Menschen gibt es auf der Erde? Wie viele Menschen hat es auf der Erde gegeben? Wie viele ergeben alle zusammengenommen? Viel mehr, als in der Höhle der Schöpfung sind, denn ihr kommt immer wieder zurück. Die Bevölkerung der Erde nimmt exponentiell zu, das stimmt. Und das heißt, es muss immer wieder neue Menschen geben, und so ist es auch. Doch Gaia weiß, wer kommt. Die Teile von Gott in diesem Universum wissen, wer kommt. Und auf einer bestimmten Ebene wissen die alten Seelen, wer kommt. Hierin liegt – und das möchte ich euch abschließend aufzeigen – die große Schönheit.

Lasst das, was ihr glaubt, mal einen Augenblick beiseite. Ich möchte euch an einen Ort mitnehmen, auf einen wunderschönen Planeten. Dort tragen sich keine großen Auseinandersetzungen zu. Meinungsverschiedenheiten – ja. Aber keine großen Auseinandersetzungen. An diesem Ort gibt es nur einige wenige Kontinente, und sie sind von Wasser umgeben. Seit 100 Jahren hat sich dort kein Krieg mehr ereignet. Die Bewohner dieses Planeten sind sich nicht immer einig, doch sie bringen sich nicht mehr gegenseitig um. Könnt ihr euch einen solchen Ort vorstellen? Es gibt durchaus Unausgewogenheiten – wegen des freien Willens. Doch die Menschen kümmern sich um einander. Sie töten sich nicht mehr gegenseitig. Das wäre völlig abwegig, denn es wird als barbarisch betrachtet. Es kommt der Gesellschaft ebenso wenig in den Sinn, wie es euch nie einfiele, eurem Sohn die Hand abzuhacken, wenn er etwas gestohlen hat. Das ist barbarisch und kommt für eine erleuchtete Gesellschaft nicht infrage. Ich möchte euch mit diesem Ort bekannt machen. Er heißt Planet Erde und ist das Ergebnis derer, die in der Höhle ankommen werden.

Es wird so viele Generationen dauern, wie nötig sind, aber die Samen dafür werden heute ausgebracht. Es wird langsam vor sich gehen. Ihr macht jetzt den Anfang. Könnt ihr das sehen? Ihr werdet keinen neuen Weltkrieg führen. Es wird einfach keinen mehr geben. Ihr könnt das einfach nicht mehr machen. Das System, an dem ihr teilzuhaben beginnt, ist dafür zu gütig. Es mag vielleicht nicht danach aussehen. Schaut euch die Nachrichten an! Ihr befindet euch im Übergang von der alten Energie zum Wiedererwachen des menschlichen Bewusstseins. Alte Seele, könnte es sein, dass du hierhergekommen bist, um etwas zu erreichen, von dem die Ahnen nur geträumt haben? Wie viele Generationen wird das benötigen? Das spielt keine Rolle. Es geht langsam in diese Richtung.

Wird es noch Kriege geben? Ganz bestimmt. In diesem Vollendungsprozess wird es weiterhin die alte Energie geben, und einige Orte werden zurück in die Dunkelheit gehen. Das ist das, was die Dunkelheit macht. Doch das Licht wird siegen. Es geht langsam, es muss sich über Generationen hinziehen, denn die Kinder müssen unverbraucht herkommen. Für einen Erwachsenen ist es schwer, in der Lebensmitte ein Wiedererwachen des Bewusstseins zu erleben.

Und wer sind dann diese Kinder, ihr alten Seelen? Ihr! Erkennt ihr den Kreislauf? Jetzt bringt ihr die Saat aus, damit ihr sie bei eurer Rückkehr mit der Schönheit der Liebe Gottes wässern und ihr Wachstum fördern könnt. Ihr seid eure eigenen Ahnen und werdet es in Zukunft sein. Ich würde euch das nicht sagen, wenn es nicht so wäre, wenn es nicht im Plan der Dinge und schon seit Jahren so vorhergesehen wäre.

Meine Lieben, es gäbe keinen Kryon, der jetzt zu euch spricht, wenn ihr das nicht getan hättet. Ich wäre nicht hier, wenn ihr im Begriff stündet, euch selbst zu vernichten. Ich wäre nicht hier, wenn die Erde im Begriff wäre, euch zu zerstören. Hört ihr mich?

Ihr habt den freien Willen, alles zu tun, was ihr wollt – ihr alle! Doch ihr habt eine Schwelle überschritten, wo sich die Potenziale zugunsten der Güte verschieben; die menschliche Natur beginnt sich zu verändern, und was ihr wollt, beginnt sich zu manifestieren – und es ist höchste Zeit.

Kryon
(Live-Channeling »Der Akasha-Kreislauf«,
Totowa/New Jersey, 17. Juli 2011)

Kryon hat ein einziges Mal weitere Informationen zu diesem Thema durchgegeben; sie sind im Kryon-Buch 9, »Hinter dem Schleier«, zu finden. Kryon bezieht sich darin auf die dreitägige Reise zur Höhle des Todes nach dem Tod. Diese Informationen lassen erahnen, wie komplex dieses System ist:

Es gibt und gab neben der Reinkarnation immer noch andere Reisen, die ihr unternehmen könnt, und viele Menschen entscheiden sich für so etwas. Sie werden für eine Reihe von Jahren Teil der Energie des Planeten, um in bestimmten Situationen Hilfe zu leisten. Einige hören für eine Zeit lang auf, sich als Menschen zu inkarnieren, und werden Geistführer, aber sie sind keine Geistführer für den Menschen. Vielmehr sind sie eigentlich Bestandteil der Energie von Gaia.

Einige begeben sich in die Berge – es ist richtige menschliche reinkarnierte Energie auf dem Planeten, aber nicht in Menschengestalt. Und wenn das erfolgt ist, kommen sie ganz ähnlich zurück, wie sie zuvor zurückgekommen sind, und dann werden sie erneut als Mensch wiedergeboren. Wir sind bislang noch nicht hierauf eingegangen, weil auch hier die Menschen wieder ein Schwarz-Weiß-Szenario von dem Geschehen haben wollen. Sie wollen von der Sache mit der Energie lieber nichts wissen, weil viele sich Gedanken machen und sagen: *»Was von beidem werde ich wohl sein?«* Als hättet ihr den Geist Gottes und könntet das jetzt entscheiden – das könnt ihr nicht! Es gehört alles zu einem groß angelegten Plan. Es hat große Schönheit und ist Teil eines Systems, bei dem das »Jetzt« dessen geehrt wird, was im jeweiligen Moment als Allernächstes ansteht.

Lasst mich euch einen Hinweis geben: Gehörst du zu denen, die die Erde so sehr lieben, dass sie auf die Knie gehen und sich auf ihr wälzen wollen? Umarmst du Bäume? Bist du einer von denen, mit denen die Erde spricht? Oh, es gibt viele eurer Art! Ich will euch sagen: Es besteht das Potenzial, dass ihr bei eurem letzten Mal hier Teil des Staubs der Erde wart! Vielleicht dauerte es nicht lange, aber gerade lang genug, um eure Energie dort hineinzustecken, sodass Menschen, wenn sie im Staub der Erde wandeln, euer Bewusstsein und eure Liebe spüren und Gaias Energie fühlen.

Oh, das ist kompliziert, aber es ist wahr. Niemand bleibt je »stecken«. Und wenn ihr das hört, so ehrt es nicht die Großartigkeit des Engels, den ihr »Mensch« nennt, oder das System, das ihr aufgebaut habt, um dem Planeten zu helfen. Ihr habt die volle Entscheidungsfreiheit, wenn ihr nicht hier seid. Das Mensch-Erde-Szenario ist der einzige Ort, wo ihr eine verborgene Persona erhaltet, wo ihr nicht wisst, wer ihr seid, und scheinbar im Dunkeln herumtappen müsst. Wenn ihr nicht hier seid, seid ihr ein Teil von Gottes Ganzem. Der Tod ist ein bekannter Übergang und nicht von Ungewissheit, Irrtümern, Fehlern oder Rätseln erfüllt. Es ist einfach das Schließen einer Tür und das Öffnen einer anderen.

Kryon
(Live-Channeling »Aktuelle Ereignisse«,
Washington, D.C., 10. April 2005)

Das Kristallgitter

Wie wir von Kryon und Lee Carroll erfahren haben, ist die persönliche Akasha an drei Stellen zu finden: in der Höhle der Schöpfung, im Kristallgitter und in der DNA. Eigentlich sind es, wie ich schon gesagt habe, vier Stellen (laut Lee); darauf wird im Folgenden noch eingegangen. Die Höhle der Schöpfung ist so etwas wie eine Akasha-Bibliothek. Das Kristallgitter ist ein Lager für Energie und Taten.

- Es erinnert sich an alles, was Sie tun.
- Es reagiert umgehend auf Ihr derzeitiges Leben. (Das, was Sie in der Vergangenheit gemacht haben, ist dort energetisch abgelegt. Wenn Sie also von einem Ort zum nächsten wandeln, spüren Sie nicht nur die Energie des dort Geschehenen, beispielsweise Krieg, sondern unter Umständen auch, was Sie persönlich dort getan haben. Das Kristallgitter erinnert Ihre dort begangenen Taten und deren tiefe Energien.)
- Es ist Träger der Energie von allen Kristallen aus der Höhle der Schöpfung (frühere Leben).
- Es erzeugt das Schwingungsmaß der Erde (die derzeitige Lebensschwingung); das ist seine Hauptaufgabe.

Das Kristallgitter erinnert jeden Lebensausdruck, und deshalb verbleibt die energetische Aufzeichnung dauerhaft auf dem Gitter. Wie bei einem Kassettenrekorder kann der energetische Abdruck immer wieder abgespielt werden – eine Erklärung für das Phänomen der Gespenster und auch der Grund, warum ein Medium das Kristallgitter anzapfen und sich mit einem Menschen unterhalten kann, der auf die andere Seite des Schleiers gegangen ist. Das habe ich in meinem Vorgängerbuch »Der Gaia-Effekt« genau erklärt.

Am fünften Entscheidungspunkt [vgl. S. 47] entschied sich die Menschheit für das Weiterleben und nicht für ihre Auslöschung, wodurch es beim Menschen zu einer Bewusstseinsveränderung kam, welche alles andere neu kalibrierte: die Menschen selbst, Gaia, das Universum und natürlich das Kristallgitter. Davon ist in Lee Carrolls Buch »Recalibration: Eine Neuausrichtung der

Menschheit« (Kryon-Buch 11) die Rede. Das Kristallgitter wird neu auf Liebe und Mitgefühl ausgerichtet. Vormals wurde alles linear aufgezeichnet, Krieg und Liebe wurden gleich gewichtet. Doch das verändert sich nun nach und nach, wodurch wiederum die Taten der alten Seelen und die damit verbundenen Veränderungen auf dem Planeten eine viel höhere Bedeutung gewinnen als die Taten und Veränderungen derjenigen, die nicht zu dieser Kernseelengruppe gehören.

Das Kristallgitter schwingt immer auf derselben Schwingungsebene wie die Menschheit. Und da wir eine höhere Schwingung haben, gilt das nun auch für das Kristallgitter.

Zukünftige Generationen kommen also auf einen Planeten, der eine viel höhere Schwingung hat als bei unserer Geburt. Und das Kristallgitter kommuniziert diesen zukünftigen Generationen demnach auch diese höhere Schwingungsrate. Erkennen Sie, wie sich dadurch das Bewusstsein des Planeten verändern wird?

Wir sind auf eine 100 Prozent funktionsfähige DNA ausgelegt. Was heißt das? Wie sähe das aus? Denken Sie an die Meister, die auf dem Planeten wandelten: Krishna, Sai Baba, Paramahansa Yogananda, Jesus und viele andere. Ihre DNA war zu 100 Prozent aktiv, und das sollte uns etwas sagen. Wie Kryon gesagt hat, haben zukünftige Generationen das Potenzial, mit einem zu 35 bis 45 Prozent aktiv schwingenden Kristallgitter auf die Erde zu kommen; bislang waren es ungefähr 30 Prozent.

Verstehen Sie, wie das funktioniert? Ist Ihnen klar, dass alles, was Sie tun, eine größere Auswirkung hat, als man Ihnen gesagt hat? Wenn das so ist, wie funktioniert das auf der mechanischen Ebene? Wie kann unser persönliches Handeln nicht nur für uns und unser Umfeld eine Auswirkung haben? Das ist das Schöne an diesem System. Lee Carroll und Kryon haben die Funktionsweise des Kristallgitters im Kryon-Buch 11, »Recalibration: Eine Neuausrichtung der Menschheit«, beschrieben. Hier soll die Schilderung zu einem besseren Verständnis noch einmal wiedergegeben werden.

Das Kristallgitter – eine Erklärung

Das, was wir das Kristallgitter nennen, ist der Mechanismus, über den die Menschheit mit Gaia kommuniziert. Es ist auch nichts in Jetzt-Zeit, denn es ist kumulativ. Lasst mich das erklären: Wir haben euch schon von dem kristallenen Gitternetz des Planeten erzählt und auch, dass ihr es zwar nicht sehen könnt, es aber trotzdem existiert. Es ist ein multidimensionales, esoterisches Gitter, welches den Boden der Erde umgibt, und zwar den gesamten Erdboden. Es befindet sich auch jetzt direkt unter euren Füßen, ist überall, wo ihr geht und steht. Man könnte sagen, es ist eine Schale des Planeten, welche sich an menschliche Energie erinnert.

Wissenschaftlich sind Kristalle in der Geologie Substanzen, die Schwingungsfrequenzen bewahren und speichern können. Die Metapher des Kristallgitters bedeutet also, es ist ein Gitter, welches Erinnerungen und Energie bewahrt. Es ist so ausgelegt, dass es alles Menschliche am besten bewahren kann. Der Planet reagiert wegen dieses Gitters auf euch. Das Bewusstsein der Menschheit ist durch eure tagtäglichen Handlungen in das Gitter eingebettet, und all euer Tun verfügt über eine bestimmte Energie.

Seit Jahrtausenden waren diese Energien, die ihr als Menschen erzeugt habt, immer ähnlich. Die menschliche Natur hat sich nicht stark verändert, also wiederholte sich immer wieder dasselbe. Das ist in eurer Vergangenheit klar ersichtlich, denn die Geschichte wiederholt sich ständig: Der Krieg wiederholt sich, Regierungen wiederholen sich, Gier wiederholt sich. Und hier setzt nun der Umbruch ein. Ihr werdet nach und nach subtile Veränderungen in eurem Alltag feststellen: Eure Kinder verändern sich, die Regierungen verändern sich, und »normale« Menschen erwachen für den bevorstehenden Umbruch, welcher die Grundessenz ihres Lebens verändern wird. [...]

Alles, was passiert ist, hat sich dem Kristallgitter eingeprägt. Ich frage diejenigen unter euch, die Energie spüren können: Wenn ihr auf einem Schlachtfeld steht, welches nur ein paar Hundert Jahre alt ist, was spürt ihr da? Wer feinfühlig ist, spürt die Emotionen, nicht wahr? Vielleicht spürt ihr die verzweifelte Trauer, vielleicht auch das Loslassen im Tod. Während einer Schlacht geht in den Menschen vieles vor, und das Kristallgitter unter euren Füßen auf diesem Schlachtfeld weiß das alles. Es hat alles gespeichert!

Das sich verändernde Kristallgitter

Bislang wurden immer die Ereignisse mit den dramatischsten Emotionen im Kristallgitter aufgezeichnet. Dort, wo auf dem Planeten etwas Emotionales geschah, können diejenigen, die so etwas spüren können, sich hinstellen und das fühlen. Ziemlich oft hat das mit Massensterben und Drama zu tun. An so etwas erinnert sich die menschliche Natur als Erstes, das überdauert am längsten: Tod und Drama.

Doch die Attribute des Planeten beginnen sich zu verändern, und das, was wichtig für die Menschen ist, verändert sich auch. Vielleicht verändert sich sogar die menschliche Natur. Auf dem Planeten findet ein Umbruch statt, und die Vorstellung, ihr wäret auf dem Weg zu einem schnellen Ende, ist schon nicht mehr so verbreitet. Dieses alte Attribut ist ein Resultat jahrhundertelanger Prophezeiungen, die für die sehr alte Vorstellung standen, diese Zeiten würden ein Ende und keinen Neubeginn darstellen.

Es wird nach wie vor Menschen geben, auch alte Seelen und Lichtarbeiter, die sich hinstellen und sagen: »Dies und das kann sich nicht verändern, weil ...«; und dann listen sie all das auf, was ihr in der alten Energie erlebt habt, Probleme und Themen, für die es keine Lösungen gab. Man geht davon aus, dass sie nicht gelöst bzw. geändert werden können und dass es morgen noch schlimmer sein wird als heute.

Warum erzähle ich euch das? Eine »erleuchtetere« Bevölkerung impliziert auch mehr Weisheit. Ihr werdet Lösungen für Unlösbares erhalten. Ihr wisst nicht, was ihr nicht wisst. Wenn ihr eine Schwarz-Weiß-Sicht habt und eure neugeborenen Kinder plötzlich in Farbe sehen können, wie, meint ihr, wird euer Handeln für sie ausschauen? Sie werden Dinge sehen, die ihr nie gesehen habt. Ihr haltet diese Kinder für seltsam und komisch, denn sie sprechen von Nuancen und Farben, während ihr von Schwarz-Weiß-Schattierungen sprecht. Das passiert gerade. Die Erde selbst wird ihre Funktionsweise verändern, weil ihr euch verändert. Euer Kristallgitter hat all die Geschehnisse der Menschheit gesammelt und aufgezeichnet. Das ist die Energie des Planeten, und sie wurde von Gefühlen, Emotionen, Tod, Liebe, Freude und Mitgefühl getrieben. Doch das Drama war die ganzen Jahre hindurch der König der Energie.

Jetzt sage ich euch, wie sich das alles verändert. Wenn ihr selbst euch verändert, reagiert Gaia darauf; sie spiegelt euren Wandel wider und wird dadurch multidimensionaler. Das Kristallgitter verändert die Art und Weise, wie es Dinge erinnert.

Die größte Veränderung: die Art und Weise, wie sich das Gitter erinnert

Die wichtigste Veränderung: Das Kristallgitter wird sich nicht mehr auf lineare Weise erinnern! Und das bedeutet Folgendes: Wenn Energie zunimmt, während ihr Dinge aufeinanderhäuft, dann scheint sie das in Schichten zu tun. Was unten liegt, kam zuerst, und was oben liegt, kam zuletzt. Und egal, auf was das insgesamt hinausläuft – es ergibt sich eine lineare, unveränderliche Gesamtenergiemenge. Angeblich bestehen diese Schichten auf ewig, und man kann nicht hingehen und sie verändern. Aber was wäre, wenn man die Relevanz bestimmter Energien innerhalb der bereits vorhandenen Schichten verändern würde? Wenn das ganze Drama aus der Vergangenheit nicht mehr so wichtig wäre? Stellt euch vor, das Gitter würde darauf reagieren, und all die Schrecken und das Drama der Vergangenheit in allen Schichten der Geschichte hätten weniger Energie. Versteht ihr, dass das unmöglich ist, wenn die Zeit linear verläuft? Die lineare Zeit setzt voraus, dass es statisch und unveränderlich ist; was in der

Vergangenheit geschehen ist, ist geschehen – Punkt. Aber die Quantenzeit verläuft in einem Kreis; wenn sie also die »Regeln« ändert und sich daraufhin auch nur eine Sache in der Schicht verändert, dann verändert sich die Energie des gesamten Kreises.

Wenn sich das Gitter also quantenhaft verändern könnte, habt ihr dann einfach die Vergangenheit verändert? Die Antwort lautet: Nein. Die Vergangenheit ist für euch etwas Lineares, aber ihr könnt eure Wahrnehmung eurer Erinnerung an die Vergangenheit verändern, und das ist teilweise das, was das Kristallgitter macht – es rekalibriert sich für die Vergangenheit, Gegenwart und Zukunft. Und schon das alleine wird den Planeten verändern.

Plötzlich reinigt sich das Kristallgitter von der alten Gesamtenergiemenge (es verändert die Relevanz der erinnerten Schichten), denn jetzt reagiert es unterschiedlich auf Licht und Dunkelheit. Bislang hat es sich hauptsächlich von dunklen Dingen treiben lassen. Das ist die menschliche Natur.

Wie wir euch gesagt haben, muss nicht einmal ein halbes Prozent dieses Planeten erwachen, damit sich der gesamte Planet verändert. Klingt das linear? Nein. Aber es ist dasselbe Prinzip. Das Licht beginnt, die Dunkelheit zu übertrumpfen, und ihr seid diejenigen, die diese Fähigkeit haben, auf das Kristallgitter stärker einzuwirken als jemals zuvor. Die alte Energie der Vergangenheit – egal, wie dunkel sie ist – wird keine so große Wirkung mehr haben wie früher.

Wie die alte Energie auf ein neues Gitter reagiert

Die alte Energie auf diesem Planeten erzeugt ein Muster, und die Menschen haben sich an bestimmte Dinge gewöhnt, auch an die Funktionsweise des Kristallgitters. Die alte Energie verlässt sich darauf, dass das Kristallgitter eher Dramatisches als Undramatisches erinnert; Negatives hat also mehr Energie als Positives. Das verändert sich gerade, und das alte Gleichgewicht aus Licht und Dunkelheit wird darauf reagieren. Der Mensch nimmt in sich ein Bewusstsein von Dunkelheit und Licht wahr. Das alte Gleichgewicht gilt seit Jahrhunderten, und wenn es sich verlagert, wissen die Menschen nicht, wie sie reagieren sollen.

Das alles sind Metaphern, um die Energien auf diesem Planeten zu beschreiben. Aber ich sage euch: Entgegen jeglicher Vernunft gibt es Menschen, die die alte Energie mit ins Grab nehmen, sie können einfach nicht anders. Sie ist alles, was sie kennen. Manche werden herumschreien und nicht glauben, dass sich ihr Umfeld so stark verändert. Ihr werdet das in der Politik sehen und im Bankwesen, im Versicherungswesen und in der Pharmaindustrie – sie alle bauen auf die alte Funktionsweise [dass sich nichts verändert].

Das Kristallgitter erwacht und reagiert verstärkt auf Licht und Mitgefühl statt auf Drama. Wenn auf dem Planeten ein Kampf stattfindet, »sieht« das Gitter dieses Ereignis nicht mehr so wie früher. Gaia zeichnet das damit verbundene Drama nicht mehr auf und reagiert darauf auch nicht mehr so wie früher.

Und was meint ihr, was passiert, wenn ein Krieg keine Aufmerksamkeit mehr bekommt? Schon bald gibt es keinen Grund mehr dafür [einen Krieg zu führen], und genau das sagen wir hier. In das Kristallgitter wird nur noch das eingehen, was für das Licht von Bedeutung ist, und es wird anders gemessen. Dunkelheit und Drama werden vom Kristallgitter nicht mehr wie früher gemessen, und die Emotionen des Hasses und des Terrors werden auch nicht mehr so wahrgenommen wie früher.

All das, was sich in der Vergangenheit am stärksten auf die menschliche Natur ausgewirkt hat – Tod, Kummer, Mord –, wird lange nicht mehr so wichtig sein. All das gibt es dann nach wie vor, aber ihr wollt darüber nichts mehr hören, ihr Lieben. Stellt euch darauf ein.

Eines Tages werdet ihr die Nachrichten einschalten, und zwar den »Kanal mit guten Nachrichten«. Und wenn dann auf alte Weise über etwas Schreckliches dramatisch und aufwühlend berichtet wird, tut euch das im Herzen weh, und ihr werdet abschalten! Ihr schaltet ab, weil das nicht zur Herrlichkeit eures inneren Gottes passt!

Versteht ihr, was ich sage? Wenn genug Menschen abschalten, wird das von den Produzenten dieser Nachrichtensendungen erkannt, und sie verstehen, dass sich die menschliche Natur verändert. Dann werden auch sie sich verändern.

Das Resultat

Die menschliche Natur wird sich verändern, und das Gitternetz der Erde wird nicht mehr länger von Drama angetrieben. Das sind die Neuigkeiten. Und diese Rekalibrierung eurer Kommunikationsweise mit dem Planeten macht einen Unterschied, einen totalen, vollkommenen Unterschied. Das wollen wir euch sagen.

Was fangt ihr damit an? Was tut ihr als Nächstes? Ich will euch zeigen, wie tief greifend all das ist. Manche hier im Raum stehen vor Rätseln, mit denen sie nichts anfangen können, und warten auf Synchronizitäten und intuitive Antworten. In eurem Prozess des Zusammenwirkens mit Spirit bringt ihr euch selbst in Balance, ihr Lieben. Das heißt, egal, wie sehr ihr in der Dreidimensionalität aus dem Gleichgewicht geratet, ihr werdet durch einen Auslöser energetisch euch selbst ausbalancieren, und ihr kehrt automatisch an diesen Punkt zurück. Ihr bringt euch selbst ins Gleichgewicht; das ist das, was reife, alte Seelen tun.

Wenn ihr Lösungen für die Probleme findet, mit denen ihr heute hierherkamt (ob es sich nun um die Gesundheit, die Beziehung oder um den Sinn des Lebens handelt), entsteht durch die Lösungen Licht. Das ist eine Metapher, ihr Lieben, und die einzige Möglichkeit, euch das Geschehen bildlich zu erläutern. Die Lösung für eure Probleme nimmt die schöpferische Quelle in euch zur Hilfe und erzeugt eine andere Energie, nämlich Licht. Lösung und Balance erzeugen Licht, und dieses Licht wird vom Kristallgitter sofort gesehen, so schnell, wie es früher das Drama gesehen hat. Das Licht geht in das Gitter ein und verändert den Planeten allmählich auf eine Weise, wie das noch nie zuvor geschehen ist.

Wenn ihr also diesen Ort verlasst und Entscheidungen trefft, die euer Leben verbessern, erzeugt ihr Licht und Mitgefühl, und der Planet weiß darüber Bescheid und zeichnet das auf. Dazu seid ihr hier. Das ist euer Ziel, ganz egal, was ihr bislang als euren Daseinszweck betrachtet habt. Alles, was ihr tut, dreht sich um das Schaffen inneren Friedens.

Wir haben das schon früher gesagt. Manchmal geben wir den Menschen etwas zu tun, damit sie beschäftigt sind! Und ihr meint, ihr arbeitet auf euer Ziel hin? Euer Ziel besteht darin, zu existieren und Gott zu lieben. Das ist euer Ziel, und in diesem Prozess heiratet ihr, bekommt Kinder und macht Karriere. Im Laufe des Lebens gibt es Kummer und Tod; es werden Bücher geschrieben, und Freunde kommen und gehen. In diesem Prozess bringt ihr euch selbst in Balance, und Gaia sieht das Licht eurer Lösungen in alldem.

Wenn ihr geboren werdet, werden eure spirituellen Instinkte von eurem Akasha-Erbe getrieben [instinktives Erinnern an das Gelernte]. Ihr wisst, Gott ist in euch; ihr wisst, es ist Hilfe da. Instinktiv wisst ihr über die Biologie der euch eingepflanzten Samen und über die Liebe derjenigen Bescheid, die diese Saat ausgebracht haben. All das ist euch angeboren, und dadurch entsteht ein Mensch, der etwas tun kann, was zu diesem Zeitpunkt kein anderer Mensch kann: den Planeten verändern!

Es wird lange dauern, bis dieser Wandel auf der Erde vollkommene Wirklichkeit wird. Doch jetzt habt ihr die Leiter geschaffen, wo es vorher keine Leiter gab. Ihr habt mit dem Bau der Brücke begonnen, wo es vorher keine Brücke gab. Habt keine Angst vor dem, was als Nächstes kommt! Es gibt wohl Energien, die euch zurückziehen wollen, aber diese Energien sind blind und haben keine Ahnung, wie viel Licht hinter euch steht und euch voranbringt. Sie sind dem Licht gegenüber blind. Sie werden schreien und durch ihr vollkommenes Verleugnen ihrem eigenen Untergang entgegengehen; ihr aber seid alte Seelen und kennt das von früher. Klingt das für euch kryptisch? Im Moment muss es kryptisch bleiben.

Also, meine Lieben, alles ist gut! Könnt ihr jetzt auf euer Leben blicken und das sagen? *»Alles ist gut.«* Könnt ihr glauben, dass euer Leben einen Sinn hat? Ob jung oder alt, das ist egal, denn schon bald werdet ihr die Positionen tauschen. Und ich sage euch, ihr werdet das Ende dieser Erdensaga nicht verpassen. Ihr alle kommt zurück, um an diesem sich erneuernden Planeten mitzumachen. Das sehen wir, liebe Familie, denn das haben wir auch schon früher gesehen. Das ist ein Ablauf, den ihr schon oft gefühlt habt, aber noch nie auf diesem Planeten namens Erde. Jetzt ist es an der Zeit.

Kryon
(Live-Channeling »Die Rekalibrierung des Kristallgitters«,
Portland/Maine, 4. August 2012)

Das Kristallgitter hat noch weitere Attribute. An bestimmten Orten auf dem Planeten überschneidet es sich mit Gaia. Bestimmte Attribute werden mit Energie aufgeladen und lassen einen Knotenpunkt entstehen. Es gibt drei Arten von Knoten: Portal, Vortex und Vortal. Ein Portal ist ein Knoten, der sich mit Gaia überlappt und die Gaia-Energie verstärkt. In einem Vortex prallen Energien aufeinander, und die Energie ist ständig in Bewegung. In einem Vortex zu sein, kann sich manchmal gut anfühlen, aber dort zu leben, ist eher schwierig. Ein Vortal ist halb Portal, halb Vortex.

Bei bestimmten Attributen annullieren sich durch diese Überlappungen die Energien gegenseitig, und es entsteht ein Nullpunkt; es gibt also Plätze auf der Erde, an denen kein Kristallgitter vorhanden ist, und man spürt nur die reine Gaia-Energie. Knoten und Nullpunkte gibt es überall auf dem Planeten.[6]

Wale und Delfine

Was empfinden Sie beim Anblick von Fotos oder Gemälden mit Walen und Delfinen? Freude und Glück? Zaubert das ein Lächeln auf Ihr Gesicht? Hatten Sie schon einmal das Glück, mit lebenden Walen und Delfinen Kontakt zu haben und mit ihnen zu interagieren? Haben Sie eine Herzverbindung gespürt?

Diese Säugetiere gelten auf der ganzen Welt als etwas Besonderes. In über 80 Ländern stehen die Wale unter Schutz, auch in Ländern, die keine Meeresküsten haben. Warum verspüren die Menschen zu Walen und Delfinen eine solche Affinität? Weil unsere Zellstruktur in unserer DNA weiß, dass Wale und Delfine einen bedeutenden und speziellen Teil der Erde repräsentieren. Und wofür stehen sie? Intuitiv kennen Sie die Antwort bereits. Die Wale und Delfine sind die lebendigen Teile des Gittersystems, die lebendige Bibliothek mit den Aufzeichnungen über die Geschichte der Evolution der Erde. Alle drei Akasha-Systeme sind in den Walen und Delfinen gespeichert. Sie koordinieren das Kristallgitter und arbeiten mit ihm zusammen. Die Cetacea der Erde sind somit der vierte Ort, an dem sich Ihre Akasha befindet.

Im April 2013 traf ich in Cancún/Mexiko auf Delfine. Bereits vorher war ich in Neuseeland und auf Hawaii mit wilden Delfinen geschwommen, doch diese Begegnung in Cancún war etwas anderes. Es handelte sich um ein interaktives Delfin-Programm in der natürlichen Umgebung der wunderschönen Insel Mujeres. Diese Einrichtung hat etwa 25 Delfine, die alle in Gefangenschaft geboren wurden. Zu unserer kleinen Besuchergruppe gehörten auch Lee Carroll und Lichtarbeiter aus Russland. Wir lernten hier zwei Delfinweibchen auf sehr persönliche, individuelle Weise kennen. Nacheinander umarmten und küssten wir die Delfine und spielten mit ihnen. Zusammen zogen mich die Delfine über das Wasser, wobei ich mich an ihren Rückenflossen festhielt. Und sie stießen mich am Fuß an. Wir alle spürten, wie unser Herz und unser Bewusstsein sich erweiterten. Wir kommunizierten mit den Delfinen sowohl auf der physischen Ebene als auch auf der Quantenebene.

Als dieser Tag zu Ende ging, übermittelten Lee Carroll und Kryon uns die folgende Botschaft:

Seid gegrüßt, meine Lieben, ich bin Kryon vom Magnetischen Dienst. Spürt den Wind und hört das Meer, was euer Herz mit Süße erfüllen sollte, denn das ist die Energie von Gaia, die auf das menschliche Bewusstsein reagiert, der Teil, der die Menschheit liebt.

Gaia hat ein eigenes Bewusstsein. Dass die Erde mit einer einzigen Stimme sprechen kann, ist schwer begreiflich, aber nicht schwieriger als die Vorstellung, Gott würde mit einer Stimme sprechen. Es geht hier um Quantensprache und den sogenannten *Quantenintellekt*. Gleich erzähle ich euch ein bisschen mehr darüber.

Die Attribute von Gaia sind komplex. Das Gaia-Bewusstsein wurde erst vor 200.000 Jahren hierhergebracht, als die Plejadier den Samen in eure DNA pflanzten. Das müssen wir vorausschicken, bevor wir über unser Thema sprechen, wir müssen innehalten. Denn heute habt ihr die Delfine berührt, und deshalb möchten wir von diesen Tieren sprechen. Wir möchten euch weitere Informationen übermitteln. Dadurch schließt sich vielleicht die Bewusstheitslücke, denn die Menschheit hat die Entdeckungen, von denen wir sprechen, bereits gemacht.

Es gibt ein Wahrheits-Axiom – wir nennen es »die Regeln zur Funktionsweise von Spirit«. Wir liefern keine Antworten auf wissenschaftliche Fragen oder die Funktionsweise der Dinge, solange nicht ein Mensch die Antworten entdeckt hat. Das wäre im Rahmen des Konzepts des freien Willens nicht angemessen.

Die Menschheit muss herausfinden, wie sie ihr Bewusstsein auf eine höhere Ebene bringen kann, und deshalb ist Spirit manchmal so flüchtig und nicht greifbar. Wenn ihr auf Channeling-Sitzungen seid und Fragen über freie Energie oder Biologie oder andere Dinge gestellt werden, die noch nicht entdeckt worden sind, sind die Antworten von Kryon und Spirit unter Umständen eher dürftig, weil all das zur Menschheit gehört. Doch im letzten Jahr wurden Entdeckungen gemacht, aufgrund derer ich so sprechen kann, wie ich das jetzt tue.

Was habt ihr bei der Berührung der Haut dieser Tiere gespürt? Sie gehören zur Familie der Cetacea, der Wale und Delfine. Sie haben tatsächlich etwas gemeinsam, und darüber möchte ich mit euch sprechen. Heute habt ihr eine kontrollierte Erfahrung mit in Gefangenschaft geborenen Tieren gemacht, doch das ist für unsere Diskussion belanglos. Konntet ihr ihnen in die Augen schauen? Vielleicht habt ihr gemerkt, dass sich eines ihrer Augen euch zuwandte. Sie müssen euch nicht anschauen, denn sie spüren eure Anwesenheit durch Klang. Dennoch haben sie euch mit einem Auge angeblickt. Sie sehen nicht mit zwei Augen (die sich koordinieren müssen, um ein Bild zu erzeugen), so wie der Mensch; diese Tiere sehen sogar ziemlich schlecht, mit jeweils einem Auge seitlich am Kopf. Aber was habt ihr heute gesehen? Sie haben euch auf den Prüfstand gestellt und sehr aufmerksam betrachtet. Sie sind trainiert, jawohl, aber ihr habt ihr Interesse gesehen, als ihr ankamt, oder nicht? Ja, sie arbeiten, um ihren Fisch zu bekommen, aber da ist noch viel mehr. Lasst mich euch weitere Informationen dazu geben.

Ist es für euch interessant, dass es so wenig Cetacea gibt? Es gibt auf dem Planeten nur wenige Tiere, die wie Fische geformt sind, wie Fische schwimmen, im Meer leben und doch wie ihr sind. Sie atmen die Luft Gaias wie ihr, und sie sind etwas Besonderes, so wie ihr. Das menschliche Bewusstsein hat schon immer gewusst, dass sie etwas Besonderes sind, aber erst in den letzten 100 Jahren haben sich die Länder der Erde darauf geeinigt, den Fang und die Tötung dieser Cetacea zu verbieten. Sogar Länder, die keine Meere haben, haben einen Vertrag zum Schutz der Cetacea unterzeichnet. Anders ausgedrückt: Die Menschen spüren ihre Besonderheit intuitiv, und alle Menschen wissen um diese Besonderheit, ebenso wie die Regierungen der Länder. Kein anderes Tier auf dem Planeten hat dieses Attribut. Schaut euch das einmal genauer an. Ist das eurer Meinung nach Zufall? Keineswegs. Es ist ein Handeln aufgrund der Intuition der Masse und sollte euch laut und deutlich sagen, dass die Menschen, Delfine, Wale und Gaia miteinander in Verbindung stehen.

Jetzt komme ich zurück auf die Plejadier und ihre Rolle bei alldem. In letzter Zeit wurden ein paar Entdeckungen gemacht, die die Einzigartigkeit und Besonderheit der menschlichen DNA aufzeigen. Wie diese Entdeckungen zeigen, sind zwei eurer DNA-Chromosomenpaare miteinander verschmolzen, wie miteinander verschweißt. Die anderen Säugetiere auf der Erde haben 24 Chromosomenpaare, der Mensch 23. Mit eurer DNA ist etwas passiert. Die menschliche DNA wurde verändert, und ich habe euch ja schon früher erzählt, wie und wo das geschehen ist. Das haben die Plejadier vor 200.000 Jahren gemacht. So war es vorgesehen, es war stimmig und Teil von Gottes Plan. Das ist eure Schöpfungsgeschichte.

Als die Heimatplaneten der Plejadier der Prüfung unterzogen wurden, verfügten sie über Aufstiegsenergie. Euer Planet sollte nun demselben Test unterzogen werden wie die ihrigen. Sie sind eure Eltern, die den Samen gepflanzt haben, und jetzt erforscht die Wissenschaft ihre Arbeit – zwei miteinander verschmolzene Chromosomenpaare. Für die Wissenschaft bedeutet das: Ihr stammt nicht von etwas auf der Erde ab – der Beweis dafür, dass sich die Menschen nicht direkt aus einer der anderen Spezies auf dem Planeten entwickelt haben.

Es folgten zwei weitere Entdeckungen: eine im September 2012, die andere kurz darauf. Endlich wurden die 90 Prozent der DNA identifiziert, die man bis dahin als »DNA-Müll« bezeichnet hatte.

Jetzt verstehen die Wissenschaftler, worum es sich wirklich handelt. Es sind Daten! Die 90 Prozent sind Anweisungen, und nicht einmal drei Prozent sind für die Erzeugung der 26.000 Gene des menschlichen Körpers zuständig.

Endlich versteht die Wissenschaft, dass der überwiegende Teil der Chemie Anweisungen darstellt – Informationen. Das sind aufregende Neuigkeiten, denn die darauf folgende Entdeckung bestand aus mehreren Teilen.

Teil eins der Entdeckung: Sprachwissenschaftler fanden heraus, dass die Informationen der vorherigen Entdeckung wie eine Sprache strukturiert sind. Lasst mich das erklären. Ihr lauscht zwei Sprachen [...]. Eine Sprache versteht ihr, die andere vielleicht nicht. Ihr seid zudem von anderen Sprachen umgeben, auch hier. Ihr versteht diese Sprachen vielleicht nicht, aber eure DNA ist so verdrahtet, dass sie intuitiv deren Struktur versteht. Mit eurer Quantenintuition könnt ihr euch auf das menschliche Wesen *einstimmen,* das gerade spricht. Ich spreche Englisch durch meinen Partner, der aus einer englischsprachigen Kultur stammt. Doch auch wenn kein Dolmetscher für euch übersetzen würde, würden manche von euch einen Großteil des vorgetragenen Konzeptes verstehen. Eure DNA ist in sogenannten Engrammen für Sprache aufgebaut und strukturiert. Die Sprachwissenschaftler haben nun die Korrelation der 90 Prozent an Daten der DNA zu Sprach-Engrammen erkannt. Das hatte man nicht erwartet.

Der zweite Teil dieser Entdeckung der DNA-Sprache besteht darin, dass die Informationen in der DNA nichts Festgelegtes sind. Das heißt, sie können verändert werden. Die Daten können neu überschrieben werden! Jetzt arbeiten die Wissenschaftler daran, herauszufinden, wie das geht, und stellen Bezüge von Klangkombination und Frequenzen mit den Veränderungen der DNA-Informationen her.

Ergibt das für euch einen Sinn? Wie lange schon hat man euch gesagt, Klang könne eure Biologie heilen und verändern? Jetzt erforscht die Wissenschaft genau dieses Phänomen.

Das hat mit den Tieren zu tun, die ihr heute berührt habt. Die Wissenschaft erforscht seit vielen Jahren und mit großem Aufwand die menschliche DNA. Ich möchte die Wissenschaftler ermutigen, Gelder für die Erforschung der Delfin-DNA lockerzumachen, denn dann werden sie etwas Ähnliches wie bei der menschlichen DNA herausfinden: *Sie verfügt über quantenintuitive Spracherkennung.*

Die menschliche DNA ist so etwas wie ein Radioempfänger für Klang. Bestimmte hörbare wie auch unhörbare Klänge und Laute können die Anweisungssets [die Daten] für die DNA verändern und dem menschlichen Bewusstsein Botschaften übermitteln. Bestimmte Klänge und Laute, hörbare wie auch unhörbare, können auch den Delfinen Botschaften übermitteln. Das haben Menschen und Delfine miteinander gemein, und die Wissenschaftler werden diesen Zusammenhang nach und nach erkennen.

Eines Tages, meine Lieben, werdet ihr den Cetacea der Erde die richtigen Klänge sagen, singen oder projizieren. Sie erwarten das von euch und warten auch darauf; sie »sehen« die Menschen als Familie. Sie werden das als strukturierte Sprache erkennen (auch wenn das für euch nicht so ist). Wenn das geschieht, werden sie etwas tun, worüber wir euch heute noch nichts erzählen werden.

In der Zwischenzeit spüren sie durch die Energie eines Quantenintellekts, wenn ihr da seid. Manche fragen da: *»Kryon, was würde man sehen, wenn man die DNA eines Affen anschauen würde, einer Kreatur, die dem Menschen in vielem ähnelt? Würde man da auch Ähnlichkeiten erkennen?«* Jawohl. Man würde die erwarteten Genentwicklungen, die Erdenchemie und Ähnlichkeiten entdecken. Doch das ist es dann auch schon. Ihr lieben Menschen, es gib nur zwei DNA-Arten auf dem Planeten, die über einen Quantenintellekt verfügen: die der Menschen und die der Cetacea.

Zum Abschluss gebe ich euch diese Informationen: Wenn ihr euch die Delfin-DNA genauer anschaut, hört aufmerksam hin ... Ihr werdet herausfinden, dass auch sie nicht von hier stammt. Dabei will ich es belassen.

Und so ist es.

Kryon
(Live-Channeling »Informationen über die Delfine«,
Cancún/Mexiko, 10. April 2013)

Laut Kryon haben die Wissenschaftler also zwei Entdeckungen gemacht. Eine Zusammenfassung dieser Entdeckungen findet sich in Kapitel 8: »DNA – mehr, als man meint«. Wie Kryon erwähnt, erwarten die Delfine und Wale von den Menschen auch, dass sie zu ihnen singen und Klänge projizieren. Hört sich das gar zu seltsam an?

Jedes Jahr geben begeisterte Touristen Millionen für Wal- und Delfinreisen aus. Die Wale und Delfine bewahren offensichtlich nicht nur die Akasha-Chroniken des Planeten. Viele Kulturen aus aller Welt kennen auch Geschichten über die Heilkraft von Walen und Delfinen auf die menschliche Gesundheit und das spirituelle Wohlbefinden. Oft haben Delfine Seefahrern bei Stürmen beigestanden und Leben gerettet.

1978 begann David Nathanson seine Arbeit mit Kindern, die geistig behindert waren oder einen Hirnschaden erlitten hatten. Das Besondere an seiner Therapie war die Arbeit mit Delfinen. Dahinter stand ein einfaches Konzept: Wenn die Kinder eine richtige Antwort gaben, durften sie zur Belohnung mit einem Delfin schwimmen. Und verblüffenderweise konnten die Kinder mehr Informationen behalten und lernten viermal so schnell. Seitdem werden Delfin-Therapien von vielen Organisationen und Einrichtungen angeboten. Und immer mehr Menschen nutzen ihre speziesübergreifenden Kommunikationsfähigkeiten und unterstützen andere Menschen dabei, körperliche und spirituelle Heilung durch Wale und Delfine zu erfahren.

Viele Wissenschaftler behaupten, es gäbe keinen wissenschaftlichen Beweis, dass Wale und Delfine Menschen heilen können.

Aber erklären Sie das einmal denjenigen, die eine solche Heilung erfahren haben!

Delfine nutzen die Echoortung, um ihre Umgebung zu erkunden, nach Nahrung zu suchen und miteinander zu kommunizieren. Sie erzeugen starke, fein gesteuerte Klangwellen im Rahmen und auch außerhalb des menschlichen Hörvermögens. In vielen Krankenhäusern werden Nieren- und Gallensteine mithilfe eines Stoßwellenzertrümmerers aufgebrochen. Diese Stoßwellen gehen durch den Körper des Patienten, bis sie auf die Nieren- bzw. Gallensteine stoßen und sie in winzige Stückchen zertrümmern, die dann ausgeschieden werden können. Die physikalische Funktionsweise dieses Apparats ähnelt dem Echolot eines Delfins. Allerdings können Delfine viermal so viel akustische Kraft produzieren wie diese Stoßwellenzertrümmerer. Und sie können die Klangwellen, die sie von ihrer Stirn aussenden, verformen – von breit gefächert bis hin zu einem engen Strahl.

Delfine können nachweislich den Heilprozess eines Menschen durch Anregung der Produktion von T-Zellen und Endorphinen auslösen. Wissenschaftler haben nach Interaktion mit Delfinen eine stärkere Kohärenz zwischen der rechten und linken Gehirnhälfte und eine höhere Gehirnwellenaktivität gemessen. Auch die Aufmerksamkeitsspanne, die motorischen Fähigkeiten und die Koordinationsfähigkeit bei Kindern werden anscheinend verbessert. Viele Therapeuten schreiben dem Echolot von Delfinen Veränderungen im Körpergewebe und der Zellstruktur von Menschen zu. Die von Delfinen ausgestoßenen Laute können ähnliche Effekte und Veränderungen wie die Musiktherapie bewirken.

Es gibt, wie inzwischen wissenschaftlich entdeckt wurde, auch interessante Ähnlichkeiten zwischen autistischen Kindern und Delfinen. Bei den meisten Menschen vibriert die Gehirnwellenenergie im bewussten Zustand mit einer Schwingungsrate von 13 bis 30 Zyklen pro Sekunde; bei Delfinen beträgt die Schwingungsrate bei Bewusstsein 250.000 bis zwei Billionen Zyklen! Autistische Kinder können über 250.000 Zyklen pro Sekunde verarbeiten. Diese hohe Gehirnwellenverarbeitung wird als *intuitives Genie* bezeichnet. Autistische Kinder und Delfine mit dieser hohen Verarbeitungsfähigkeit können durch sogenannte *Gedankenübertra-*

gung kommunizieren. Sie können gegenseitig ihre jeweilige Energie lesen und innerhalb von Sekundenbruchteilen antworten. Kinder, die diese Fähigkeit besitzen, funktionieren deshalb auf einer höheren Ebene, mit der unsere Sprache nicht mithalten kann. Das linear in unsere Sprache zu übertragen, ist schwierig, weil sie ihr Genie-Niveau herunterschrauben müssen.

Im Kryon-Buch 7, »Der Neuanfang«, stellte die Mutter eines autistischen Kindes eine Frage zum Thema Autismus:

Lieber Kryon, ich habe einen siebenjährigen autistischen Sohn. Ich arbeite eigentlich schon mein Leben lang mit Energie. In den letzten fünf Jahren wurden mir Konzepte vermittelt, die ich nicht wirklich verstehe. Deine gechannelten Botschaften waren hilfreich. Aber vielleicht haben diejenigen, die das lesen (ich vertraue darauf, es wird von Menschen gelesen, die Spirit das lesen lassen will), Ähnliches erlebt. Es ist so: [...] Das Magnetsystem meines Sohnes fühlt sich nicht wie unseres an. Kann es sein, dass seine DNA anders strukturiert ist als die DNA von Nichtautisten? Ich kann in meinem Kopf fast so etwas wie Stränge sehen, die durch eine Art Prisma in Form einer Schmetterlingspuppe laufen. Na gut, ich weiß, das klingt total verrückt. Ich habe bei Delfinen dasselbe Gefühl. Mein Sohn fühlt sich von den Rufen von Buckelwalen in Aufnahmen besonders angezogen. Kann es sein, dass die Verbindung der Cetacea zu Autismus magnetischer Natur ist? Seine (immer noch nonverbale) Kommunikation hat im Laufe des letzten Jahres sprunghafte Fortschritte gemacht. Ist das Magnetgitter durch die Neuausrichtung besser mit dem System von Autisten kompatibel?

Meine Liebe, ich habe großen Respekt vor dir und all den anderen, die mit diesen Kindern arbeiten! Wie wir ja schon gesagt haben, sind das fast immer Savants.

Diese Kinder werden tatsächlich mit Unterschieden in der DNA geboren, die magnetisch verstärkt werden. Der Unterschied besteht darin, dass sie eher für eine multidimensionale Existenz als für die dreidimensionale Existenz gerüstet sind, in der ihr lebt. Ja, es stimmt, es handelt sich um ein magnetisches Zellmerkmal. Diese autistischen Kinder werden auch »Regenbogenkinder« genannt. Deine Intuition trügt dich nicht. Hier sind weitere Informationen.

1) Diese Kinder möchten nicht linear kommunizieren und leben. Sie verstehen das, was in einer Reihe oder Linie angeordnet ist, nicht. Sie können viel besser mit Konzepten umgehen, die sie zu pseudolinearem Handeln bewegen, sodass sie in eurer Welt leben können. Wenn es möglich wäre, würden sie liebend gern ohne lineare verbale Sprache kommunizieren, die ja »der Reihe nach« abläuft, und stattdessen anhand einer »Gedankengruppe« alles auf einmal kommunizieren. Sie sind frustriert darüber, dass alles um sie herum ihre Expansivkraft in Schubladen sperren will und sie damit aufhören müssen, um sich das alles zusammenzureimen. Kannst du dir vorstellen, wie es für dich als dreidimensionales Wesen wäre, in eine zweidimensionale Welt hineingeboren zu werden? Wenn es beispielsweise keine Tiefe gäbe – nur Höhe und Breite? Du willst in die Dinge »hineingreifen« und siehst auch, wie – doch eine unsichtbare Wand hält deine Hand oder deinen Geist auf, sooft du es versuchst. Du kannst nicht einmal herumlaufen! Die anderen bezeichnen dich als »zurückgeblieben«, wenn sie sehen, wie du seltsames Kind dich nicht in einer einfachen 2-D-Welt zurechtfindest. Die meiste Zeit bist du damit beschäftigt, dir alles anzuschauen und zu entschlüsseln, ob das, was du siehst, in der Realität, in der du dich befindest, echt ist oder nicht.

2) Sie leben tendenziell teilweise in einer Realität, die die Menschen nicht sehen bzw. nicht verstehen. *Wo sind sie denn gerade im Geist?*, fragt ihr euch manchmal, wenn sie in die Luft starren. Wollt ihr die Wahrheit wissen? Sie sehen dann eigentlich multidimensionale Attribute des Lebens oder nehmen daran teil ... oder versuchen es. Sie können auch das andere Leben auf der Erde »sehen« – das Leben, das ihr bislang nicht einmal anerkennt. Mehr dazu ein andermal.

3) Sie sind auf die Energie der Delfine und Wale eingestimmt bzw. insbesondere auf die der Delfine. Das wurde von euren Wissenschaftlern sogar schon erforscht, es ist also nicht so seltsam, wie es klingt. Autistische Kinder und diese Meeressäugetiere können über die Ferne miteinander kommunizieren. Und wenn ein solches Kind mit einem bestimmten Tier eine Eins-zu-eins-Beziehung aufgebaut hat, dann hält sie ein Leben lang.

4) Ja, dank der Veränderung des Gittersystems des Planeten werden sie sich wohler fühlen ... und du dich unwohler. Das ganze letzte Jahr haben wir Botschaften darüber durchgegeben, dass ihr multidimensional werdet. Es ist vielleicht für die Menschen an der Zeit, einen Schritt in Richtung der Autisten zu gehen, anstatt ihnen beibringen zu wollen, wie sie in eurer Welt leben können.

Kryon
(Fragen und Antworten aus Kryon-Buch 7, »Der Neuanfang«,
Kapitel 14)

Ich möchte Sie mit jemandem bekannt machen, der die Heilenergie von Walen und Delfinen schon sehr oft erlebt hat: Laurie Reyon Anderson. Laurie Reyon ist eine international bekannte Seelenheilerin, die zwischen den Spezies kommuniziert. Von den Indianern wird sie »Standing Whale Mother« (»Stehende Mutter der Wale«) genannt. Durch Laurie Reyon haben schon viele Menschen die Weisheit und Heilkraft der Wale und Delfine erfahren.

Die folgende Botschaft wurde über Laurie Reyon im Februar 2012 durchgegeben:

Wie ich von den Delfinen erfahren habe, sind sie die designierten *Bewahrer* des Vorlagensystems der menschlichen DNA. Ihnen werden vom Schöpfer über die Ozeansysteme der Erde DNA-Aktivierungen eingeflößt. Ihre Aufgabe besteht darin, diese Informationen innerlich zu verarbeiten und die tatsächliche DNA, die für jeden einzelnen Menschen perfekt und stimmig ist, zu kalibrieren. Sie bewahren auch die Energie der *Liebe* und *Freude* für Orte auf dem Planeten, die gerade Krieg und Chaos erleben. Sie erzeugen Frequenzen, die diesen Gebieten auf dem Planeten mit Vorlagen für Frieden, Harmonie und Heilung eingeflößt werden. Die Delfin-Matrix unterstützt die Neucodierung der DNA für Menschen und Orte durch die von ihnen genutzten Energiecode-Systeme. Die *Delfin-Familie des Lichts* hat eine Vorlage für die menschliche DNA geschaffen und überwacht damit die Gesamtvorlage für die reine holografische Möglichkeitsgleichung für die Menschheit und die Erde. Wenn ihr euch entschließt, euch mit der Delfin-Familie des Planeten zu verbinden, könnt ihr diese Einstellungen direkt vom Gruppenbewusstsein der Delfine empfangen.

Sie sind die Meister der DNA-Rekalibrierung und in der Lage, alte Energien mit ihren Heilfrequenzen sehr schnell zu verändern. Sie arbeiten auch in einer Frequenz der Freude und Verspieltheit, die perfekt zur Energie des Aufstiegs und der »Neuen Erde« passt. Geliebte Menschen, bitte hört auf eure Herzen, wenn die Energien ab 2012 schneller werden. Ruft die Delfin-Energien an, denn sie sind die auserwählten Gesandten des Lichts! Die Kommunikation mit ihnen wird für euch eine wertvolle Hilfe sein, um euch auf das Kristallgittersystem, eure persönliche DNA-Verbesserung und auf die Matrix-Systeme der Delfine auszurichten, die euch dabei helfen, das »Zentrum« für die »Neue Erde« zu errichten.

Und ihr sollt auch wissen, dass die Energie-Matrix der Delfine euch dabei hilft, die Meere der Erde zu reinigen und wieder ins Gleichgewicht zu bringen.

Wie viele Wissenschaftler derzeit feststellen, spielt die DNA eine sehr große Rolle bei der Kommunikation zwischen Delfinen und Menschen. Eine laufende Studie des *Sirius Institute* auf Hawaii hat herausgefunden, dass Delfine und Wale Klangsignale empfangen und senden, die sich auf die genetische Doppelhelix auswirken können. Anhand einer natürlichen Biotechnologie können Delfine tatsächlich Menschen, die mit ihnen schwimmen, »sonogenetisch« heilen. Wie 14 Jahre interdisziplinärer Forschung des *Sirius Institute* ergeben haben, kann das elektromagnetische Klangfeld, welches von Delfinen erzeugt wird, die DNA-Expression, die traditionell als die Blaupause des Lebens gilt, verändern.

Neue Forschungen haben gezeigt, dass unsere DNA von Wellen und Partikeln aus energetisiertem Klang und Licht aktiviert wird, welche die Gene buchstäblich an- und ausschalten können. Ähnlich wird auch das genetische Erbe energetisch auf bioakustische und elektromagnetische Weise durch spezielle Wassermoleküle übertragen, welche die elektrogenetische Matrix der DNA bilden. Diese hydroelektrischen Strukturen sind wie Pyramiden, Hexagone und Pentagone geformt und leiten Heilprozesse an.

Dieses erstaunliche Phänomen erklärt die bemerkenswerten Heilungen, wie sie nach Kontakt mit Delfinen von Menschen berichtet wurden, die sich in unseren Booten in der Nähe von Delfinen befanden oder mit ihnen schwammen.

Die Cetacea verfügen seit Millionen von Jahren über komplexe Sprachen und über das größte Gehirn auf dem Planeten. Besuche von Delfinen und Walen zeigen die Geschichte der Freundschaft und Kooperation, ja sogar der Partnerschaft mit Menschen auf.

Die Delfine und Wale haben uns gezeigt, dass sie die uralten, weisen und supersensitiven Wesen auf diesem Planeten sind – lebende Beispiele für die Menschen, die uns zeigen, wie es sich in Frieden und Harmonie auf unserem Planeten leben lässt. Wir ermutigen euch, euch tagtäglich mit den Delfinen und Walen auf energetische oder telepathische Weise oder auch in den physischen Ozeanen zu verbinden – wann immer es möglich ist. Sie sind der lebendige, höchste Ausdruck dessen, wie wir Menschen vom Herzen aus im »Gruppengeist« leben können, welcher sich darin zeigt, dass man zum Wohle der vielen und nicht des einen lebt.

Laurie Reyon & Master Cat Puddah
und die Cetacean Councils of Light[7]

FRAGEN AN KRYON

Logisch betrachtet müsste jeder Planet mit einem freien Willen ein energetisches Buchhaltungssystem haben (auf der Erde ist es die Höhle der Schöpfung). Gibt es ein energetisches Buchhaltungssystem in der Galaxie? Was passiert, wenn all die Planeten mit einem freien Willen aufsteigen? Hat das etwas mit der Ausdehnung des Universums zu tun?

Um diese und weitere anstehende Fragen vollständig beantworten zu können, möchte ich ein Attribut der Akasha aufzeigen, das für diese ganze Diskussion von grundsätzlicher Bedeutung ist. Stellt euch darauf ein, dass ich Informationen enthülle, die auf das Jahr 2014 gewartet haben. Vieles von dem, was nachfolgend gesagt wird, ist noch nie in einem Kryon-Channeling durchgegeben worden.

Habt ihr euch schon einmal umgeschaut und euch gefragt, wie die Evolution funktioniert? Wenn sich ein Kind im Mutterleib entwickelt, kommen höchst wundersame Prozesse zusammen und erschaffen ein funktionsfähiges menschliches Wesen. Jedes Organ und jedes System wird durch ein System von »Vorkenntnissen«, die wir als Vorlagen bezeichnen, entsprechend vorbereitet. Fragt einmal einen Arzt, wie eine Linse im Auge geformt ist oder wie sich bestimmte Gewebe im Mutterleib zunächst auf eine bestimmte Art ausbilden und später dann in anderes Gewebe verwandelt werden. Hättet ihr euch jemals damit beschäftigt, würde euch die Komplexität dieses Systems, in dem gespeichert ist, »was funktioniert hat und was nicht«, Ehrfurcht einjagen. Das ist die Natur der Evolution. Im Laufe von Jahrmillionen wurden die Dinge immer besser, und der Organismus *erinnerte sich* einfach daran und behielt das bei, was ihm beim Überleben half, besseres Sehen oder besseres Gehen ermöglichte oder die Suche nach Nahrung verbesserte. Selbst die einfachsten Organismen auf dem Planeten sind mit diesem Merkmal ausgestattet, bis hin zu den Insekten und den unsichtbaren Organismen.

Ich frage euch nun: »Welches Buchhaltungssystem ist für das alles und sein Funktionieren verantwortlich?« Es muss eines geben – ein ganz erstaunliches System mit einem gütigen Bewusstsein und Physikkenntnissen. Wenn ihr meint, euer Körper wäre zufällig in einem Vakuum entstanden, dann hättet ihr auch kein Problem, auf einem anderen Planeten ein Spezialgetriebe für einen Formel-1-Rennwagen zu finden. Ihr würdet sagen: *»Die Elemente kamen im Laufe vieler Jahre zusammen und haben das per Zufall entstehen lassen, inklusive so Sachen wie Herstelleretiketten etc.«*

Doch die Wahrheit über das Leben in der Galaxie ist viel großartiger. Denkt einmal darüber nach. Wenn die Evolution der Spezies nur dem Überleben gedient hätte, wäre es an einem bestimmten Punkt »gut genug«, und die Lebewesen würden sich einfach nicht mehr verändern. Wozu einen Intellekt entwickeln? Warum mehr als Nahrung und die Fähigkeiten, sich zu verteidigen und fortzupflanzen? Es muss noch etwas geben, wodurch die Vorlage dazu »getrieben« wird, etwas zu erschaffen, was viel höher entwickelt ist und nicht nur dem Überleben dient.

Warum lest ihr das? »Weiß« etwas in eurer Vorlage womöglich, dass es etwas viel Größeres gibt, als ihr sehen könnt? Die Menschen sind sehr interessant. Sie meinen, sie könnten alles »wissen«, was es zu wissen gibt. Doch selbst ihr, die ihr hier sitzt, seid euch dieser Vorlage überhaupt nicht bewusst! Die Menschheit ist wie ein Fisch im Aquarium, der meint, seine Nahrung fällt einfach irgendwie ins Wasser, wenn er sie benötigt, und der das nie infrage stellt oder die Hand sieht, die daran beteiligt ist – ja, er weiß nicht einmal, dass es da ein Aquarium gibt!

Die Vorlage erschafft also eine Biologie, die irgendwann auch entgegen aller Wahrscheinlichkeit über einen Intellekt verfügt. Das entspricht in keinster Weise der Philosophie von der Glockenkurve, an der ihr festhaltet, um zu erklären, wie »das alles funktioniert«. Als die Menschheit voll entwickelt und bereit dazu war, wurde eure *spirituelle Erschaffung* vollbracht, und zwar durch die Plejadier. Die spirituelle Evolution begann; das ist ein Thema für ein anderes Buch. Doch das Akasha-System kam zu euch mit euren Eltern, die euch den Samen einpflanzten, und gehört zu dem dahinterstehenden System.

Die Antwort auf den ersten Teil der Frage lautet also: Ihr habt dasselbe »Buchhaltungssystem« der Akasha geerbt, das eure Sameneltern hatten. Ihr Planet hatte und hat nach wie vor ein entsprechendes Pendant. Das, was ihr seht, ist also ein *hoch entwickeltes Modell spiritueller Wissensvermittlung* – ein System mit so vielen Attributen, dass ein Buch darüber geschrieben wurde! [Kryon lächelt, er meint dieses Buch.]

Oh ja, ihr werdet überall in der Galaxie dasselbe Modell finden, so wie ihr auch irgendwann in allem Leben dieselbe Art von DNA-Struktur finden werdet – überall. Erstaunt euch diese Konsistenz des Lebens? Biologie ist einfach die Erweiterung und Weiterentwicklung der Physik und hat auch deren Struktur.

Der Evolutionsplan erzeugt, wie wir euch schon gesagt haben, aufgestiegene Planeten [auf denen das Leben über vollständige spirituelle Bewusstheit seiner selbst verfügt]; dadurch wird das Ausbringen der Saat auf einem anderen einzelnen Planeten ausgelöst. Und jeder Planet mit dieser Saat wächst aus freiem Willen (oder auch nicht) und verändert tatsächlich die Schwingung der Galaxie. Wir wollen in der Galaxie bleiben. Dieses Thema ist derzeit groß genug. Das Universum dehnt sich aus physikalischen Gründen, über die wir bereits mit euch gesprochen haben, aus. Die nächste Antwort gibt euch eine bessere Vorstellung davon, warum es überhaupt ein System geben muss – ein komplexes, wunderschönes und Millionen Jahre altes System.

Die Weltbevölkerung wächst, es kommen also neue Seelen auf den Planeten. Irgendwann in der Zukunft wird dieses Bevölkerungswachstum zum Stillstand kommen, und eventuell gibt es sogar einen Rückgang. Haben alte Seelen dann Vorrang, wenn es darum geht, zurückzukommen? Kannst du erklären, welche Seelen dazu auserwählt werden, auf dem Planeten zu inkarnieren?

Die Zunahme der menschlichen Bevölkerung ist Teil der »Seelen-Buchhaltung«, über die ihr zuvor schon nachgefragt habt. Es ist nichts Zufälliges, und die ankommenden Seelen stehen mit den zurückkehrenden alten Seelen im Rahmen eines weiteren wunderschönen Systems, das euch noch nicht vollständig erklärt worden ist, in einem ausgewogenen Gleichgewicht.

Logik und Mathematik erzählen euch, wie das abläuft, wenn ihr einmal darüber nachdenkt. Je mehr Seelen auf dem Planeten sind, desto mehr Seelen können auch zurückkehren. Fast alle Seelen kommen wieder. Das ist etwas Absolutes, und es ist sehr lustig, wenn Menschen meinen, sie kämen nicht zurück ... Sie haben keine Vorstellung davon, wie es ist, den »Geist Gottes« zu haben, und sie denken, sie hätten, wenn sie gegangen sind, immer noch einen menschlichen Geist. Das ist wieder so wie bei einem Fisch im Aquarium; wenn sie aufsteigen, kriegen sie ein größeres Aquarium und sind ewige Fische. Deshalb sind alle ihre Entscheidungen genauso wie die, die sie jetzt als Fische machen. Die Wahrheit ist: Das System der Rückkehr der Seelen, dem ihr beigetreten seid, geht so lange weiter, *bis der Planet Erde vollständig ist.*

Wir wollen es also deutlich sagen: Da fast alle Seelen, die auf dem Planeten anfangen, auch zurückkehren, gibt es keine Hierarchie oder Rangordnung darüber, wer denn nun zurückkehrt. Alle kehren zurück! Der Unterschied liegt nur darin, wie schnell sie jeweils wiederkommen, und das wird anhand der Schwingung von Gaia gemessen. Manche sind etwas Besonderes (siehe nachfolgende Antwort), aber es gibt ein vollständiges System, und wir werden ein bisschen darauf eingehen.

Anfangs, nach dem Ausbringen der Saat, kam so gut wie niemand zurück. Doch am Ende eines jeden menschlichen Lebens kamen die Seelen in die »Gemeinschaft derjenigen Seelen, die – wenn sie bereit dazu sind – planmäßig zurückkehren«. Dieser »Pool« wurde immer größer, doch auf dem Planeten befanden sich weiterhin nur neue Seelen. In Lemurien [das bezieht sich auf Hawaii] gab es, wie wir euch ja schon gesagt haben, keine zurückkehrenden Seelen! Wir mussten die »Gemeinschaft der Rückkehrer«, die Gemeinschaft der erfahrenen Seelen, die schon einmal Menschen gewesen waren, vergrößern. Die Lemurier hatten ja – auch das haben wir euch schon gesagt – nicht unbedingt viel Ahnung von der Erde. Das war mit ein Grund, warum manche von ihnen sehr, sehr lange leben mussten. Das war die einzige Möglichkeit, die Weisheit und das Wissen rein zu erhalten, denn es gab noch keine Akasha. Es gab einfach noch keine Ahnen, die zurückkehrten! Bei ihnen gab es sogar funktionsgestörte Führer (stellt euch das vor). Es ist höchste Zeit, mit der mystischen Vorstellung aufzuräumen, Lemurien sei eine »perfekte Zivilisation der Vergangenheit« gewesen. In dieser Gesellschaft sind viele von euch »zu Hause«, aber ihr wart nur ein einziges Mal dort – garantiert. Das war der Plan.

So vergingen Tausende von Jahren, die Gemeinschaft der Rückkehrer-Seelen wurde ausgebaut, und nachdem schließlich das Kernland von Lemurien [das bezieht sich auf die lemurische Zivilisation auf dem Berg Hawaii] sich in alle Winde zerstreut hatte, nahm das System der Wiederkehr seinen Anfang. Zu diesem Zeitpunkt waren viel mehr Seelen in der Seelen-Gemeinschaft, als gebraucht wurden. Das heißt, lange Zeit wurden auf der Erde nur Menschen geboren, die schon einmal hier gewesen waren. Das war eine Voraussetzung, sie hatten sozusagen schon ein »Menschen-Training« absolviert.

Heute kommen *alle* Seelen zurück, und die Gemeinschaft an zurückkehrenden Menschen wird immer größer. Es gibt auch ein »Familien-Rückkehr-System«, doch dieses Thema sollte separat ausgeführt werden. Heute gibt es aufgrund der exponentiellen Bevölkerungszunahme eine Mischung aus wiederkehrenden und neuen Seelen. Doch je mehr Seelen kommen und gehen, desto mehr kehren zurück, denn wenn neue Seelen ihr erstes Erdenleben hinter sich haben, kommen sie automatisch in die »Gemeinschaft der Rückkehrer«. Langsam werden die wiederkehrenden Seelen weiser und nehmen Einfluss auf das Gleichgewicht des Bewusstseins. Der Prozentsatz an Seelen, die bereits hier waren, ist viel höher, als ihr meint. Aber nicht alle sind »alte Seelen«; dazu muss man Hunderte von Leben gelebt haben.

Seit 30.000 Jahren gibt es Seuchen und große Kriege, durch die Millionen ihr Leben schon in jungen Jahren verlieren, und es gab auch eine Zeit, in der die Menschen nur ein sehr kurzes Leben hatten. Hinzu kommt ein Geheimnis, über das wir euch noch nicht viele Informationen durchgegeben haben: die vier

Neustarts der Menschheit! Doch die Gemeinschaft an Seelen, die zurückkommen konnten, wurde immer größer, egal, was passierte. Und wie wir schon sagten, gab es irgendwann viel mehr Kandidaten, die als Erdenseele inkarnieren wollten, als die Geburtenrate auf der Erde es zuließ! Das Lagerhaus der Seelen wurde deshalb über sehr lange Zeit aufgebaut.

Das bringt vielleicht eure Vorstellung davon, *wer* wirklich als *neugeborenes* Baby auf dem Planeten ankommt, ins Wanken. Noch einmal: Gebt euer Schubladendenken auf! Auf der Erde gibt es Leben und Tod, aber Seelen sind etwas Ewiges. Erkennt ihr, wie sich dadurch die Dynamik dessen, wer hier ist, verändern könnte? *Eine* Seele wird viele Male zu einem Menschen, immer wieder, und gelangt schließlich in den Status einer alten Seele. Und so ist die Dynamik: Je größer die Bevölkerung des Planeten ist, desto mehr Rückkehrer-Seelen sind hier. Versteht ihr? Doch ihr habt die lustige Vorstellung, dass aufgrund der so schnell zunehmenden Bevölkerungszahl die meisten Neugeborenen von irgendwo anders »herkommen« würden und nie Menschen gewesen seien! Das stimmt nicht wirklich. Diese Vorratsgemeinschaft an Seelen, die auf den Planeten kommen, verfügt über potenziell Millionen von Leben, die im Laufe von Abertausenden von Jahren gelebt wurden. Exponentielles Wachstum hat nur mit den derzeitigen Leben auf dem Planeten zu tun. Die Mischung enthält also viel mehr Rückkehrer-Seelen, als ihr meint. Auch das ist der Plan.

Ihr Lieben, es wird eine Zeit kommen, in der dieses Wachstum zurückgeht und es keine »neuen« Seelen mehr geben wird, sondern nur noch »recycelte« Seelen. Und was meint ihr, was dann passiert? Dann nimmt die Zahl der alten Seelen langsam überhand.

Woher kommen also die »neuen Seelen«? Neue Seelen kommen aus einer logischen Quelle. Sie kommen fast alle aus einem »Pool« früherer Plejadier, genau wie ihr. Denkt darüber nach. Ihr seid Träger ihrer spirituellen DNA; tragt ihr dann nicht offensichtlich auch ihre spirituelle Akasha-Abstammung in euch? Auch sie haben eine Gemeinschaft!

Wenn auf der Erde ein Kind geboren wird, fragt ihr dann, von welchem Planeten es kommt? Es erscheint logisch, und doch erinnern sich viele esoterische Denker an andere Planeten und haben das Gefühl, sie seien nicht von der Erde. Und sie haben recht! Ihre spirituelle Akasha enthält Erinnerungs-Engramme an ihre gesamte Abstammungslinie von den Plejadiern und von denjenigen, die die Saat in den Plejadiern ausbrachten, und auch von denjenigen, die die Saat in diesen ausbrachten und so weiter ..., alle auf anderen Planeten.

Auf der Erde gibt es menschliche Biologie, und ihr seid ein Produkt der Erde. Doch nach der sogenannten »Schöpfungsgeschichte« (dem Ausbringen der Saat spiritueller Bewusstheit) habt ihr etwas bekommen, was wir »spirituelles Erbe« nennen. Dieses Erbe konnte nur von einem Ort kommen: den Sieben Schwestern [Plejaden; siehe Kryon-Buch 10, »Die 12 Stränge der DNA«], die euch ihre Geschichte eingepflanzt haben. Deshalb entwickelt ihr euch als Menschen mit einer veränderten DNA, die von woanders kommt. Beide Attribute sind mit dafür verantwortlich, wer ihr heute seid.

Es gibt Planeten, auf denen es hoch entwickeltes biologisches Leben gibt, aber auf ihnen wurde nie der Samen ausgebracht. Dort gibt es Intellekt ohne Bewusstheit und alles, was damit einhergeht. Ihr habt von diesen Planeten sogar Besuch erhalten, der aber nie zurückgekommen ist. Doch das ist eine andere Geschichte, die ein andermal erzählt werden soll.

Das Kristallgitter reagiert auf menschliches Bewusstsein und passt die Schwingung auf der Erde entsprechend an. Seelen, die auf der Erde ankommen, erben die Schwingungshöhe der Erde. Die Meister auf dem Planeten sind Ausnahmen. Kannst du erklären, warum manche Seelen mit einer höher schwingenden DNA auf den Planeten kommen? Hat das mit ihrer Akasha zu tun oder mit einem Ausgleichsystem auf dem Planeten?

Manche Seelen haben ein eigenes, vollständiges System. Es ist in keiner Weise an Gaia »festgemacht«, wie das bei den meisten Seelen der Fall ist. Es gibt allerdings viele Arten von »Meisterseelen«, und manche sind nicht das, wofür ihr sie haltet. Es überrascht euch vielleicht, aber Nikola Tesla war beispielsweise so eine Meisterseele, ebenso Ludwig van Beethoven. Diese »Spezialistenseelen« unter den Meistern kommen nur, wenn sie gebraucht werden, und ihre DNA ist auf das ausgerichtet, was sie tun müssen, nicht auf Gaia.

Ihr meint, das sind höchstwahrscheinlich spirituelle Meister, aber das stimmt nicht. Es gibt auch spirituelle Meister in diesem System, aber die meisten von ihnen sind Künstler, Erfinder und Menschen, die den Planeten verändern und neue Paradigmen erschaffen. Die Erde bekommt das, wenn sie es braucht, um Akasha-Zeitpläne zu umgehen und bestimmte Energien schneller für die von den Menschen verdienten Potenziale bereitzustellen. Diese Seelen bleiben dann dem Akasha-System von Gaia fern, bis sie wieder gebraucht werden. Einer davon sitzt bei euch im Hinterhof. Sein lemurischer Name ist Yawee [das bezieht sich auf Todd Ovokaitys]. Auch John Lennon und Steve Jobs gehörten in der jüngeren Vergangenheit dazu.

Diese Spezialisten haben nicht immer – wie ihr sagt – »eine höhere Schwingung«. Viele kommen einfach wegen ihres »Spezialgebiets«. Nur die spirituellen Meister, die das benötigen, verfügen über eine höher entwickelte DNA. Manche von ihnen machen eigentlich einen sehr unerleuchteten Eindruck. Ich weiß, das entspricht nicht euren derzeitigen Lehren und Vorstellungen davon, wie das alles funktioniert, aber so, wie es richtig ist, sollte es für euch mehr Sinn ergeben. Wenn die Erde Flugzeuge, Funk, Wechselstrom oder Smartphones braucht, um schnell in neue Paradigmen zu wechseln, dann wird ihr nicht Gandhi gesandt.

Viele Menschen erfuhren Heilung nach Kontakten mit Walen und/oder Delfinen. Kannst du erklären, wie und warum so etwas passiert? Und kannst du auf die besondere Wechselbeziehung zwischen Delfinen und autistischen und geistig behinderten Kindern eingehen (oder Kindern mit einem Schädel-Hirn-Trauma)?

Ich werde nicht nur darauf eingehen, sondern das Thema insgesamt ein bisschen besser erklären.

Wir haben euch ja schon Informationen über die Cetacea auf dem Planeten übermittelt. Sie sind Teil der »Gaia-Gruppe« und stellen eines der neun Attribute des Menschen dar. Sie tragen in sich ihre Art von Zeitkapsel bzw. ihre *Vorlage für die Menschheit der Zukunft,* und ihre DNA wurde von den Plejadiern verändert. Sie sind also sozusagen anders »eingestellt« als alle anderen Tiere auf dem Planeten.

Unter anderem verfügen sie über eine »höhere Dimensionalität«. Achtung: Das wird von vielen Menschen nicht verstanden, denn ihr habt das noch nicht entdeckt. Derzeit gibt es einfach noch keine Lehre über die relative Dimensionalität. Wir wollen euch die Grundzüge verständlich machen. Stellt euch einmal vor, wie hoch entwickelte menschliche DNA eines Tages aussehen wird. »Kryon, woher sollen wir das wissen?« Stellt euch einfach vor, wie es eurer Meinung nach sein wird. Ihr tragt die Vorlage bereits in euch, deshalb wird es stimmen. Evolution ist einfach der Prozess der Aktivierung von Vorlagen, die bereits vorhanden sind. In eurem Bewusstsein könnt ihr es euch also vorstellen. Aber das habt ihr bereits gewusst, nicht wahr?

Stellt euch beispielsweise Gedankenübertragung vor; oder einen Gesang durch die Liebe, und der andere *hört* sie [die Liebe]; oder das Versenden einer reinen Vorlage an eine kranke Vorlage mit darauf folgender Spontanremission. Könnt ihr mir folgen? Das ist bereits in der DNA der Menschen angelegt und wartet nur die Jahrtausende hindurch, die es eben dauert, bis es Wirklichkeit werden kann. Damit das Realität werden kann, ist auch eine leichte dimensionale Bewusstseinsveränderung vonnöten, um eine Grenze zu überschreiten, eine Art flüchtige

Membran zwischen den Dimensionen (davon war schon in früheren Channelings über wissenschaftliche Themen die Rede). Der Prozess dieser bevorstehenden Bewusstseinsveränderung steckt in den Daten, die neben vielen anderen in den Zeitkapseln der Cetacea gespeichert sind. Anders ausgedrückt, verfügen diese Tiere bereits über genau diese Attribute, aber sie sind Wale und Delfine, keine Menschen. Sie tragen das einfach in sich, damit es irgendwann für euch freigesetzt wird; sie sind so etwas wie ein lebendiges, reisendes plejadisches Gitternetz.

Quantenhaftigkeit ist für euch etwas Seltsames, denn sie entspricht nicht eurem Konstrukt der Realität. In einem Quantensystem gibt es beispielsweise keinen »Ort«, wo sich etwas befindet. Wenn etwas Quantenattribute hat, kann es potenziell »überall« gleichzeitig sein. Die Zeitkapseln der Cetacea verfügen über diese futuristischen Attribute, sie haben einen Rest Quantenhaftigkeit, eine Energie, die auf Menschen »überschwappt«, die über dieselbe Quantenhaftigkeit verfügen. Die DNA dieser Menschen ist besser in der Lage, auf den *Dimensionswechsel der Zukunft* hinzuarbeiten. All das ist einfach Teil des Evolutionsprozesses. Wie ich euch gesagt habe, befinden sich in dieser Gruppe ein paar solcher Autisten – Futuristen, Savants ... Doch hier geht es jetzt darum, dass der Mensch und die Cetacea sich gegenseitig »hören« können!

Stellt euch einmal einen Musiksender [Radio] vor, der nicht ganz auf die richtige Frequenz eingestellt ist. Niemand kann die gesendete Musik hören, weil der Zeiger nicht auf die normale Frequenz zeigt. Und jetzt stellt euch einen Empfänger vor, der synchron auch ein bisschen verrutscht ist. Dann gibt es kein klares Musiksignal, sondern nur ein sehr schwaches, kaum hörbares Signal. Aber oho! Es ist noch etwas anderes zu hören oder zu spüren, und zwar von der Sendeanlage, deren Einstellung ja auch »verrutscht« ist und die andere Musik sendet, die sogar klarer und besser zu hören ist. Beide Geräte müssen also leicht anders eingestellt sein als normalerweise, damit das passiert. Man könnte sagen, beide wechseln in eine relative Dimensionalität. Und hier kommt noch etwas Neues: *Eine bestimmte Dimensionalität [die Beschreibung eines Realitäts-Paradigmas] ist relativ zur*

Wahrnehmung der Dimension, in die sie wechselt. Ich habe euch ja gesagt, dass das schwer verständlich sein würde.

Ich liefere euch noch ein paar Erklärungen. Wenn ihr euch die Antwort auf eine frühere Frage über das autistische Kind durchlest, erkennt ihr etwas, was darin versteckt ist. Magnetismus ist multidimensional und verfügt über ein Quantenattribut. Magnetkraft kommt tagtäglich zum Einsatz, aber ihre gesamte Tragweite und ihre höheren Attribute sind noch ein Mysterium. Auf der atomaren Ebene geht es um viel mehr als nur um Elektronen und ihre Wechselwirkungen. Es handelt sich um eine Quantendynamik, durch die irgendwann der Planet eine sehr hohe Schwingung erhält, und das ist der Motor, der schließlich den Bewusstseinswandel antreibt.

Das autistische Kind verbindet sich also mit dem Magnetgitter, denn es spürt das neue Dimensionalitäts-Paradigma, nach dem seine DNA auf der Suche ist – *nicht lineares höheres Denken. Und hier kommt noch etwas Neues: Die Regeln dimensionalen Handelns besagen, dass »dimensionale Unterschiede immer nach einer vollständigeren Lösung streben«.* Ich möchte das anders ausdrücken: Die Suppe der Dimensionalität sucht immer nach einem höheren Sinn und wird sich niemals mit einem niedrigeren Sinn verbinden. Das, meine Lieben, ist der Grund für »intelligentes Design«. Es bietet der Willkürlichkeit und Ziellosigkeit die Stirn, es ist »Physik mit einer Haltung«.

Jetzt sind das autistische Kind und der Delfin also auf derselben Frequenz! Das Kind verbindet sich mit der Magnetkraft, denn es spürt die Quantenenergie, und der Delfin schwimmt an den magnetischen Kraftlinien des Planeten entlang. Beide sind gerade so miteinander verschränkt, dass sie über das, was das Magnetgitter ihnen bringt, miteinander in Verbindung treten können. Es ist also nicht das Magnetgitter des Planeten, das dafür sorgt, dass etwas passiert, sondern die ausgleichende Energie ermöglicht die Verbindung. Die Brühe der Quantensuppe ermöglicht es, dass die Frequenz gehört und erkannt wird.

Die vorige Frage einer Mutter eines autistischen Kindes im Abschnitt über Wale und Delfine hat damit zu tun.

**Hatten die Lemurier zu den Walen und Delfinen eine beson-
dere Beziehung? Kannst du uns mehr darüber sagen?**

Eigentlich nicht. Diese Tiere wurden als perfekter Speicher für
die Zeitkapseln der Zukunft betrachtet, der nie geplündert oder
ausgelöscht werden konnte. Sie waren also schon da. Doch aufgrund der veränderten DNA wurden diese Tiere dann »Teil der
plejadischen Familie«, wenn ihr versteht, was ich meine. Nach
dem Ausbringen der Saat dienten sie also als Träger der Daten,
die die Zukunft der Menschheit ermöglichten.

Als diese Tiere durch diese Veränderung »vollständig« wurden, entwickelten sie auch eine Verbindung zur Menschheit, die
bis zum heutigen Tag immer noch etwas Geheimnisvolles und
Spürbares ist. Kein anderes Tier auf dem Planeten hat das. Ihr
spürt das, nicht wahr?

Kapitel 3

Das Akasha-Erbe

Der Begriff des genetischen Erbes ist den meisten von uns bekannt. Über die Gene in unserer DNA werden körperliche Merkmale unserer Eltern an uns vererbt, zum Beispiel das Geschlecht, die Blutgruppe, die Augenfarbe und die Körpergröße. Auch viele gesundheitliche Probleme und Krankheiten sind genetisch bedingt. Das sogenannte Humangenomprojekt war ein Versuch, alle Gene in der menschlichen DNA zu identifizieren. Mehr dazu findet sich in Kapitel 8: »DNA – mehr, als man meint«.

Derzeit ist unser Verständnis der DNA ziemlich begrenzt, vieles ist noch unklar. Doch das verändert sich gerade. Die Wissenschaft stellt die von Kryon durchgegebenen Informationen auf den Prüfstand und erkennt, dass in unserer DNA Informationen sitzen, die Anweisungen an unsere Zellen geben, welche teilweise quantenhafter Natur (multidimensionale Energie) sind.

Das ist auch vielleicht ein Grund dafür, warum diese Entdeckung so lange gedauert hat. Wie Kryon uns gesagt hat, enthält unsere DNA multidimensionale Informationen. Lee Carroll hat das im Kryon-Buch 10, »Die 12 Stränge der DNA«, genauer ausgeführt. Unsere DNA umfasst die folgenden Energien:

- ❤ den Baum des Lebens (unsere biologische Schicht)
- ❤ die göttliche Blaupause (unsere Lebenslektionen und die Dualität des Lebens)
- ❤ Aufstieg und Aktivierung (unser spirituelles Erwachen)
- ❤ unseren Engelsnamen
- ❤ das Höhere Selbst
- ❤ die extradimensionale Sinnesschicht
- ❤ die persönliche Akasha-Chronik der Kernseele
- ❤ die Heilungsschicht
- ❤ den Gottesglauben

- die Weisheit des Göttlich-Weiblichen (reines Mitgefühl und Mutterenergie)
- den allmächtigen Gott (die Lebenskraft Gottes im Menschen)

Wie bereits erwähnt, enthält die DNA auch unsere persönliche Akasha-Chronik. Deshalb bringt jeder Mensch bei seiner Geburt auf dem Planeten sein eigenes Akasha-Erbe mit. Aber was bedeutet das? Gibt es dafür einen physischen Nachweis? Kryon hat das Akasha-Erbe genau erklärt:

Die Schönheit und Komplexität des Akasha-Erbes verläuft auf zwei Pfaden. Da ihr linear denkt und dreidimensionale Wesen seid, habt ihr die Vorstellung von einem Akasha-Erbe immer mit der genetischen 3-D-Chemie in Verbindung gebracht. Der Mann auf dem Stuhl vor euch [Lee] ist Ire in vierter Generation. Seine Chemie lässt sich bis zurück auf das Land seiner Abstammung verfolgen. Und ihr meint nun womöglich, seine Akasha (Informationen aus Vorleben) würde auch in seiner 3-D-Chemie stecken. Aber so funktioniert es nicht.

Vererbung verläuft auf zwei vollkommen getrennten Wegen, die miteinander in Konkurrenz zu stehen scheinen, aber eigentlich sind sie miteinander verschmolzen. Es gibt die 3-D-Chemie des Körpers und die Akasha. Damit will ich sagen: Der Mann vor euch auf dem Stuhl ist zwar Ire in vierter Generation und hat irisches Blut, doch letztes Mal kam er vielleicht aus Indien – und hasst heute Fleisch und Kartoffeln. Ihr könntet nun sagen: *»Moment mal, wie soll das denn funktionieren?«* Genau das ist der Punkt – es funktioniert eben so. Wenn es um frühere Leben geht, ist es also egal, woher eure Eltern abstammen. Das [eine System] ist komplett chemiebedingt, und die dabei mitspielenden Gene sind Teil eines dreidimensionalen genetischen Systems. Dieses System verleiht euch Augenfarbe, ein paar Merkmale der Ahnen und auch ein paar ihrer Talente. Vielleicht seht ihr ihnen sogar ähnlich, doch wenn ihr euer letztes Leben in Indien verbracht habt, dann ist das womöglich auch alles, was ihr mit ihnen gemein habt. Ganz ehrlich: Das ist ein nicht lineares Rätsel, das ich euch eigentlich nicht erklären kann. Ihr habt in eurer

Abstammungslinie zum Beispiel viele Generationen mit irischem Blut und doch gleichzeitig indische Akasha-Attribute, die eure Essgewohnheiten und vieles andere bestimmen.

Wenn es für euch erneut an der Zeit ist, als reinkarnierter Mensch auf den Planeten zu kommen, dann, meine Lieben, könnt ihr aus vielerlei Gründen viele verschiedene Entscheidungen treffen und wählen. Ihr könnt zum Beispiel beschließen, weiterhin mit einem dreidimensionalen chemischen Muster weiterzumachen und euer Akasha-Erbe eurer chemischen Abstammung anzupassen. Ihr könnt aber auch eine andere Rasse annehmen und auf einem anderen Kontinent leben. Doch wenn ihr in diesen neuen Körper eintretet, wird seine Chemie die Chemie eurer Eltern dieser anderen Rasse widerspiegeln.

Hier kommt ein Beispiel, das mit meiner obigen Aussage zu tun hat und das alles aufzeigt: Ihr kommt beispielsweise auf diesen Planeten und werdet in Amerika geboren, vielleicht seid ihr irischer Abstammung, so wie mein Partner. Euer Leben vor diesem Leben habt ihr in Indien erlebt. Deshalb mögt ihr bestimmte amerikanische Lebensmittel nicht. Ihr ernährt euch vegan, und das tut eurem Körper gut. Doch die anderen Leute fragen sich, was denn wohl mit euch los ist und warum ihr Veganer geworden seid. Ein echter Ire würde sich nicht so ernähren wollen.

Viele spirituelle Lehrer tendieren dazu, Reden zu schwingen und zu sagen: »Die Menschen sollten aus spirituellen und gesundheitlichen Gründen dies und das essen.« Ich möchte diese Aussage umschreiben und für euch persönlich so formulieren: »Ich esse so, wie es mir mein Akasha-Erbe vorgibt. Das ist das, was meine Zellstruktur will, und ich bekomme dadurch die für mich gesündeste und spirituell stimmigste chemische Ausgewogenheit.« Lehrer können nicht eine für alle Menschen gültige Aussage über Ernährung abgeben, denn jeder Mensch hat ein anderes Akasha-Erbe! Und das heißt, die Attribute der Körperchemie eines jeden, der dies liest, verfügen über eine eingebaute Vorlage mit seinen persönlichen gesundheitlichen Akasha-Erinnerungen. Eure Zellen sind viel stärker auf eure Vorleben abgestimmt, als ihr wisst, manche auf die 3-D-Chemie eurer elterlichen Abstammungslinie, andere nicht.

Manche Leute können alles essen, was in ihrer Nahrung steckt, und haben überhaupt kein Problem damit. Auch Orte, die sich nicht durch gesunde Nahrung auszeichnen, sind unter Umständen das, was die Körperchemie will, erinnert und verarbeiten kann. Als Amerikaner verfügt ihr vielleicht über zweihundert Jahre Erfahrung mit Amerika, und eure Chemie erkennt die Konservierungsstoffe und kommt damit zurecht. Andere wiederum beginnen damit dieses Leben und reagieren sofort darauf, weil sie mit dieser Art von Nahrungsmitteln noch keine Erfahrungen gesammelt haben.

Da könnt ihr wieder sagen: »Moment mal, das hat doch was mit Chemie zu tun!« Ich habe euch ja gesagt, dass es komplex ist. Die Chemie ist Träger von Quanteninformationen und von 3-D-Informationen.

Das Akasha-Erbe und das chemische Erbe verschmelzen miteinander auf sehr seltsame Weise, was zu einem Szenario führt, welches linear nicht erklärt werden kann. Ich habe euch lediglich ein paar Denkanstöße an die Hand gegeben, aber vielleicht erklärt das einiges, was für euch bisher keinen Sinn ergab – beispielsweise, warum ihr bestimmte Merkmale eurer Eltern aufweist oder warum andere Attribute völlig fehlen. Und dann die große Frage: Wie könnt ihr stark ausgeprägte Merkmale haben, die eure Eltern oder Großeltern nie hatten? Ein Medium, das frühere Leben sehen kann, kann hier vielleicht helfen. [Kryon lächelt.] Seht ihr, wie komplex das ist? Jetzt will ich auf die letzte komplexe Sache eingehen, und auch das wird für euch keinen Sinn ergeben.

Inkarnation als Familie

Ihr habt die Neigung, in Akasha-bedingten Familiengruppen zu inkarnieren, was erklärt, warum ihr auf einmal von einer Rasse zu einer anderen, von einem Kontinent zu einem anderen wechselt. Ihr »folgt« einem karmischen Familienmuster alter Seelen, die wegen spiritueller Zwecke herumziehen müssen.

In diesem Augenblick treffen sich hier in diesem Raum Familienmitglieder. Vielleicht habt ihr nicht allen hier in die Augen geblickt, aber es sind Leute hier, die zu eurer Akasha-Familie gehören. Es sind nicht eure Mutter oder euer Vater, Schwester oder Bruder, aber das habt ihr schon gewusst, nicht wahr? Oh, da ist durchaus die Chemie, und sie [Mutter, Vater, Schwester, Bruder] sind auch auf bestimmte Weise ausgerichtet. Ihr spürt die Verbindung, aber das ist nicht die spirituelle Verbindung. Ihr inkarniert als Familie, und das bedeutet nicht unbedingt, dass ihr euch gleich findet.

Das hat nichts mit Zeitpunkten zu tun. Euer linearer Geist will denken, dass ihr alle zusammenkommt, aber das tut ihr nicht. Stattdessen findet ihr einander oft durch seltsame Synchronizitäten und bildet dann mit der Zeit eine Gruppe. Die Akasha-Familien sind allerdings dabei, sich zu verändern, wenn ihr euer Karma aufgebt. Darüber später mehr.

Zum Abschluss möchte ich Folgendes sagen: Ihr, die ihr das hört und lest – in diesem Raum trefft ihr eure Familie, und ihr erkennt, dass ihr durch die Liebe Gottes aufeinander ausgerichtet seid. Dazu gehört alles Lebendige, sogar die Luft, die ihr atmet, und das Felsengestein der Erde und auch diejenigen, die ihr noch nicht getroffen habt und die eure Ahnen auf anderen Planeten sind und genau wissen, was ihr macht. Gemeinsam gratulieren wir euch!

Lasst euch nicht entmutigen, denn ihr befindet euch in der Anfangsphase der Erleuchtung. Während eurer Lebenszeit, nicht einmal während der Lebenszeit der Allerjüngsten hier im Raum, wird keine planetarische Verschiebung stattfinden. Doch ihr seid die Saat für diese Verschiebung, und ihr wisst, sie wird kommen. Und ihr werdet dabei sein, denn ihr kommt zurück. Ihr alle kommt zurück! Das wollt ihr, denn wenn ihr das nächste Mal erwacht, werdet ihr eine Erde vorfinden, die für eure Erleuchtung bereit ist. Ihr werdet damit keine Schwierigkeiten und so zu kämpfen haben wie dieses Mal, und ihr werdet auch nicht umlernen müssen wie dieses Mal.

Das Kristallgitter ist damit in Resonanz und wird damit kooperieren. Gaia wartet auf das, was ihr als Nächstes tun werdet, und wird sich dann verwandeln, um die von euch erzeugte Energie zu ergänzen. Das, ihr lieben Menschen, könnt ihr heute feiern!

Kryon
(Live-Channeling »Das umfassendere Akasha-System«,
Laguna Hills/Kalifornien, 15. Juli 2012)

Ich möchte hier ausdrücklich darauf hinweisen, dass die besten Entscheidungen, die Sie bezüglich Ihrer Zellstruktur treffen können, die sind, die das Akasha-Erbe mit berücksichtigen. Kryon hat das im vorstehenden Channeling erwähnt und ist in mehreren Channelings auf dieses Thema eingegangen. Die nachstehenden Informationen helfen uns, das besser zu verstehen:

Jede einzelne Biologie [jeder einzelne Mensch] hier im Raum ist anders, und jetzt wollen wir über etwas sprechen, wovon schon eine Zeit lang nicht mehr die Rede war, aber ihr müsst das hören: Das, was gesundheitlich für euch funktioniert, ist fast gänzlich von eurem Akasha-Erbe abhängig. Wo habt ihr die meisten Leben verbracht? Vielleicht in Asien? Vielleicht in Indien oder in Tibet? Vielleicht in der südlichen Hemisphäre? All diese Plätze und Kulturen haben unterschiedliche Lebensmittel, die euch in Balance und gesund erhalten haben. Doch in diesem Leben seid ihr hier in der nördlichen Hemisphäre. Ich möchte euch sagen: Die Ernährungsweise eurer vergangenen Leben hat großen Einfluss auf euch.

Vielleicht habt ihr damals vegan gelebt oder nur Getreide gegessen. Deshalb lechzen eure Zellen nach dieser Nahrung, damit sie sich ausgewogen fühlen. Versteht ihr? Andere wiederum haben hauptsächlich in Nordamerika oder Europa gelebt und haben sich nie so ernährt wie die Menschen in Asien oder im Süden. Deshalb haben sie überhaupt keine Probleme mit dem Essen hier.

Hört zu: Es gibt keine allgemeingültige Antwort auf die Frage: *»Was sollte ich essen, um spirituell gesund zu bleiben?«* Es gibt keine absoluten »Solls«. Stattdessen gibt es gute Hinweise von innen, die euch sagen, was für euren Körper das gesündeste ist. Anders ausgedrückt: Hört auf eure Zellen! (Siehe Kapitel 6: »Die Zeitkapseln in der Akasha«.)

Warum erwähne ich das? Weil euch Leute Ratschläge erteilen, was ihr essen sollt. Ich sage euch hier und jetzt: Hört nicht auf sie! Geht stattdessen nach innen und lasst eure eigene Akasha-Chronik euch sagen, was für euch funktioniert. Seid nicht überrascht, wenn manche von euch auf einmal allergisch auf Dinge reagieren, die sie bislang immer essen konnten. Ich sage euch: Eure Biologie rekalibriert sich. Dieses Attribut braucht ihr, um vorwärtszugehen, um an den Platz zu gelangen, wo ihr mit der meisten Weisheit ins Gleichgewicht kommen könnt.

Manche von euch mögen vielleicht bestimmte verarbeitete Lebensmittel nicht, weil sie in ihrer Akasha-Chronik nicht daran gewöhnt sind. Seht ihr, was ich damit sagen will? Wenn ihr die schamanische Energie aus den Tiefen der Weisheit anzapft, die ihr in euren vergangenen Leben immer wieder gelernt und erlebt habt, geht das mit bestimmten Dingen einher – beispielsweise mit einer für euch ausgewogenen Ernährungsweise –, und ihr müsst damit klarkommen. Kämpft nicht dagegen an.

Stellt euch auf diese Dinge ein. Ihr könnt das sehen und spüren. Betrachtet sie als das, was sie sind: Rekalibrierung.

Da sagst du vielleicht: *»Lieber Spirit, danke für diese Rekalibrierung, dafür, dass du dich so sehr um mich kümmerst, dass du weißt, da möchte ich hin und das möchte ich tun.«* Mensch, wie du jetzt rekalibrierst, entscheidet darüber, wie du im nächsten Leben zurückkehrst. Du musst das nicht noch einmal mitmachen, niemals wieder. Das Akasha-Erbe ist viel mehr als die Genealogie der Menschen, von denen ihr abstammt [die Genealogie der Eltern]. Das wisst ihr. Eine ererbte Akasha-Chronik steht für das, was ihr in all euren Leben erlebt habt, unabhängig von den Eltern-Genen. Manchmal sind das die dominantesten und schwersten Dinge, mit denen ihr euch auseinandersetzen müsst.

Kryon
(Live-Channeling »Die Neukalibrierung des Menschen«,
Red Deer/Alberta, Kanada, 7. Januar 2012)

Zusammenfassend können wir sagen: Ihre gesamte persönliche Akasha-Chronik aus allen Leben steckt in jedem Stückchen DNA. Die Energie Ihrer gesamten Existenz auf der Erde ist jederzeit bei Ihnen. Sie können in der Akasha »schürfen«, also einfach das herausholen, was Sie bereits erlebt und bearbeitet haben. Das ist bereits das Ihre und wird in Kapitel 5, »In der Akasha schürfen«, noch näher erklärt.

Vererbung und Geburt

Was bringt ein Kind bei seiner Geburt mit auf den Planeten? Das Kind verfügt über das, was es von seinen Eltern mitbekommt (das genetische Erbe), den Abdruck der menschlichen Natur, den astrologischen Überzug und seine Akasha-Attribute (beispielsweise Lektionen aus früheren Leben und das Akasha-Erbe). Laut Kryon beginnt das Leben eines Menschen mit dem ersten Atemzug bei der Geburt, denn ab dann verfügt der Mensch über einen freien Willen. Vor der Geburt ist zwar eine Seele da, aber sie ist noch auf die Entscheidungen der Mutter ausgerichtet. Sie könnte für das Kind Leben oder Tod wählen; doch wenn das Kind erst einmal geboren ist, hat es einen freien Willen und Entscheidungsfreiheit.

Vor meiner spirituellen Erweckung glaubte ich nur das, was die empirische Wissenschaft belegen konnte. Ich hatte ein ziemlich begrenztes Verständnis von der Welt. Ich sah vieles, was nicht erklärbar war. Ich sah nur die Einzelteile eines Systems. Ich akzeptierte einfach potenzielle Gründe, Theorien oder Vermutungen, die das Unerklärliche zu erklären versuchten. Doch diese Erklärungen waren oft nicht stimmig.

Viele Leute haben gefragt: *»Wo kommt die Persönlichkeit eines Menschen her?«* Eine Antwort der Wissenschaft auf diese Frage steht nach wie vor aus. Wir können nur Mutmaßungen anstellen. Eine davon lautet: Unsere Persönlichkeit entspringt unserer genetischen Veranlagung und unserer Umwelt, in der wir aufgewachsen sind. Andere schreiben sie den komplexen Verschaltungen des Gehirns zu. Und was ist mit unseren Ängsten und Phobien? Wo kommen sie her? Auch darauf weiß die Wissenschaft keine definitive Antwort. Oft werden sie genetischen Faktoren und Umwelteinflüssen zugeschrieben, werden als Folge eines Traumas, als eine Reaktion auf das Trauma eines anderen Menschen oder als ein sich allmählich entwickelndes Phänomen betrachtet. Das stimmt auch manchmal, aber wie sieht es bei scheinbar völlig irrationalen Ängsten aus, die gar nichts mit der derzeitigen Lebenssituation zu tun haben? Und was ist mit Zwillingen, die fast identische Gene aufweisen? Warum sind Kinder, die dieselben Eltern haben und in derselben Umgebung aufwachsen, so verschieden? Warum haben sie unterschiedliche Persönlichkeiten, Ängste und Phobien?

Wir wollen uns ein paar Attribute von zwei Kindern anschauen, die dieselben biologischen Eltern haben und im selben Umfeld aufwachsen. Vielleicht erinnert Sie die nachfolgende Beschreibung sogar an Ihre eigenen Kinder oder an andere Ihnen bekannte Kinder. Womöglich ist es auch eine Beschreibung der Unterschiede zwischen Ihnen und Ihrem Bruder oder Ihrer Schwester.

Erstes Kind	Zweites Kind
Launisch und wütend	Glücklich und ausgeglichen
Kein Selbstwertgefühl	Selbstbewusst
Unsozial	Führungspersönlichkeit
Wenige Fähigkeiten	Talentiert
Lernt langsam	Lernt schnell

Worauf könnten diese Unterschiede zwischen den beiden Kindern zurückzuführen sein? Genetische Veranlagung und Umwelt? Die Reihenfolge der Geburt?

Und – was ein anderes Thema ist – wie entstehen Wunderkinder? Ein Wunderkind ist ein Kind, welches schon sehr früh über eine oder mehrere ausgeprägte und hoch entwickelte Fähigkeiten verfügt, die die normalen kindlichen Fähigkeiten in diesem Alter weit übersteigen. Solche Wunderkinder waren beispielsweise:

Wolfgang Amadeus Mozart – er lernte mit vier Jahren das Klavierspielen, komponierte mit fünf seine ersten Musikstücke und schrieb mit acht seine erste Symphonie.

Kim Ung-Yong – er konnte mit drei Jahren Japanisch, Koreanisch, Deutsch und Englisch lesen. Zwischen drei und sechs war er Gaststudent für das Fach Physik an der Hanyang Universität. Im Alter von acht Jahren lud ihn die NASA nach Amerika ein. Mit nicht einmal fünfzehn Jahren schloss er sein Physikstudium mit einem Doktortitel ab.

Akrit Jaswal – er führte mit sieben Jahren in seinem Elternhaus seine erste Operation durch. Seine Patientin war ein Mädchen aus der Umgebung, die sich keinen Arzt leisten konnte. Sie hatte sich Jahre zuvor die Hand an einem Feuer verbrannt; ihre Finger waren zu einer festen Faust verformt, die sich nicht mehr öffnen ließ. Akrit verfügte über keinerlei offizielle medizinische Ausbildung bzw. OP-Erfahrung, aber es gelang ihm, die Finger des Mädchens frei zu bekommen, und sie konnte ihre Hand wieder benutzen.

Cleopatra Stratan – sie ist die jüngste kommerziell erfolgreiche Sängerin. Mit drei nahm sie ihr erstes Album auf und hält bis heute den Rekord als jüngste Künstlerin, die jemals live zwei Stunden lang vor einem großen Publikum aufgetreten ist.

Michael Kearny – er sprach das erste Mal mit vier Monaten und konnte mit zehn Monaten lesen. Mit sechs Jahren schloss er die Highschool ab und beendete mit zehn sein Studium der Geologie und der Anthropologie. 2006 gewann er als Erster eine Million Dollar bei einem Online-Reality-Spiel, »Gold Rush«, und im Jahr 2008 25.000 Dollar bei der Fernsehshow »Who Wants to be a Millionaire«.

Akiane Kramarik – sie begann mit vier Jahren zu zeichnen und malte mit sechs wie ein Meister. Im Alter von vier Jahren erlebte Akiane laut eigenen Aussagen eine lebensverändernde spirituelle Transformation und brachte ihrer atheistischen Familie Gott nahe. Ihre Kunst und ihre Literatur sind von ihren Visionen, Träumen, Beobachtungen, der Natur und Gott inspiriert. Ihre Kunstwerke sind in Museen in aller Welt ausgestellt worden, seit sie zehn Jahre alt war. Akiane ist das einzige bekannte »Doppelgenie« in Malerei und Poesie.

Woher kamen die Talente und Fähigkeiten dieser Kinder? Seit Jahrhunderten fasziniert das Thema »Wunderkinder« die Gelehrten, doch diese Kinder sind noch immer ein Rätsel. Gibt es womöglich eine brauchbare Erklärung, die auch erklären würde, warum Kinder, die dieselben Eltern haben und in derselben Umwelt aufwachsen, dennoch etwas ganz Individuelles und Einzigartiges sind? Meiner Meinung nach liegt die Antwort in unserer persönlichen Akasha-Chronik, unserem Akasha-Erbe.

Wenn ein Wunderkind meisterhaft Klavier spielt: Ist das lediglich ein willkürlicher Zufall? Machen diese Kinder womöglich mit ihrem letzten Lebensausdruck weiter? Wenn wir verstehen, was in unserer Akasha steckt, erhalten wir auch Erklärungen für die Anomalien, die wir insbesondere bei Kindern immer wieder beobachten können. Doch wie arbeitet unser Akasha-Erbe mit uns zusammen? Kryon sagt uns, wie es funktioniert:

Ein Kind wird geboren, und die DNA überträgt Akasha-Energien direkt in seine Persönlichkeit. Diese Energien sind sofort für alle erkennbar. Als Erstes zeigen sich karmische Überreste. Karma ist etwas Reales. Einige der tiefgründigsten esoterischen Glaubenssysteme auf diesem Planeten sprechen davon. Einige eurer ältesten Glaubenssysteme unterweisen als Erstes über das Karma. Sie kennen dieses System des Kommens und Gehens und seine Bedeutung.

Wie wir euch vor vielen Jahren sagten, ist Karma eines der ersten Dinge, die ihr in dieser neuen Energie ändern könntet, und Lichtarbeiter werden es automatisch aufgeben, sobald sie ihre reine Absicht bekunden, sich zu einer größeren Bewusstheit hinzubewegen. Wir sagten euch, das sei das »Einpflanzen der Erlaubnis, das Karma aufzugeben«. [1989, im ersten Kryon-Buch, »Das Zeiten-Ende«, wurde das als »das Implantat« bezeichnet.] Karma ist die Energie, welche wir aufgrund von Nichterledigtem aus einem Vorleben mit in dieses Leben bringen; in der jetzigen Zeit muss niemand von euch diese Lektionen mehr lernen. Das ist eines der Geschenke des großen Umbruchs, der euch bevorsteht. Das ist nichts Neues. In unserem obigen Beispiel erhält das neugeborene Kind dieses Geschenk. Die meisten Menschen, die heute geboren werden, haben aber noch Karma, denn es ist nicht genug Zeit vergangen, um eine karmalose Lichtarbeitergruppe zu erschaffen, die sich reinkarniert. In unserem Beispiel entscheidet sich das Kind erst zu einem späteren Zeitpunkt, ob es das Karma außer Kraft setzen will oder nicht [wenn es in einem Leben außer Kraft gesetzt wurde, dann übertragen sich alte karmische Kernthemen nicht mehr auf das nächste].

Wie sich die Lebenslektion und die Energie einer kindlichen Persönlichkeit gestalten, hängt von der kristallinen Akasha-Chronik ab; das wird bei der Geburt auf das Kind übertragen. Es fängt sozusagen ein neuer Tag an, und der Mensch setzt seine »Gesamtgeschichte« auf der Erde fort. Das Kind wächst heran; darüber habe ich ja schon gesprochen. Ich wiederhole hier nochmals: Die Mütter werden damit einverstanden sein, denn sie sehen, dass es keine Rolle spielt, woher das Kind kommt oder wer die Eltern waren ... Das Kind übernimmt die Akasha-Chronik und die Energie der eigenen vergangenen Leben! Mütter wissen dies, denn sie erleben, dass Kinder, die von denselben Eltern kommen, völlig unterschiedlich sind. Das eine ist talentiert, das andere nicht. Das eine hat Angst, das andere nicht. Das, ihr lieben Menschen, kann nur durch das erklärt werden, was sich – wie ich euch sagte – in der DNA befindet. Sie [die Kinder] gehen in Resonanz zur Akasha-Chronik ihrer eigenen Vergangenheit. Sie kommen direkt aus der Höhle der Schöpfung, wo die Attribute ihrer vergangenen Leben ihrer DNA eingeprägt werden, und sie beginnen ihre Reise. Sie sehen zwar vielleicht wie ihre Mutter und ihr Vater aus, von denen sie abstammen, und weisen auch Persönlichkeitsmerkmale ihrer Eltern auf, doch die Kernthemen ihres Lebens [die Lebenslektionen] haben mit ihren eigenen Vorleben zu tun.

Wir wollen nun darauf eingehen, was ihnen mitgegeben wird, wenn sie hereinkommen [auf der Erde ankommen].

Angst oder Angstlosigkeit: Der »Angst-Quotient« von Menschen hängt davon ab, was sie gelernt und was sie in der Vergangenheit mitgemacht haben. Als alte Seelen haben sie keine Angst vor dem Leben, denn sie haben ihre größten Ängste immer wieder durchlebt. Manche sind Krieger und sehr stark – sie gehen in Situationen hinein, als ob die Wirklichkeit ihnen gehöre. Wenn sie noch nicht so oft da waren (weniger als 30 oder 40 Mal), dann haben sie immer noch Angst.

Manche haben in vorigen Leben viel Angst erlebt; all ihr Handeln war angstbesetzt. Sie hatten Angst beim Sterben und Angst im Leben, und das zeigt sich in ihren Augen. Sie haben Angst vor dem Leben an sich. Auf dem gesamten Planeten verbringen Mütter viel Zeit damit, ihren Kindern die Angst zu nehmen! Sie lieben ihre Kinder und verstehen nicht, warum sie bei allem so vorsichtig sind. Doch die Mütter wissen, dass nicht sie diese Angst erzeugt haben. Sie kam von woanders her.

Vorlieben: Beobachtet einmal, wie die Kinder ihre eigenen persönlichen Wünsche und Vorlieben entwickeln! Welche Nahrungsmittel mögen sie? Welche Musik? Welche Unterhaltung? Was beruhigt sie, irritiert sie, oder was macht sie wütend? Sie sind alle sehr verschieden und haben nicht unbedingt etwas mit ihren biologischen Eltern gemein.

Was könnte der Grund dafür sein? Das ist doch eine interessante Frage ... Ich will euch ein Geheimnis verraten: Achtet darauf, welche Art von Nahrungsmitteln sie mögen, denn das sagt euch, wo sie früher waren. Habt ein Auge darauf, denn es sagt eine Menge darüber aus, woran die DNA gewöhnt war und was sie wieder haben möchte.

Welche Musik gefällt ihnen? Wodurch kommt ihre Seele zur Ruhe? Worauf schauen sie? Was zieht sie an? Sie sind alle unterschiedlich, doch das wird durch die DNA der Akasha ausgebildet ..., durch das, wer sie einmal waren, was sie gelernt haben und was die kristalline Vergangenheit ihnen mitgibt. Kinder lieben das, was gerade »in« ist. Diejenigen, die zum ersten Mal hier sind, schwimmen einfach im Strom mit und genießen all das Neue, denn es ist ja ihr erster »Ausflug« [auf die Erde]. Manche wiederum fangen zwar auch so an, aber sie werden es bald leid und wenden sich den Dingen zu, die ihnen »aus ihrer DNA zurufen«, unter anderem Talente und Interessen aus der Vergangenheit. Viele verfolgen gleich die »Retro-Schiene«, sehr zum

Erstaunen ihrer Eltern. In ihrer DNA sind all die früheren Leben aufgezeichnet, die ihr jetziges Leben prägen.

Talent: Entweder haben sie Talent oder nicht. Entweder können sie eine Melodie richtig singen oder nicht. Manche dieser Kinder kommen mit jeder Menge Talent hier an! Manche sind schon von Geburt an Künstler; sie bringen das wieder mit, was die Akasha ihnen im letzten Vorleben gegeben hat. In der DNA stecken Leben über Leben voller Malerei, Farben, Formen und wunderbarer Musik. Manche kommen als Meistermusiker hier an, und im Alter von drei oder vier Jahren müssen sie einfach nur noch ihre Fingerfertigkeit entdecken, und schon spielen sie wieder Klavier oder zupfen auf den Saiten einer Gitarre herum. Manche werden sofort von den Instrumenten angezogen, die sie vormals spielten, und ihre Begabung übersteigt bei Weitem das, was sie zu diesem Zeitpunkt in diesem Leben schon gelernt haben. Wie erklärt ihr euch das, ihr Menschen? All das wird durch die Akasha ausgebildet!

Persönlichkeit: Das Kind wächst heran, und seine Persönlichkeit wird scheinbar durch seine Umwelt geformt; doch manchmal entwickelt es eine angenehme Persönlichkeit, manchmal aber auch nicht. Eltern scheinen das überhaupt nicht in der Hand zu haben, und doch habt ihr alles richtig gemacht!

Da fragt ihr euch vielleicht: *»Wieso ist mein Kind bloß so geworden? Warum nicht so wie ich? Warum muss ich so einen Kampf fechten, um ihm gesunden Menschenverstand beizubringen? Es ist mir bzw. meiner Familie überhaupt nicht ähnlich.«* Und später, wenn sie erwachsen sind, entwickeln sie sich womöglich in eine unerwartete Richtung – eine Richtung, die ihr ihnen nicht aufgezeigt habt. Und ihr fragt euch, wie euer Kind etwas so Schreckliches tun konnte.

Andere wiederum sagen: *»Ist es nicht toll, dass mein Kind so ein perfektes Bewusstsein hat? Es denkt genau wie ich. Ich war ein guter Lehrer.«* Ich will euch sagen, wie es wirklich ist, ihr lieben Menschen. Eure Kinder sind oft eure Eltern [vor langer Zeit]! Sie gesellen sich zur karmischen Gruppe, um euch weiterhin etwas zu lehren, und umgekehrt bringt auch ihr ihnen etwas bei. Familien inkarnieren mit Familien in »Trainingsgruppen«, vor allem zum »Erleuchtungs-Training«. Das heißt, es gibt ein System der Erleuchtung. Habt ihr das erwartet?

Ihr lieben Menschen, das bedeutet: Die Belohnung für eure Arbeit auf diesem Planeten – hört gut zu –, die Belohnung für eure Arbeit auf dem Planeten wird in das Kristallgitter eingeprägt als die Potenziale derer, die aus euren Lenden geboren werden. Ziemlich oft greift das erleuchtete Kind einfach auf das zurück, was ihr ihnen ursprünglich beigebracht habt ..., es erinnert sich an seine vergangenen Erfahrungen und Lebenslektionen. Ihr könnt ganz einfach die Lorbeeren dafür einheimsen, aber eigentlich habt nicht ihr ihnen das gegeben. Es ist ein Trainings-Kreislauf – vom Kind zum Elternteil, vom Elternteil zum Kind.

Das heißt: Ihr, die ihr hier sitzt, werdet den Planeten wahrscheinlich mit Lichtarbeitern bevölkern, auch wenn sie nicht das glauben, was ihr glaubt. Sie sind Kinder des Lichts. Ihre Herzen haben also einen Wiederklang mit den Informationen, die ihr in eurer Zellstruktur hattet. Das habt ihr an sie weitergegeben. Das gehört zum System. Es ist kompliziert, und es kommen mehrere Dinge zusammen: Woher sie kamen, ihre karmische Entscheidung, wer ihre Eltern sein würden, wer sie waren und mit welchen Energien sie weitermachen möchten ... Doch ich sage euch: Der Wunsch und die Erlaubnis sind in euer beider DNA vorhanden. Wenn ihr auf die andere Seite des Schleiers gelangt, wählt ihr eure Familie für den nächsten Lebensausdruck, und ihr könnt zurückkommen und sagen: »*Ich möchte in derselben Familie sein*«, und die Abstammungslinie des Lichts weiterführen. Das ist sehr tiefgründig. Das ist schwierig. Das ist wunderschön.

Ganz erwachsen ..., der Erwachsene: Das Heranwachsen hat ein Ende, der Mensch ist erwachsen. Ängste, Vorlieben, Talente oder keine, Persönlichkeitszüge und Phobien – alles ist voll ausgebildet. Das haben alle Menschen miteinander gemein. Und an dieser Stelle wird es gut. Bis zu diesem Punkt, ihr lieben Menschen, akzeptiert ihr immer das, was ihr seid. Das seid automatisch ihr, und ihr arbeitet mit diesen und jenen Attributen, habt das Gefühl, »so ist das nun mal«, meint, das sei normal und etwas Natürliches ..., etwas, das einfach »ist« und nicht verändert werden kann. Und alles, was wir dazu sagen, ist: »Wie dreidimensional von euch!« Denn ihr könnt nur so denken: »Das ist für dieses Mal so ausgemacht. Das wurde per Handschlag ausgemacht, und das bin ich.« Und ihr lauft durchs Leben und arbeitet mit dem, was auch immer das ist.

Die nächste große Fähigkeit des Menschen

Seit Jahren erzählen euch die Psychologen, ihr könntet euch durch eure Gedanken verändern. Auch im spirituellen Kontext sagen sie: *»Die Kraft des positiven Denkens kann tatsächlich euer Leben verändern.«* Sie wissen das. Es hat mit Energie zu tun, und sie haben recht. Und es zeigt auch, was an eurem Denken falsch ist.

1987 kam eine neue Energie auf den Planeten. Das Gitter verschob sich, und der Kristall bewegte sich. Die Erde schwingt heute anders als damals. Als wir hier ankamen, sagten wir euch: »Ihr habt eure Zukunft verändert.« Wir erzählten euch von neuen Geschenken und Gaben, und jetzt beschreiben wir eine der besten Gaben. Sie war schon immer hier, aber jetzt ist sie stärker geworden.

Warum habt ihr euch dafür entschieden, euch von euren Körperzellen kontrollieren zu lassen? Warum habt ihr beschlossen, eure biologischen Gene seien auf immer und ewig festgelegt? Wer hat euch das gesagt? Ein Paradigma der alten Energie lautet: *»Wer immer ich bin, der bin ich. Gott hat mich aus gutem Grund so erschaffen, und deshalb werde ich das Beste daraus machen. Ich werde aus dem, was mir gegeben wurde, das Beste machen.«* Klingt nicht allzu schlecht, oder? Für manche von euch klingt das ganz gut. Doch ich wiederhole: Willkommen in einem multidimensionalen Umbruch, denn das gesamte Denken des Menschen kann abgeändert werden und von nun an neue Gaben mit einschließen!

»Egal, womit ich geboren wurde – es spielt keine Rolle. Ich steuere meine Biologie, mein Immunsystem und meine Bewusstheit. Gott hat mich als göttliches Wesen erschaffen, welches die vergangenen Energien in seiner Akasha in Anspruch nehmen kann ... und in der Lage ist, seine Biologie und seine Haltung und seine Stärken nach Belieben zu verändern.« Klingt das unmöglich?

Zurzeit sind sehr profunde Lehrer dabei, die Menschen anzuleiten, »über ihre Gene hinauszudenken.«[8] Die medizinische Forschung sagt: Eure DNA ist nicht euer Schicksal![9] Anders ausgedrückt: Diese Vorstellung ist unter allen Menschen verbreitet, denn es ist Zeit dafür!

Kryon
(Live-Channeling »Es ist in der DNA!«,
Kelowna/BC, Kanada, 28. Juni 2008)

Es lohnt sich, einmal drei YouTube-Videos anzuschauen. Auf dem ersten ist ein vierjähriger Junge beim Klavierspiel zu sehen. Er spielt meisterhaft, und seine linke Hand greift über die rechte Hand. Das ist *nichts* Intuitives, sondern eine erlernte Technik. Auf dem zweiten Video spielt ein siebenjähriges Mädchen virtuos auf der Geige. Und auf dem dritten Video singt ein zehnjähriges Mädchen bei »America's Got Talent«. Beim Zuhören kann man kaum glauben, dass die exquisite Opernarie, die sie singt, wirklich aus ihrem kleinen Körper kommt. Diese Videos sind Beispiele für Künstler, die – wie Kryon sagt – als Maestros geboren werden und mit ihrem letzten Lebensausdruck weitermachen:

- *4 Year Old Boy Plays Piano Better Than Any Master*
  http://www.youtube.com/watch?v=omuYi2Vhgjo
- *Incredible 7-Year Old Child Violinist Brianna Kahane Performs*
  »Csardas« on a ¼-Size Violin
  http://www.youtube.com/watch?v=GEOZ31HeZT4
- *Jackie Evancho first audition America's Got Talent full with result*
  and comments
  http://www.youtube.com/watch?v=3d_XTvLalJk

In unserem Akasha-Erbe tragen wir unsere Vorlieben, Ängste, Talente, unsere Persönlichkeit, unsere Lektionen aus vergangenen Leben und unser Karma. All das macht aus, was wir sind. Fast alle Leute, die ich kenne, haben schon vom Konzept des Karmas gehört, aber nicht alle verstehen, dass ein Teil unserer Lebenslektionen nichts mit Karma zu tun hat. Beschreibungen, was Karma und Lebenslektionen sind, sind oft widersprüchlich. Mir kam sogar schon der Begriff »Karma-Lektion« zu Ohren. Wie finden wir die Wahrheit heraus? Gibt es einen Unterschied, und ist das wichtig?

Jawohl, *Karma* und *Lebenslektionen* unterscheiden sich sehr wohl! Ich glaube nicht, dass jeder Mensch das alles komplett verstehen muss, aber um die gechannelten Kryon-Botschaften zu verstehen, ist es wichtig, zu wissen, warum die beiden Begriffe unterschiedliche Attribute Ihrer Akasha darstellen.

Karma und Lebenslektionen

Schon vor meinem spirituellen Erwachen hatte ich von Karma gehört. Wenn jemand etwas Negatives machte, dachte ich, Karma wird es ihm eines Tages schon heimzahlen! Wenn ich jemandem etwas Gutes tat, dann (so meinte ich) hätte ich gutes Karma für mich erzeugt. Woher hatte ich diese Vorstellung von Karma? Ich weiß es ehrlich gesagt nicht mehr. Wahrscheinlich von Gleichaltrigen aus meinem Bekanntenkreis und meiner Kultur.

Sicher haben viele Leute immer noch eine falsche Vorstellung von Karma und Lebenslektionen. Alles hängt zusammen, doch Karma und Lebenslektionen dienen unterschiedlichen Zwecken. Kryon hat das in vielen Channelings erklärt. Der wichtigste Unterschied ist:

❤ *Karma* hat mit zwischenmenschlichen Situationen, Unerledigtem, Gefühlen, die zu Ende gebracht werden müssen, und einem interaktiven System zu tun.

❤ *Lebenslektionen* sind etwas völlig Persönliches und haben einzig und allein mit Ihnen selbst zu tun.

Laut Kryon ist Karma etwas Uraltes und Langsames. Es hat mit den anderen Menschen um Sie herum zu tun, mit Ihrem Platz in dieser Gruppe und den emotionalen Energien, die sich daraus entwickeln. Karma – das sind die nicht zu Ende gebrachten, ungelösten energetischen Rätsel, die uns oft dazu treiben, etwas Bestimmtes zu tun. Man könnte sagen, Karma ist die vorgegebene, voreingestellte Richtung für alle Menschen auf dem Planeten. Durch Karma gibt es Familien, die seit vier oder fünf Generationen Feuerwehrleute, Polizisten, Ärzte oder Soldaten hervorbringen. Man lässt sich auf denselben »Trott« ein, geht konform mit dem, was man angeblich machen soll oder was die Eltern einem sagen, und macht das dann.

Karma ist ein altes System des Antriebs und wird in der neuen Energie nicht mehr benötigt. In der alten Energie wurde man durch Karma dazu gebracht, zu bestimmten Orten zu gehen, bestimmte Dinge zu tun und bestimmte Menschen zu treffen. In der neuen Energie ist kein Karma mehr vonnöten, um Sie irgendwohin zu schubsen, denn Sie können sich selbst genau dorthin bringen, wo Sie eben sein sollen. Dieses neue Verständnis bringt eine Verantwortung mit sich – eine Gesamtverantwortung für alles um Sie herum. Sie können nicht mehr die Opferrolle einnehmen und den Zufall für alles verantwortlich machen! Es ist *Ihre* Entscheidung, ob Sie Ihr Karma sozusagen außer Kraft setzen oder nicht. Vielleicht hilft Ihnen das nachfolgende Channeling von Kryon, Ihr Karma loszulassen.

Wenn ihr nie spirituelle Bewusstheit erlangt, bleibt die karmische Energie Bestandteil der Akasha. Ihr müsst euch bewusst sein, dass ihr viele Leben gelebt habt, viele andere Leben hattet. Diese Leben bauen energetisch aufeinander auf, und die Erfahrungen aus vergangenen Leben bilden die Potenziale eurer derzeitigen Lebenserfahrung. Dieses uralte System wird »Karma« genannt.

Euch Eltern hier im Raum möchte ich eine Frage über eure Kinder stellen: Wurden sie sozusagen als leeres Blatt Papier geboren, bevor ihr ihnen alles beigebracht habt? So war es nicht, das wisst ihr. Wer hat sie die Eifersucht gelehrt? Ärger und Wutanfälle? Wer hat ihnen Angst (beispielsweise vor Wasser oder bestimmten Tieren) beigebracht? Das wart nicht ihr, oder? Aber wo kam das dann alles her? Warum sind manche Kinder mit so vielen Talenten ausgestattet und andere sind völlig unbegabt? Warum ist das eine so voller Liebe und das andere so weise? Ihr wisst genau, wovon ich spreche, nicht wahr? [Kryon lächelt.] Warum ist das eine ein Krieger und das andere nicht? Die Antwort lautet: Karma. Sie kommen mit einer energetischen Veranlagung hierher; sie ist in allen Lebenszeiten vorhanden und zieht und zerrt an ihrem Bewusstsein mit der Energie noch nicht zu Ende gebrachter Auflösung.

Alle Menschen haben dieses Attribut, solange ein Mensch sich nicht persönlich entschließt, es außer Kraft zu setzen; diese Fähigkeit gibt es erst seit zwanzig Jahren. Alle, die hier vor mir auf dem Stuhl sitzen oder diese Worte lesen, haben diese Fähigkeit. Ich sage euch etwas, ihr Lieben: Einiges davon ist in euch, die ihr hier gerade auf diesen Stühlen sitzt, noch vorhanden und für eure Herausforderungen verantwortlich, denn ihr habt nie die Erlaubnis erteilt, dass diese verschwinden können.

Hier ist ein Überblick über diesen Prozess: Ihr erklärt diese nicht zu Ende gebrachte Energie namens Karma für ungültig, verlasst die Straße der Veranlagung und erzeugt für euch eine neue Energie, als ob ihr ganz ohne Karma auf dem Planeten angekommen wäret. Dadurch ändern sich einige Grundattribute eures Lebens. Eure Ängste fallen von euch ab, denn sie sind Bestandteil des Karmas.

Mein Partner hat das gemacht. Er kann aufzeigen, an welchem Punkt das passiert ist. Denn der Mann hier auf dem Stuhl ist ein Ingenieur, dessen linke Gehirnhälfte stark ausgeprägt ist [es ist von Lee Carroll die Rede]. Er begeisterte sich für den Militärdienst bei der Marine, der ihm bevorstand, und hatte die charakteristischen Züge eines Einsiedlers. Doch als er zuließ, dass sein Karma seine Gültigkeit verlor, fielen diese Dinge von ihm ab. Jetzt ist seine rechte Gehirnhälfte genauso stark entwickelt wie seine linke. Vieles von dem, mit dem er geboren wurde, ist anscheinend verschwunden ... und wurde durch das ersetzt, was er sich wünschte. Gesegnet ist der Mensch, der diese Wahl trifft, denn anfangs ist es unangenehm, doch dann, wenn diese Menschen erkennen, dass sie jetzt selbst über ihre Zukunft bestimmen können, erhalten sie die Belohnung.

Wir möchten zum Abschluss Folgendes sagen: Wenn der Mensch ohne die karmische Energie dasteht, mit der er auf die Erde gekommen ist, steht er in Wahrheit entblößt vor Gott. Denn diese Menschen wissen nicht, wohin sie gehen werden. Sie wissen nicht, welche Synchronizität auftritt und ihnen beisteht. Sie haben keine Ahnung, was sie zu erwarten haben oder wo sie stehen. Es ist, als ob sie ganz frisch und neu wären, bereit, einen Weg zu erschaffen, den sie noch nie gegangen sind. Für einen Menschen ist das unangenehm. Doch im Zuge des zweiten Umbruchs haben wir euch ein Versprechen gegeben. Ich ermutige euch, diesen Zustand zu feiern – einen Zustand der Ungewissheit. Ja, feiert ihn! *»Hier bin ich, Gott. Ich habe keine Ahnung, was ich da mache. Ist das nicht großartig?«* Und die Verwandten und Freunde schauen euch an und sagen: *»Du bist ja verrückt!«* Und wie könnt ihr ihnen auch erklären, dass eine ganze Legion von Engeln euch an der Hand hält?

Ihr habt ein wunderbares Unterstützungsteam, und in diesem vierten Umbruch gibt sich diese Unterstützungsgruppe zu erkennen. Dieser Wandel versetzt euch in die Lage, in die Dunkelheit hinauszugehen, ein Lied zu pfeifen und keine Angst vor den Fallstricken eines dreidimensionalen Systems zu haben. Denn dank dieses Umbruchs versteht ihr, wie ihr an eurer eigenen Schöpfung beteiligt seid.

Wie könnt ihr vor dem, was geschehen wird, Angst haben, wenn ihr es doch selbst erschafft? Wie könnt ihr Angst vor der Krankheit in euch haben, wenn ihr doch selbst die Heilung bewirkt? Meint ihr etwa, ich wüsste nicht, wer hier ist?

Kryon
(Live-Channeling »Die acht Verschiebungen der Erleuchtung, Teil eins«, Mexico City, 20. Oktober 2007)

Ich möchte an dieser Stelle noch auf zwei weitere Karma-Attribute eingehen. Eines hat mit Zeitzyklen zu tun, wie sie im Kryon-Buch 2, »Denke nicht wie ein Mensch«, erwähnt werden, das zweite mit einer ganz besonderen karmischen Gruppe, von der im Kryon-Buch 3, »Alchemie des menschlichen Geistes«, die Rede ist.

Eines der menschlichen Attribute ist auch ein Seelenattribut. Einige von euch haben vorab bestimmt, dass ein Mensch während seines Lebens auf der Erde einen Zeitzyklus durchläuft, entweder schnell oder langsam oder irgendwas dazwischen. Ihr messt das in Jahren und erklärt euch damit, warum eine Person sehr lange braucht, um etwas zu verändern, oder sich schnell verändert. Doch das ist nicht die von euch erwartete Variable. Eure Methode, den Zyklus für einen einzelnen Menschen zu bestimmen, ist zwar fast korrekt, doch eines wisst ihr nicht: Der Zeitzyklus ist für diese Seele derselbe, und zwar bei jedem Lebensausdruck. Es war derselbe im letzten Ausdruck und wird auch im nächsten Leben derselbe sein. Das ist ein Attribut der Seele und hat sowohl mit dem universalen Schwingungsmuster als auch mit eurem Zeitmuster auf der Erde zu tun. Es handelt sich dabei um eines von mehreren Attributen, die mit zum Ausdruck gebracht werden, zur Seele gehören und etwas Dauerhaftes sind. Dieses Attribut ist nichts Biologisches, sondern hat seinen Ursprung im Universum. Ich kann diese Mustervariable, die Entitäten, wie sie mir und auch euch zu eigen ist, nicht erklären, denn die entsprechenden Begriffe und Konzepte sind für euch als Unterweisung nicht verständlich.

Neu an diesen Informationen ist: Es gibt auch ein zyklisches Lebenszeitmuster, welches zum Zeitzyklus passt. Wenn ihr wisst, dass eine Person einen dreifachen Zyklus hat, dann solltet ihr auch nach wichtigen Leben mit karmischer Bedeutung in Dreiergruppen Ausschau halten (vom derzeitigen Leben aus rückwärts gemessen). Nicht jede Lebenszeit ist karmisch von enorm großer Bedeutung, ja eigentlich sind die meisten Lebenszeiten das nicht. Deshalb leben viele Menschen ein Leben, in dem nicht viel passiert – keine offensichtlichen Umwälzungen, kein Leid, kein Lernen, kein Klären und keine Erleuchtung. Viele Lebenszeiten werden als Ruhephase zwischen bedeutsamen Leben gelebt. Vergesst nicht: Für uns ist Zeit nicht wichtig. Das ist nur ein Erdenkonzept; deshalb ist das, was euch als sehr langer, beschwerlicher Prozess erscheint, für uns im »Jetzt«. Eure Seele braucht zwischen den Zeiten, in denen ihr schwer an eurem Karma arbeitet, auch Zeiten, in denen ihr mit Karma nur wenig zu tun habt, genauso wie ihr bei irdischen Angelegenheiten Ausgewogenheit braucht, um gesund zu bleiben [...].

Es gibt auch ein Geheimnis hinsichtlich der Art von zu lernenden karmischen Lektionen. Menschen mit einem langen Zeitzyklus (beispielsweise einem 9er-Zyklus) haben tendenziell in jedem neunten Leben schwerere karmische Attribute und brauchen eher Hilfe, um diese aufzulösen. Bei einer Person mit einem 2er-Zyklus treten die Attribute verstärkt in jedem zweiten Leben auf, und dieser Mensch ist eher in der Lage, sie im Alltagsleben aufzulösen. Bei längeren Zeitzyklen könnt ihr Ausschau nach Tragödien und physischen Gespenstern halten; bei den schnelleren Zyklen geht es mehr um zwischenmenschliches Karma. Das sind allgemeine Aussagen und wie immer bei Karma, gilt auch hier: Es gibt je nach Gruppe auch Ausnahmen.

[...] Im Allgemeinen funktioniert es folgendermaßen: Es gibt, was das Karma betrifft, drei Grundgruppen: die Gruppe 1–3, die Gruppe 4–6 und die Gruppe 7–9. Mehr als 9 gibt es nicht. Wenn ihr auf Menschen trefft, die in keinen dieser Wiederholungszyklen passen, sind das unter Umständen die seltenen Seelen, die über multiple Attribute verfügen und je nach Wunsch und Bedarf zu unterschiedlichen Zyklen gehören.

Menschen mit einem 1er-, 2er- oder 3er-Zyklus kommen mit einer entsprechend passenden karmischen Prägung, damit sie schnell viele, aber wirksame Lektionen lernen können. Diese eher häufig auftretenden Lektionen haben mit zwischenmenschlichem Miteinander zu tun. Ihr kennt solche Menschen, ihr Lieben, denn ihr seid von ihnen umgeben. Das sind Menschen, die die Attribute dessen klären müssen, was ihnen mit Menschen passiert ist, die sie missbraucht und misshandelt haben, aber auch mit Menschen, die sie selbst missbraucht und misshandelt haben. Sie haben in ihrem jetzigen Leben ernsthafte und anhaltende Probleme mit den Eltern oder Kindern, aber auch mit anderen Verwandten oder Freunden. Sie sind die ewigen Opfer oder haben das Gefühl, sie müssten um sich schlagen und sich rächen oder sich ständig verteidigen. Das ist die Art von Karma, die in der Gruppe 1–3 auftritt. Wie zu erwarten ist, ist die »Dosis« der Menschen mit einem 1er-Zyklus anders als die Dosis derjenigen mit einem 3er-Zyklus. Diejenigen in dieser Gruppe, die es schaffen, die karmische Prägung aufzulösen, engagieren sich höchstwahrscheinlich in spiritueller Hilfe für andere. Sie alle müssen die schwierige Lektion der Toleranz lernen, eine Lektion, die für alle Menschen schwierig ist.

Die Gruppe mit einem 4er-, 5er- oder 6er-Zyklus ist gleichmäßiger über alle Arten von Karma verteilt. Sie müssen sich nicht nur zwischenmenschlichen Situationen stellen, wie die Gruppe 1–3, sondern sind auch mit schwereren Geschehnissen konfrontiert. Diese Menschen müssen auch Lektionen lernen, die mit mehr Gewalt zu tun haben, meist Menschen gegen Menschen. Das sind vielleicht Menschen, die einen anderen im Namen Gottes verbrannt haben oder – noch schlimmer – anhand von Negativität andere Menschen kontrollieren. Oft sterben sie auf schreckliche Weise durch die Hand anderer Menschen. In dieser Gruppe gibt es viele Führungspersönlichkeiten, aber auch viele Menschenfreunde mit humanitärer Gesinnung. Ihre Hauptlektion besteht darin, Vergebung zu lernen – anderen und sich selbst gegenüber. Diese Gruppe umfasst mehr Menschen als die anderen.

Die Gruppe der Menschen mit einem 7er-, 8er- oder 9er-Zyklus bekommt das schwere Erdenkarma ab. Sie nehmen auch alle möglichen hohen Führungspositionen ein, sterben aber oft eines gewaltsamen Todes durch Unfälle wie Fallen, Verbrennen oder Ertrinken. Ihre Lektionen haben vor allem damit zu tun, die große Angst zu überwinden, die sie aufgrund solcher vergangener Ereignisse mit in dieses Leben gebracht haben. Die Angst ist so groß, dass sie in ihrem derzeitigen Leben oft unausgeglichen erscheinen.

Bei ihnen ist die Wahrscheinlichkeit einer geistigen Störung am höchsten – aber ebenso die Wahrscheinlichkeit, vollkommen ausgeglichen zu sein, und zwar weil sie so schwere Attribute mit sich herumtragen, dass die ein oder andere Art von »Action« erforderlich ist, um auch nur halbwegs normal leben zu können. Oft sind das, wie gesagt, Führungspersönlichkeiten, weil sie nach Macht streben, um ihre Angst unter Kontrolle halten zu können.

Kryon
(Antwort aus Kryon-Buch 2, »Denke nicht wie ein Mensch«, Kapitel 6)

Jetzt kennen Sie also die Zyklen Ihres persönlichen Karmas, und wir können uns mit Gruppenkarma beschäftigen. Kryon sagt dazu Folgendes:

Über Gruppenkarma gibt es Folgendes zu sagen: Es gibt ein anderes Attribut, das mit der »Energie-Buchhaltung« zu tun hat, denn es gibt auf diesem Planeten eine Gruppe von Menschen, die immer in derselben Gruppe bleiben muss; sie dürfen sich nicht verändern. Es ist wie ein Stapel aus Gruppenkarma, ein Anker bzw. ein Ausgangspunkt für das Gruppensystem. Wir nennen diese Gruppenmitglieder deshalb »die reinen Sterngeborenen«. Anders ausgedrückt: Diese Gruppe inkarniert immer wieder in derselben Gruppe (wer in diese Gruppe eintritt, verbleibt darin, bis er/sie sie verlassen möchte, und kommt dann auch nie wieder in diese Gruppe zurück). Die Gruppe ist so groß, dass sie überall auf dem Planeten verteilt ist, und diejenigen, die neu in diese Gruppe eintreten, verbleiben dort, solange sie möchten, und das wissen sie bereits im Vorfeld.

Nun, einige von euch haben bereits erraten, was das für eine Gruppe ist. Denn Kryon verweist so oft auf die Abstammungslinie der Juden. Diese Gruppe hat ein einzigartiges Attribut auf dem Planeten. Mein Partner ist nach wie vor voller Ehrfurcht für diese Abstammungslinie, und jetzt weiß er warum. Denn sie sind die reinen Sterngeborenen und haben in der ganzen Menschheitsgeschichte eine solch wichtige Rolle gespielt. Wer ein reiner Sterngeborener ist, trägt in sich die Attribute eines zweischneidigen Schwertes. Denn wer immer wieder in derselben Gruppe ist, stärkt sein Wissen darum, wie die Dinge funktionieren. Solche Menschen arbeiten ihre Lektionen durch, und wenn sie zurückkommen, tragen sie auf zellulärer Ebene das Wissen um ihre früheren Leistungen in sich. Dadurch entsteht Zusammenhalt, Weisheit und ein scheinbar ungerechter Vorsprung gegenüber jenen, die oft die Gruppe wechseln. Um das zu kompensieren, haben die reinen Sterngeborenen sich einverstanden erklärt, das schwerste Karma des Planeten auf sich zu nehmen.

Spirit schafft keine Hierarchie von Lieblingen. Die reinen Sterngeborenen werden genauso geliebt wie alle anderen, und sie nehmen keine Sonderstellung als Gottes Auserwählte ein, bis auf die Tatsache, dass sie ein reines Karma haben und damit anders sind als die anderen Menschen. Wir möchten euch auf ein interessantes biologisches Merkmal hinweisen: Der menschlichen Wissenschaft nach sind die Juden keine andere biologische Rasse von Menschen, aber sie handeln so, weil das auf der karmischen Ebene so ist. Das ist tatsächlich ihre große Abstammungslinie, denn sie haben mitgeholfen, den Planeten zu begründen, sie waren von Anfang an dabei. Darüber gibt es viel zu sagen. Eure Geschichte hat gezeigt, wie andere Gruppen auf diese reine karmische Gruppe reagieren, ebenso zeigt sich das an den Geschehnissen, die viele schwere Lektionen erzeugt haben – all das wurde von denjenigen geplant, die beschlossen, die reinen Sterngeborenen auf dem Planeten Erde zu sein.

Kryon
(Live-Channeling »Karma« aus Kryon-Buch 3, »Die Alchemie des menschlichen Geistes«, Kapitel 7)

Jetzt verstehen Sie Karma und seine Rolle hoffentlich besser. Und Lebenslektionen? Sie sind im Gegensatz zu Karma etwas viel Persönlicheres. Lebenslektionen können mit karmischer Energie zu tun haben, aber Sie werden sie nicht los, auch wenn Sie Ihr Karma außer Kraft setzen. Sie sind also tief gehender als Karma und gehören zu Ihrer individuellen Kernseele und nicht zu einer Gruppe. Sie werden, ähnlich wie Karma, von einem Lebensausdruck zum nächsten mitgenommen, aber auf andere Art und Weise.

Jeder Mensch hat mehr als eine Lebenslektion, und jeder Mensch kommt mit diesem »Überzug«. Wenn Sie Ihre Lebenslektion lernen, wird die Lösung ins nächste Leben mitgenommen und muss nie wieder gelernt werden. Die nachfolgende Liste führt typische Lebenslektionen auf. Sie haben nur etwas mit Ihnen zu tun, wenn das Ihrem Gefühl nach so ist. Umgekehrt gibt es viele Lektionen, die für Sie gelten, obwohl sie hier nicht mit aufgeführt werden. Jeder Mensch ist anders und hat seine eigene Liste »abzuarbeiten«.

Lerne zu lieben
Lerne zuzuhören
Lerne zu empfangen
Lerne, dich selbst zu lieben
Lerne, die Wahrheit zu sagen
Lerne, kein Opfer zu sein
Lerne, dich von niemandem definieren und beschränken zu lassen
Lerne, deine eigene Meisterschaft zu spüren
Lerne, mit anderen Menschen zu leben
Lerne, anderen nicht mehr die Schuld zu geben
Lerne, die Dualität hinter dir zu lassen [dein Karma aufzugeben]
Lerne, dich mehr um dich selbst zu kümmern als um andere

Jede Lebenslektion ist etwas zutiefst Persönliches. Lebenslektionen haben nichts mit der Familie, einem karmischen »Rhythmus« oder mit Gruppenenergie zu tun. Sie sind nur für Sie persönlich da, und Sie arbeiten daran wie mit Karma über mehrere Leben hinweg. Doch in der neuen Energie liegen sie auf dem Tisch und können gelernt werden. Ist das nicht eine großartige Nachricht? Ich höre schon, wie der ein oder andere fragt: »*Und wie finde ich heraus, was meine Lebenslektionen sind?*« Auch dazu hat Kryon hilfreiche Informationen durchgegeben.

Was ist eure Achillesferse? Auf was reagiert ihr am stärksten? Was ist eure Aufgabe? Manche von euch kamen mit einer starken Reaktion auf Autorität hierher, andere mit einem spirituellen Überzug. Eine Lebenslektion hat nichts mit Karma zu tun, sondern ist das große Thema, das sich oft aus dem entwickelt, was mit eurer Energie vorher passiert ist. Die Lebenslektion von manchen Menschen hat mit Überfluss und Fülle zu tun, bei anderen geht es »nur um die Liebe«. Was habt ihr für euch in Bezug auf die Liebe geschaffen: die Liebe zueinander, die Liebe zu euren Kindern, die Liebe zu euren Eltern? Was habt ihr für euch selbst erschaffen? Was ist die Lebenslektion? Wer seid ihr (wirklich)?

All das ist eurer DNA eingeprägt – eure Wahl, euer Muster, eure Erlaubnis. Ein Vertrag ist lediglich eine anfängliche Struktur. Es braucht einen Realitätsrahmen, in dem ihr leben könnt – einen Rahmen, den ihr verändern könnt, eben eine anfängliche Struktur. Hier kommt etwas, was wir noch nie ausgesprochen haben: Wenn ihr eure Realität verändert, verändert ihr auch alle euren Vertrag. Und der tiefgründigste Teil des Mitschöpfertums, das fehlende Teilchen, das ihr nie wirklich verstanden habt, besteht darin, dass ihr diesen Vertrag mit euch selbst abschließt! Es ist kein Prozess und erfordert nichts weiter, als dass ihr eure Realität »vorsätzlich« für euch einfordert und dann fordert, dass sie sich verändern möge. Es ist nur eine Anfangsstruktur. Deshalb ist es veränderbar!

Wer von euch gesagt hat: »*Ich habe einen Vertrag unterzeichnet und muss nun dies und das tun*«, hat missverstanden, was dieses »dies und das« ist. Wie viele Unterschriften stehen auf einem Vertrag? Zwei! Mit wem geht ihr den Vertrag ein? Mit euch selbst! Wenn ihr also eure Absicht bekundet, den Vertrag zu verändern, verändern sich beide Unterschriften gleichzeitig. Wir geben euch diese Metapher an die Hand, damit ihr versteht, dass ihr die Macht habt, den Weg, den ihr – wie ihr meint – für euch vorgezeichnet habt, zu verlassen und einen anderen Weg für euch zu entwickeln.

Kryon
(Live-Channeling »Das Gitternetz und die DNA«,
Breckenridge/Colorado, 14. Juli 2001)

Und was fangen Sie nun mit diesen Informationen an? Hoffentlich gewinnen Sie dadurch eine andere Sicht auf einige Ihrer derzeitigen Herausforderungen. Hier kommt der freie Wille ins Spiel. Sie haben die Wahl, Ihr Karma außer Kraft zu setzen; Sie können sich entscheiden, Ihre Herausforderungen zu durchlaufen und die Weisheit Ihrer Lebenslektionen zu lernen. Sie müssen nichts tun, wenn Sie es nicht wollen. Doch die meisten Menschen, die sich dafür entschieden haben, ihr Karma aufzugeben und an ihren Lebenslektionen zu arbeiten, wechseln in eine neue Schwingung, durch die in ihrem Leben Frieden geschaffen wird. Oft öffnen sie sich dadurch für eine ganz neue Ebene der Freiheit.

FRAGEN AN KRYON

Lemurien war das wichtigste »Bevölkerungszentrum« der Göttlichkeit. Die Juden tragen die reinen karmischen Attribute der Menschheit und die Samen der Menschheit in sich. Das würde bedeuten, dass viele Juden vielleicht auch Lemurier waren, aber nicht alle Lemurier ein Leben als Jude erfahren haben. Kannst du ein bisschen näher auf die Beziehung zwischen Lemuriern und Juden eingehen und die unterschiedlichen Rollen dieser beiden Gruppen aufzeigen?

Was den Zeitablauf angeht, hast du deine Frage schon selbst beantwortet. Ja, die Israeliten waren Lemurier, aber nicht alle Lemurier wurden zu Juden.

Ihr müsst die Zeit mit berücksichtigen. Lemurien existierte vor 20.000 bis 30.000 Jahren, doch die Geschichte der Juden ist relativ jung. Auch eine euch völlig verborgene Dynamik ist hier zu beachten, die bislang noch kaum erkannt worden ist.

Die Zivilisationen auf eurem Planeten haben vier Zyklen und »Neustarts« durchlaufen. Aus allen möglichen Gründen, die für einen sich entwickelnden Planeten ganz charakteristisch sind, habt ihr euch mehrere Male fast ausgelöscht und wieder von vorne angefangen.

Dieser vierte Neustart war wie die anderen ein ganz frischer Neuanfang, der mit einer Geschichte voller Kultur und mit Attributen angelegt wurde, die ganz anders waren als die der vorhergehenden Zyklen. Es gab also keine starke »Erinnerung« an das, was davor lag. Diese vierte Ära in der Geschichte wird von euch auf dem Planeten studiert und ist als Einzige von euren Historikern anerkannt.

Im Laufe dieser Geschichte wurde die karmische Struktur der Juden angelegt. Auch wenn sie behaupten, sie seien alt, so sind sie doch die neue und aktuellste Geschichte des Planeten. Wie wir euch schon gesagt haben, waren viele der ursprünglichen spirituellen Meister dieses Neuanfangs jüdische Meister; ihnen war eine gewisse »Reinheit« zu eigen, die für andere spürbar war. Jede Ära hatte so eine Gruppe (und das hat mit der DNA-Vorlage zu tun), die das in die Wege leitet und bewahrt.

Und wie ihr gesehen habt, wurden sie im Laufe der Geschichte verfolgt, getötet und gehasst für das, was sie in sich trugen. Im Aufschrei »Tod den Juden!« ist eine Botschaft verborgen, die besagt: »... und gebt uns die Vorlage, die sie in sich tragen!« In der Bundeslade befanden sich die Informationen über die Vorlage für die Menschheit.

Erkennt ihr allmählich die Problematik? Von der Knechtschaft in Ägypten über die Kriege mit anderen Kulturen bis hin zu Hitler waren die Juden Träger von etwas, was die anderen sahen und ihnen oft missgönnten beziehungsweise selbst haben wollten. Wir haben euch die hebräischen Namen der DNA[-Schichten] genannt. [Siehe Kryon-Buch 10: »Die 12 Stränge der DNA«.] Versteht ihr jetzt, warum?

Was geschieht mit unserer DNA bei der Geburt?

Das scheint eine wunderbare Frage zu sein, die potenziell neue Informationen enthüllen könnte. Doch in Wahrheit ist der menschliche Körper ein wunderschönes Instrument von Quantenpotenzialen. Auch die Neugeborenen kommen mit einer vollständigen Merkaba an (das ist das Quantenfeld der menschlichen DNA). Biologie ist also Biologie, und die DNA wird entsprechend dem Szenario reproduziert, das vor der Geburt des Kindes existierte.

Zum Zeitpunkt der Geburt sind die Vorlagen bereits angelegt, und die Akasha ist schon aktiviert und geplant. Die Frage würde deshalb besser lauten: »Was geschieht vor der Geburt?«, was ja bereits vorhin besprochen wurde.

Wenn Karma der Mechanismus war, durch den die Schwingung des Planeten erhöht wurde, was geschieht dann, wenn alle Seelen auf dem Planeten ihr Karma aufgegeben haben? Erreicht der Planet dann den Aufstiegsstatus?

Nein. Es bedeutet nur, dass alle Menschen auf dem Planeten erkennen, dass sie keine Energien der Vergangenheit in Anspruch nehmen müssen, um vorwärtszukommen. Es ist also eigentlich ein Hinweis auf spirituelle Bewusstheit und Reife. Vom Übungsfahrrad werden sozusagen die Stützräder abgenommen. Es ist eine Art der Ermächtigung, aber der Mensch wechselt dadurch lediglich in einen Zustand eines stärkeren freien Willens.

Karma ist eine Vorlage alter Energie, die Erfahrungen aus vergangenen Leben heranzieht, um Energien für ein neues Leben aufzusetzen. Wenn ihr euer Karma aufgebt, besagt das, dass ihr bereit seid, »selbst das Ruder in die Hand zu nehmen«; ihr müsst keine Verträge aus der Vergangenheit mehr erfüllen oder »Überbleibsel« aus der Vergangenheit durcharbeiten. Man könnte auch sagen, dass das Aufgeben des Karmas der erste Schritt hin zu spiritueller Weiterentwicklung ist. Aber von nun an müsst ihr auch lernen, ohne dieses Karma zu leben. Das ist für manche schwierig, denn jetzt sind sie mit der wahren Herausforderung konfrontiert.

Karma ist also nur ein Teil dessen, was die Schwingung der Erde erhöht, und hat in einem älteren Zeitrahmen funktioniert. Inzwischen seid ihr weiter fortgeschritten und reif für ein viel klareres und höher entwickeltes System des freien Willens. Alte Seelen erkennen das als Erste und räumen mit ihrem Karma auf.

Was geschieht, wenn Menschen ihr Karma aufgeben, mit den anderen Menschen in ihrer karmischen Gruppe, die sich entscheiden, ihr Karma weiterhin zu tragen? Wie wirkt sich das auf sie aus?

Zwischenmenschliche Beziehungen sind der Katalysator für den Aufstieg und die Reife des Planeten. Ohne zwischenmenschliches Arbeiten miteinander passiert gar nichts. Ich möchte das klarstellen. Wenn alle, die ihr Karma aufgegeben haben, sich in ihre spirituelle Schublade zurückziehen und da nie herauskommen würden, würde sich die Erde überhaupt nicht verändern. Der »Generalmotor« des Erdenwandels ist der Wandel des menschlichen Bewusstseins. Und das heißt: Die wenigen beeinflussen die vielen, und die vielen haben dann die freie Wahl, sich auch zu verändern oder eben nicht.

Durch das Aufgeben von Karma entsteht Ausgewogenheit, und ein ausgeglichener und freudvoller Mensch kann in seinem Leben Synchronizitäten erzeugen und auch einen sicheren Hafen für Freunde und andere Menschen schaffen, die sich gern in der Nähe eines »ausgeglichenen Wesens« aufhalten. Ausgewogenheit ist etwas Attraktives! Egal, wie viel Drama in euren Fernsehshows abläuft – aktiv würdet ihr euch nicht für dysfunktionale Verhältnisse entscheiden, denn das verkürzt das Leben, und ihr würdet es in Elend und Unglück leben. Wer dysfunktional lebt, lebt im Chaos, und das führt zu psychischem Stress. Die Menschheit sucht Balance und vernünftige Lösungen für ihre Alltagsprobleme.

Ein Axiom der Spiritualität und des gütigen universalen Designs besagt, dass *Bewusstsein immer nach mehr Balance und Ganzheitlichkeit strebt*. In der Physik ist es genauso, das habe ich euch ja schon gesagt. Bewusstsein ist sozusagen »gütig und wohlwollend veranlagt«. In der Geschichte der Erde ist davon nicht viel zu sehen, denn die Menschen haben einen freien Willen und können sich entscheiden, diese Balance und gütige Veranlagung zu finden oder auch nicht. Bislang wart ihr im Überlebensmodus, und eure Zivilisation hielt nicht viel vom Teilen. Sie hat sich einfach das genommen, was sie wollte. Das verändert sich gerade, denn die menschliche Natur »wird erwachsen«.

Um nun deine Frage zu beantworten: Ihr müsst mehr über eine »karmische Gruppe« wissen. Eure karmische Gruppe ist so wie Karma einfach eine Art Anordnung, um euch herumzuschubsen, wenn ihr auf die Erde kommt. [Kryon lächelt.] Wenn ihr euer Karma aufgebt, sendet ihr auch ein Signal an die Mitglieder eurer karmischen Gruppe, dass ihr euch auch von all den um sie herumschwirrenden Energien »abklemmt«, denn ihre karmischen Attribute sind immer mit den euren verknüpft, deshalb sprechen wir von »Gruppen-Karma«. Die direkte Antwort auf die Frage »Wie wirkt sich das auf sie aus?« lautet also: Ihr Karma wird überhaupt nicht davon beeinflusst. Doch eure Veränderung zieht ihre Aufmerksamkeit auf sich, denn ihr steigt aus. Das verändert oft ihr Verhalten, denn in vielen Fällen müssen sie mit eurer neuen Situation umgehen. Wenn sie ein ausgeglicheneres, produktiveres und freudvolleres »Selbst« sehen, zieht sie das an – oder auch nicht. Sehr oft wollen sie sich von euch distanzieren. Aber manchmal sind sie doch so sehr interessiert, dass sie euch fragen, was ihr denn eigentlich gemacht habt. Und dann könnt ihr mit ihnen das Wissen um die wunderschöne *Verbindung mit dem inneren Gott* teilen. Das ist das Prinzip »Sein Licht miteinander teilen«. Sie sehen euer Licht und fühlen sich davon angezogen (oder nicht). Aber falls euch das aufgefallen ist: Sie können es nicht einfach ignorieren, insbesondere wenn es Familienmitglieder sind. Viele werden davonlaufen, aber ein paar werden bleiben.

Meine Frage an dich lautet also: Welche Art von Mensch bist du geworden, falls du dich dazu entschieden hast, dein Karma aufzugeben? Bist du umgänglicher geworden, oder bist du einfach davongegangen und in die Schublade der »Leute ohne Karma« geklettert? Wenn sie dich weggestoßen haben, dann ist das ihr Problem, und es ist richtig, dass du dich von ihnen fernhältst. Doch wenn sie ganz blockiert dasitzen und versuchen, Kontakt zu halten, dann bist du gefordert, Ausgeglichenheit, Geduld und bedingungslose Güte gegenüber ihrem »inneren Gott« zu zeigen. Geh aus deiner Schublade heraus und zeige ihnen deine Ausgeglichenheit.

Wenn neue Seelen auf den Planeten kommen, stehen sie ja ganz am Anfang und haben deshalb noch keine Akasha-Chronik und auch kein Karma. Was treibt sie dann an und welche Möglichkeiten haben sie, ihre Schwingung zu erhöhen?

Die neuen Seelen sind noch unschuldig und haben keine Ahnung, wie es hier auf dem Planeten läuft. Ohne karmische Prägung lassen sie sich ein bisschen treiben und sind bei allem unentschlossen. Sie sind noch nicht reif genug, um zu wissen, wie das »normalerweise so läuft«, denn sie haben noch keine »Normalität« erfahren.

Doch jeder Mensch wird von der ursprünglichen Vorlage getrieben, welche die Biologie der Samen [der Plejadier] enthält. Und diese Vorlage versucht, in allem das Schöne zu sehen und Lösungen gegen Unausgewogenheiten zu finden. Doch genau das löst oft Verwirrung und Angst aus, denn was sie um sich herum sehen, hilft ihnen nicht wirklich weiter! Sie erwarten »A«, und die reiferen (und zynischeren) Menschen geben ihnen »B«.

Sie verstehen die »Regeln des Lebens auf der Straße« nicht, stolpern und fragen sich dann, was denn passiert ist. Sie sind sensibel und sehr verletzlich. Sie haben noch keine »Erdenschläue« entwickelt. Sie werden auch als »Neulinge« oder »Anfänger« bezeichnet und fallen in der Gesellschaft durch ihre Ahnungslosigkeit auf. Doch manchmal werden sie auch kreativ, weil sie es satt haben, zu anderen einen Draht aufbauen zu müssen. Oft sind das Künstler oder Musiker – nicht unbedingt die besten, aber auf der Suche nach Schönheit um jeden Preis. Auch von organisierter Religion fühlen sie sich sehr angezogen, denn das ist einfach, schön und lässt sie die Liebe Gottes im Rahmen einer vorhandenen Struktur spüren – eine hübsche, bequeme Schublade in der fremden Wildnis der Logik und des Lebens. Sie müssen also erst einmal ein paar solcher Leben hinter sich bringen, bis ihre Akasha »Erd-Erfahrung« aufgebaut hat; dann beginnen sie, mehr Ausgewogenheit in ihr Leben zu bringen.

Habt ihr übrigens bemerkt, wer besonders »erdenschlau« ist? Die Juden auf dem Planeten. Aufgrund ihrer reinen karmischen Gruppe inkarnieren sie, wie gesagt, als Einzige immer wieder in derselben Gruppe. Andere Menschen sind mal hier, mal dort, doch die jüdische Abstammungslinie ist karmisch rein. Einmal ein Jude, immer ein Jude, bis der Mensch aussteigen will. Aber dann kann er auch niemals mehr wieder »einsteigen«. Deshalb wissen die Juden, »wie das alles läuft«. Ist euch das aufgefallen, überall auf der Welt? Sie führen die Geschäfte und haben die Zügel in der Hand. Das zeigt, wovon ich hier spreche. Und natürlich war das von mir politisch unkorrekt. Ich habe eine Wahrheit aufgezeigt, die besagt, dass ihr nicht alle gleich geschaffen seid.

Die einseitige, voreingenommene menschliche Betrachtungsweise lässt viele Leute glauben, es gäbe hierarchische Lernstufen. Wie werden Lebenslektionen gewählt? Machen wir damit Fortschritte? Und kommen wir je an einen Punkt, wo wir keine Lebenslektion mehr zu lernen haben?

Das mit der Einseitigkeit und Voreingenommenheit des Menschen stimmt. Euer Gehirn lernt auf diese Weise, und deshalb erwartet ihr, alles Spirituelle funktioniere auch so. Das ist die »Voreingenommenheit«, das sind die Scheuklappen, von denen ja schon die Rede war. Das ist ganz normal und überall auf der Welt so.

Lebenslektionen sind komplex und werden zusammen mit anderen Seelen geplant, und zwar dann, wenn ihr *nicht* auf dem Planeten seid. Zwei Dinge sollten euch dabei klar sein: 1) Karma ist ein Gruppenattribut, und 2) Lebenslektionen sind das Attribut eines einzelnen Menschen. Niemand hat also eine Lebenslektion mit einer Gruppe gemeinsam. Gruppenkarma ja, aber keine Lebenslektion, das ist etwas Singuläres.

Bevor ihr hierherkommt, wählt ihr euch Lebenslektionen aus, die euer Leben verbessern, wenn ihr daran arbeitet. Ihr könnt euch frei entscheiden, auch nicht daran zu arbeiten! Kennt ihr Leute, die immer wieder im selben Problem feststecken? Ihr seht bei ihnen deutlich, dass es nicht funktioniert, und sagt ihnen das womöglich auch. Sie nicken zustimmend, und dann machen sie genauso weiter. Oft geht es ihnen dabei schlecht, und ständig erzählen sie anderen, sie würden es einfach nicht schaffen. Bei ihnen hat das Drama die Oberhand, ständig passiert etwas. Sie lösen das eine Problem, und schon taucht das nächste auf.

Worin besteht die Lebenslektion einer solchen Person? Darin, aus dem Drama auszusteigen. Ganz einfach. Aber irgendwie ist das auch so eine Art Komfortzone, und sie werden das Risiko, das Drama aufzugeben, nicht eingehen, aus Angst, sie müssten sich dann selber anschauen, ohne sich an der »Krücke« dieser ganzen Dramen festhalten zu können. Und das nächste Mal geht es bei ihnen wahrscheinlich um dieselbe Lektion. Sie wiederholt sich so oft, bis sie schließlich gelöst wird. Das hat nun tatsächlich etwas mit Karma zu tun, denn sie ziehen Leute an, damit ihnen in einer Gruppe mit ihren Lebenslektionen geholfen wird. Es hat mit karmischen Interaktionen zu tun, aber das Problem ist etwas Individuelles.

Wenn ihr euch eurer Lebenslektion bewusst seid, dann könnt ihr daran arbeiten; das kommt oft einer Revolution gleich. Dinge verändern sich auf der Stelle, denn Bewusstheit der Themen und Probleme ist der Schlüssel zu Lösung oder Veränderung. Ihr denkt dann anders, wählt euch andere Freunde und erzeugt die Ausgeglichenheit, die ihr euch wünscht.

Dieser Prozess hat keine Stufen. Bewusstes Gewahrsein hat keine Leiter und ist nichts Lineares. Jeder Mensch lenkt den Fokus auf seine eigene Weise auf seine individuelle Lektion; das ist übrigens ein Grund dafür, warum es so schwierig ist, das zu lehren. Doch wenn der Mensch sich seiner Lebenslektion »voll bewusst« ist, hat er den ersten und größten Teil der Aufgabe schon gelöst – nämlich erst mal »herauszufinden, was die Lebensaufgabe überhaupt ist«. Der zweite Teil besteht dann darin, seine eigenen Lösungen umzusetzen. Wenn eine Lebenslektion erst einmal identifiziert ist, ist der schwierigste Teil geschafft! Das Arbeiten daran dauert, nun ja, ein Leben eben (es ist schließlich eine *Lebens*aufgabe).

Der Prozess: Lebenslektionen ergeben sich aus vergangenen Erfahrungen und dem, woran ihr arbeiten müsst, um ausgeglichener und freudvoller zu sein. Wenn ihr die Lektionen erst einmal identifiziert habt und daran arbeitet, können sie erneut auftreten, um weiter bearbeitet zu werden, oder ihr wendet euch einer anderen Aufgabe zu. In dieser Kette gütiger Selbsthilfe geht ihr nie rückwärts. Bei diesem System geht es immer um Vollendung und Balance; es hat Güte und Wohlwollen im Sinn.

Du hast gesagt, es seien immer Meister auf dem Planeten, und das habe mit einem energetischen Gleichgewicht zu tun. Du hast auch gesagt, alle Meister, Avatare und Propheten seien nun als direktes Resultat der Bewusstseinsveränderung der Menschen im Kristallgitter auf die Erde zurückgekehrt. Kannst du näher darauf eingehen und erklären, wie das funktioniert? Und wenn ein Mensch einmal ein Meister war, verfügen dann alle seine nachfolgenden Inkarnationen über dieselbe hohe DNA-Effizienz?

Die Antwort ist womöglich schwer zu verstehen, denn dazu ist eine nicht lineare Logik vonnöten. Die Menschen denken nicht über die Singularität hinaus. Alles in eurem Leben ist singulär: ein Körper, eine Seele, ein Leben, ein Gehirn. Euer Bewusstsein ist isoliert, ihr teilt es nicht miteinander. Wenn ihr in den Spiegel schaut, seht ihr einen Körper, der die Chemie und Lebenskraft eures ganzen Lebens enthält. Dass es etwas außerhalb eurer Haut geben könnte, was ebenso »ihr« seid, ist euch nicht bewusst. Und wenn ihr so etwas sehen würdet, würdet ihr gleich zum Psychiater rennen: *»Herr Doktor, ich höre Stimmen aus dem Jenseits!«* Alles ist also mit den »Scheuklappen« der Singularität behaftet. Deshalb wird Channeling übrigens sofort mit Misstrauen beäugt. Es passt nicht in die Schublade eurer Voreingenommenheit.

Alle Seelen sind Teil der »Gottessuppe«. Wenn ihr nicht hier seid, dann ist euer am meisten geschätzter Kern, der – wie ihr meint – euer »Ich« ist, Teil einer nicht linearen, multidimensionalen Energie, die ihr *Gott* nennt; ein Teil der Schöpferquelle des Universums, getrennt und doch zusammen. Wir nennen das »Suppe«, weil das etwas ist, was ihr kennt und womit wir Vergleiche ziehen können. Eine Suppe hat unterschiedliche Bestandteile oder Zutaten, die für sich alleine standen, bevor sie in die Suppe wanderten. Doch sobald sie erst einmal miteinander vermischt sind, sind sie Teil des Ganzen. Sind in einer Suppe immer noch einzelne Zutaten? Jawohl. Sind sie verändert worden? Eigentlich nicht, aber sie sind jetzt mit allem *vermischt*.

Ihr seid also nichts anderes als die Meister der Erde. Eure Seele und ihre Seelen sind Bestandteile der Suppe. Das kommt zu dem Thema hinzu, welches für einen Menschen extrem schwer zu verstehen ist – ein Teil eures Höheren Selbst, euer Kern, ist nicht bei euch, sondern in der Gottessuppe auf der anderen Seite des Schleiers. Eigentlich seid ihr also nicht wirklich ganz hier »von dieser Welt« (ich denke, der ein oder andere auf dem Planeten stimmt mir da zu).

Und jetzt kommt etwas, was euch wünschen lässt, ihr könntet gleich zur nächsten Frage übergehen ... »*Das ist zu schwierig, Kryon!*« Die Gottessuppe ermöglicht es, dass Seelenteile, wenn sie in 3-D sind, aufgespalten werden können. Habt ihr euch schon mal gefragt, wie es sein kann, dass so viele Leute behaupten, sie wären jemand aus der Vergangenheit und dazu noch dieselbe Person? Wie kann Georg *Beethoven* sein und Maria auch (so behauptet sie)? Das Seltsame daran ist: Beide verfügen über erstaunliche Attribute dieses musikalischen Meisters aus der Vergangenheit! Wer hat also recht? Beide! (Ich habe euch ja gesagt, dass das schwierig wird ...)

Die Menschen haben kein Problem mit einem Gott, der überall gleichzeitig sein kann, sich Millionen von Gebeten gleichzeitig anhört und im Herzen eines jeden Menschen wohnt. Wir nennen das das »Weihnachtsmann-Syndrom«. Bei Gott und dem Weihnachtsmann ist das okay, aber wenn es um euch selbst oder um verstorbene Menschen geht, da zieht ihr die Grenzlinie. Aber das geht nicht! Auch für euch trifft das zu, denn auch ihr seid Teil der multidimensionalen Gottessuppe.

Die menschliche Seele ist durchtränkt vom gütigen System der »Vollendung«. Es gibt kein Zurück, keine Rückkehr in einen niedrigeren Schwingungszustand. Doch bis vor Kurzem war eine Rückkehr möglich, wenn man sich dieses Zustands nicht bewusst war und, aus freiem Willen, ihn nie erkannt hat. Doch das verändert sich, und jetzt verfügen viele alte Seelen bei ihrer Geburt über viel mehr Bewusstheit. Da ist die neue Energie am Werk.

Teile der vergangenen Meister des Planeten sind in *allen* drei Gitternetzen, im Magnetgitter, im Kristallgitter und in Gaia. So lautete die Prophezeiung schon immer, meine Lieben, oder etwa nicht – sie lautete schon immer, dass sie eines Tages zurückkommen und der Erde helfen würden, oder? Das passiert gerade! Wieder einmal haben die Menschen eine Metapher hergenommen und sie linearisiert bis zum Gehtnichtmehr. Sie nahmen an, diese Meister würden mit Haut und Knochen, einem Gesicht, einem individuellen Körper und einer Stimme zurückkehren. Die erweiterte Wahrheit haben sie nicht erkannt: nämlich dass alle Meister auf einmal zurückkehren, wenn die Schwelle des Jahres 2012 überschritten ist – und genau das ist passiert. Ich frage alle, die diese Zeilen lesen: Könnt ihr es nicht spüren? Könnt ihr nicht ein Lied davon singen? Ihr Energiearbeiter, benutzt eure Intuition und Sensibilität jenseits von 3-D! Könnt ihr nicht ein Lied davon singen?

Kannst du den Unterschied zwischen den beiden folgenden Menschen erklären: Der erste Mensch (A) erwacht spirituell. Er findet seinen inneren Gott und versteht den Kreislauf des Lebens. Er praktiziert Meisterschaft im Alltag, bringt Liebe und Mitgefühl seinen Mitmenschen gegenüber zum Ausdruck. Der zweite Mensch (B) ist nicht spirituell erwacht. Er behauptet, er sei ein Ungläubiger. Er lebt seinen eigenen moralischen Regeln gemäß, und sein tägliches Leben ist voller Liebe und Mitgefühl seinen Mitmenschen gegenüber.
Beide Menschen bringen also anderen Liebe und Mitgefühl entgegen, doch der eine ist sich des inneren Schöpfers bewusst, der andere nicht. Heben sie die Schwingung des Planeten in unterschiedlichem Maß? Wie unterscheidet sich der nächste Lebensausdruck dieser beiden Menschen?

Wunderbar! Was für eine wunderbare Frage, denn sie zeigt ein »verborgenes« Prinzip auf, nach dem nur selten gefragt wird.

Beide Menschen praktizieren »mitfühlendes Handeln« in ihrem Leben. Aber habt ihr euch jemals Gedanken gemacht, wie der Mensch B auf die Idee kam, in seinem Leben Liebe und Ausgeglichenheit zum Ausdruck zu bringen? Woher kam diese Idee? Und die Antwort lautet: Aus seiner Akasha; er war früher schon einmal zum Prinzip der Ausgeglichenheit erwacht.

Hier sei Folgendes angemerkt: Reife und Ausgeglichenheit entstehen nicht in einem Vakuum, sie kommen nicht von ungefähr, sondern durch Erfahrung und Lernen. Doch typischerweise trägt dieser Mensch in seiner Akasha auch die »Samen der Urangst« vor der Spiritualität. Dieser Mensch muss nie mehr als »nett« sein, um auf dem Planeten ein Gefühl der Ausgeglichenheit zu erreichen. Er hat *nicht* den Wunsch, dieses Buch zu lesen, und vielleicht braucht er das auch nicht. Und doch könnte in seiner Akasha ein früherer Schamane sitzen.

Doch beim Menschen A geht es um mehr als um bloßes mitfühlendes Handeln. Er sucht aktiv die Verbindung mit seinem Höheren Selbst über das Portal in seiner Zirbeldrüse. Und deshalb ist er in Kontakt mit der »Suppe«. Diese Gottessuppe ist die Schöpferquelle und arbeitet mit den Gitternetzen, den Zeitkapseln und all den anderen Dingen, die ihr hier studiert, zusammen. Deshalb kann Mensch A über diese Verbindung »aufgerüstet« werden, er kann seine eigene Schwingung erhöhen, Mensch B nicht. Mensch B läuft auf Batterie, wird von einer Speicherquelle mit »Strom« versorgt und ist statisch. Mensch A ist mit der Hauptquelle verbunden und ist dynamisch. Doch beide heben die Schwingung des Planeten auf ihre Weise.

Kannst du den Unterschied zwischen einer alten Seele und einer erwachenden Seele erklären? Du hast schon gesagt, dass eine alte Seele oft eine Generation überspringt, was erklärt, warum Eltern mit alten Seelen keine Kinder mit alten Seelen haben, aber die Enkel dann wieder alte Seelen sind. Kannst du erklären, wie das funktioniert, denn ich habe schon oft sehr erleuchtete Eltern auf den Kryon-Treffen gesehen, die zusammen mit ihren Kindern da waren.

Dieses Überspringen einer Generation ist ein komplexes Thema, und vieles folgt scheinbar nicht dieser Regel. Auf die einfachste Form heruntergebrochen, liegt das daran, dass es für Eltern sehr schwierig ist, ihren Kindern gute »Freunde« zu sein. Großeltern dagegen haben damit überhaupt kein Problem.

Das System arbeitet also mit diesem ganz normalen Problem, um die Fähigkeiten als spiritueller Lehrer zu stärken. Großeltern fällt es viel leichter, ausgeglichen und mitfühlend zu sein, als einer Mutter oder einem Vater. Elternsein steht dem immer im Weg, Eltern versuchen schließlich, das Kind am Leben zu erhalten! Überlebenstraining erzeugt eine Hürde und Abgrenzung zu den nicht so heftigen Themen. Der Soldat wendet sich nicht an seinen Ausbilder und fragt ihn in Liebesangelegenheiten um Rat, seinen Zugführer vielleicht schon.

Um dieses Überspringen einer Generation zu unterstützen, werden also unterschiedliche Grade des Erwachens zugewiesen. Es gibt allerdings keine quantitative Definition einer *alten Seele*. Eigentlich geht es um unterschiedliche Grade von Erwachen im Laufe vieler Lebenszeiten und um zwei Arten von Lehrern (die Eltern und die Großeltern). Diese »Familienregel« ist also sehr allgemein. Manchmal sind die Kinder »ältere« Seelen als die Eltern, aber beide sind »alte« Seelen.

Seht ihr, wie komplex und schwer erklärbar dieses System bzw. die Beteiligten sind? [Kryon lächelt.]

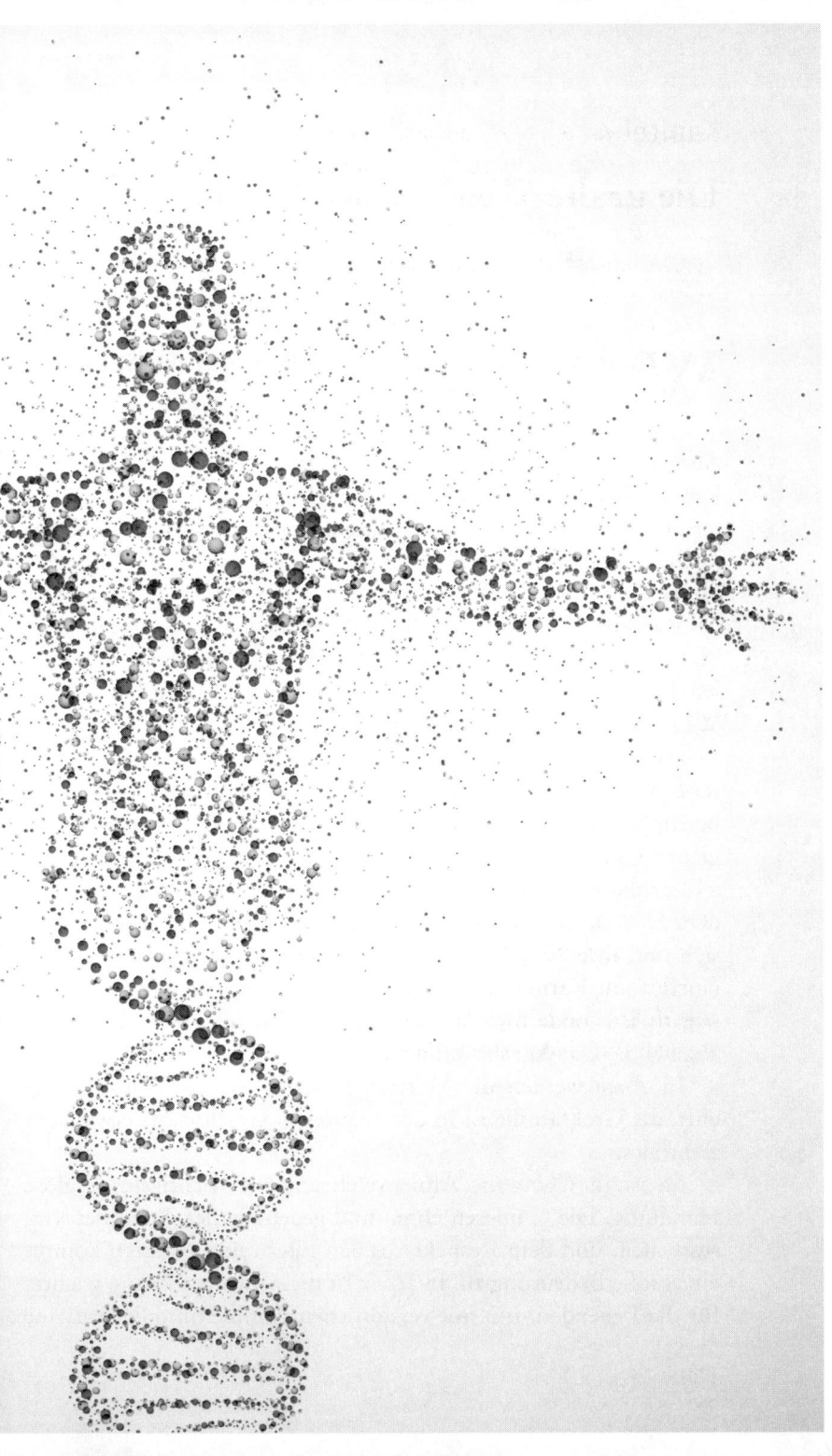

Kapitel 4

Die uralte Weisheit der Akasha

Was bedeutet »alte Akasha-Weisheit« eigentlich? Worauf bezieht sie sich?

An vielen Plätzen auf der ganzen Welt ist die Verehrung der Ahnen ein integraler Bestandteil des sozialen und religiösen Lebens. Fast alle indigenen Kulturen ehren ihre Ahnen. Die Geister der Ahnen sind Teil von all ihrem Tun. Sie hegen große Wertschätzung für ihre Ahnen, ehren ihre Vorfahren, so wie schon ihre Großmütter und Großväter vor ihnen es taten.

Wie ein Blick auf die ältesten spirituellen Systeme auf dem Planeten (beispielsweise den Buddhismus und Hinduismus) zeigt, werden die Ahnen von jeder nachfolgenden Generation verehrt. Wenn ein Buddhist oder Hindu bestimmte Taten vollbringt, zum Beispiel in seinem Leben anderen dient, meditiert oder auf Pilgerreise geht, kommen gemäß ihrem Glauben diese Verdienste auch bereits verstorbenen Familienmitgliedern zugute. Diese Taten, so glauben sie, helfen ihren verstorbenen Lieben, der Erleuchtung näherzukommen, wodurch wiederum die Lebenden gesegnet werden. Und sie glauben, die gegenwärtig lebende Generation könne sich und ihre Vorfahren dadurch von negativem Karma befreien (auch wenn Karma, wie uns Kryon gesagt hat, nicht positiv oder negativ ist, sondern einfach eine Akasha-Energie; siehe dazu auch Kapitel 3: »Das Akasha-Erbe«).

In *Asien* werden die Verstorbenen in diversen Kulturen verehrt, die Großfamilie ist in der asiatischen Gesellschaft etwas sehr Zentrales.

So ist in *China* die Ahnenverehrung die wichtigste religiöse Handlung. Die Chinesen ehren und gedenken der Taten der Verstorbenen, und dem Respekt vor den Eltern und Ältesten kommt eine große Bedeutung zu. In *Japan* ist die Ahnenverehrung wichtig für die Lebenden, um mit verstorbenen Familienmitgliedern eine spirituelle Verbindung zu spüren und die Fortdauer der Familienlinie zu sichern. In *Korea* gibt es ebenfalls diverse Riten zur Ehrung der Verstorbenen. Viermal jährlich werden an wichtigen Feiertagen Tee-Riten zelebriert; im Familienhaushalt werden am Vorabend des Todestages eines Vorfahren Riten abgehalten. Für Vorfahren, die schon fünf oder noch mehr Generationen in der Vergangenheit gelebt haben, werden saisonale Riten ausgeführt. In *Vietnam* ist der Todestag von Verstorbenen ein wichtiger Termin. Oft versammeln sich die Familienmitglieder zu einem Bankett zum Gedächtnis der oder des Verstorbenen. Es werden Räucherstäbchen abgebrannt und Opfergaben auf dem Ahnenalter dargebracht. Auch anlässlich von wichtigen traditionellen oder religiösen Feiern werden Opfergaben dargebracht, ebenso wenn jemand aus der Familie einen guten Rat benötigt. Auch in *Indien* ist die Ahnenverehrung gang und gäbe. Wenn jemand stirbt, werden viele Rituale ausgeführt, und die Familie zollt der oder dem Verstorbenen Tribut/Respekt. Am Todestag wird dann das Ritual jedes Jahr wiederholt. Es gibt zudem Rituale, mit denen die Familie aller Vorfahren gedenkt und Opfergaben darbringt. Auf den *Philippinen* war bis Anfang des 20. Jahrhunderts, als die amerikanischen Missionare ankamen, die Ahnenverehrung überall verbreitet. Das reiche Kulturerbe der Stämme der nördlichen Philippinen wird in Museen bewahrt; beispielsweise gibt es geschnitzte Ahnenbilder, die im Gedenken an die Vorfahren verehrt wurden. In *Thailand* werden die Geister der Ahnen mit diversen religiösen Zeremonien geehrt. Respekt vor den Vorfahren ist ein wichtiger Bestandteil der religiösen Praxis, und es gibt eine stark ausgeprägte soziale Hierarchie. Die Älteren bestimmen hierbei über Familienentscheidungen und Zeremonien.

Ahnenverehrung ist auch in ganz *Afrika* verbreitet. Viele afrikanische Gesellschaften glauben, die Ahnen, Geister und Götter leben in einer anderen Welt und haben Einfluss auf das Leben der Lebenden. Bei wichtigen Ereignissen im Leben werden in Zeremonien die Ahnen angerufen; die Anwesenheit der Vorfahren bringt Schutz und Glück. Die Geister der Ahnen wohnen – wie man glaubt – an Plätzen, wie zum Beispiel Bäumen, Felsen oder Frischwasserquellen. Manchmal werden für die Ahnen auch Schreine errichtet.

Vielen *westlichen, auch europäischen Kulturen* ist das Konzept der Ahnenverehrung hingegen fremd. Der Begriff »Vorfahren« wird in einem eher engeren Sinn mit der unmittelbaren Familienabstammung assoziiert. Man denkt dabei womöglich sogar eher an die »Leichen im Keller« bzw. »schwarzen Schafe«, also an verstorbene Familienmitglieder mit einem schlechten Ruf.

Ich habe nie an einer Zeremonie zur Ehrung der Ahnen teilgenommen. Ich habe sie nie um spirituelle Führung und Unterstützung angerufen. Hätte mir jemand erzählt, er oder sie habe Kontakt mit seinen Vorfahren aufgenommen, hätte ich das mit einem Medium oder einer Séance in Verbindung gebracht. Kommunikation mit den Ahnen hatte in meiner Wirklichkeit keinen Platz.

Und Sie? Was denken Sie, wenn jemand davon spricht, die Ahnen zu ehren?

Während meiner Schulausbildung wurde mir auch einiges Wissen über die Kultur der *Aborigines* vermittelt. Als junge Frau war ich jahrelang mit einem Aborigine zusammen, tauchte in seine Kultur ein und wurde Mitglied seiner Großfamilie. Dadurch gewann ich Einblicke in das reiche Gewebe der verwandtschaftlichen Verhältnisse in Aborigine-Familien, was für mich später sehr nützlich war.

Mitte der 90er-Jahre begann ich, als Ranger zu arbeiten. Die Einbeziehung der Aborigines-Kultur in die Arbeit der Nationalparkverwaltung war dabei zwar immer wichtig, aber ich arbeitete nicht direkt mit Ureinwohnern zusammen.

Seit damals hat sich einiges verändert. Inzwischen werden in den Nationalparks auch Ureinwohner beschäftigt, und man erkennt an, dass die Ureinwohner die traditionellen Eigentümer des Landes sind. Die Stammesältesten werden auch verstärkt als Berater in die Parkverwaltung mit einbezogen. Noch gibt es viel zu tun, aber zumindest ist ein Anfang gemacht.

Fast alle indigenen Gruppen haben eine tiefe Beziehung zur Natur und verfügen über ein tiefes Verständnis ihrer Umwelt, das weit über das hinausgeht, was ich auf der Universität bzw. bei meiner Umweltschutzarbeit gelernt habe. Diese tiefe Verbindung zur Natur spüre auch ich. Für die indigenen Völker ist die Natur mehr als nur das Wissen über Pflanzen und Tiere … Die Natur ist das Leben, wie es von Mutter Erde – Pachamama oder Gaia – repräsentiert wird.

Ich habe mich schon oft gefragt, warum die Weisheit und das Wissen der indigenen Kulturen in unserer schnelllebigen modernen Welt keinen Platz hatten. Viele unserer indigenen Brüder und Schwestern in aller Welt wuchsen in einer Gesellschaft auf, die ihrer von einer Generation zur nächsten weitergegebenen Weisheit keine große Wertschätzung entgegenbrachte. Viele Angehörige indigener Völker leiden unter einem geringen Selbstwertgefühl. Laut Statistik haben sie oft die niedrigste Lebenserwartung, leiden am häufigsten unter Herzerkrankungen, Schlaganfällen, Krebs und Diabetes, haben die höchste Kindersterblichkeit und das niedrigste Familieneinkommen.

Langsam verändert sich das menschliche Bewusstsein und erkennt die indigenen Völker als die Bewahrer der Weisheit der Erde. Indigene Völker überall auf dem Planeten verehren Gaia, und alle verehren sie die Ahnen. Wie sie intuitiv wissen, sind sie selbst ihre eigenen Ahnen. Sie verstehen den Kreislauf des Lebens. Durch die Ehrung der Ahnen gelangen sie mit ihren eigenen Akasha-Erinnerungen in Verbindung. Sämtliche indigenen Zeremonien, an denen ich mittlerweile weltweit teilgenommen habe, begannen immer mit der Ehrung der Ahnen.

Ich habe an mehreren heiligen Zeremonien mit der hawaiianischen Priesterin Kahuna Kalei'iliahi teilgenommen; sie ist, wie gesagt, ein Kanaka Maoli von Hawaii. Sie wurde im üppigen Kalihi Valley auf der Insel O'ahu geboren und wuchs auch dort auf. Die Wurzeln ihrer Vorfahren gehen bis zu den Sternen zurück, den Makali'i (den Plejaden), auf Papa (Mutter Erde) und Wakea (Vater Himmel) entlang einer langen Abstammungslinie von Kahuna Ali'i Wahine und Kahuna Ali'i Kane (königliche Hohepriester und Hohepriesterinnen). Kahuna Kalei'iliahis Familiengott ist Lono, der Gott des Friedens (und auch der Fruchtbarkeit, der Fülle und der Landwirtschaft). Lono ist der Onkel der Göttin Pele, von der sie abstammt und deren Nachfahrin sie ist. Wenn Kahuna Kalei'iliahi chantet und die Ahnen einlädt, habe ich das Gefühl, als würde ich in wunderbarer Liebe gebadet. Manchmal muss ich vor lauter emotionaler Ergriffenheit weinen, so stark und mächtig ist dieses Gefühl. Und ich sehe bei den Zeremonien auch andere Menschen ganz offen Tränen vergießen und weiß, dass nicht nur ich von dem von Kahuna Kalei'iliahi erzeugten Portal beeinflusst werde. Wie sie mir einmal sagte, ehren wir mit unserem Weinen die Ahnen. Kryon hat über Kahuna Kalei'iliahi Folgendes gesagt:

Spirit hat Kahuna Kalei'iliahi eine hohe Energie der Verantwortlichkeit verliehen, die sie durch ihre Akasha verdient hat. Sie trägt in sich das königliche Blut eines reinen Lemuriers und ist für die Kernsaat erwacht.

Ich habe Kahuna Kalei'iliahi gefragt, warum die Ahnen für sie so wichtig sind. Hier folgt ihre Antwort.

Die Bedeutung der Ahnen

Für die Kanaka Maoli, die Ureinwohner von Hawaii, ist die Ahnenverehrung ein zentrales Element ihres spirituellen Denkens und Seins und der Kern ihrer Verbindung mit dem Göttlichen. Diese Göttlichkeit ist in uns allen, und unsere Ahnen leben in uns. Wir tragen ihre Erinnerungen und ihre Weisheit in unserer DNA. Sie sind ein uns innewohnender, untrennbar mit uns verbundener Teil unseres Seins. Alles, was sie heilig gehalten haben, halten auch wir als ihre Botschafter in uns heilig. Es ist deshalb unsere Kuleana, unsere Verantwortung, ihre vielen Geschenke und Gaben an uns zu ehren, indem wir sie in unserem Alltag lebendig erhalten – in allem, was wir tun ..., denn wir sind ihre Repräsentanten. Wir wollen sie stolz machen ...
Die Kommunikation mit den Ahnen ist meinem Wesen angeboren. Ohne ihre Führung, Liebe und Weisheit würde ich ziellos im Dunkeln umherwandern und versuchen, meinen Weg zu finden. Sie sind mein Licht. Sie sind die Quelle, aus der alle Geheimnisse des Kosmos kommen, sie sind heilig und werden verehrt, denn sie repräsentieren alles, was in mir heilig ist. Sie bewachen und schützen mich ..., es gibt kein mächtigeres Sicherheitssystem auf der Welt als ihre Liebe – groß und mächtig und doch auch sanft und sicher.

Als indigene Bewohnerin dieser Inseln bin ich sehr gesegnet, von einer solchen Linie abzustammen. Jedes Mal, wenn sie mich zu rechtem Denken und Handeln führen, erhöhe ich mein heiliges Mana. Heiliges Mana ist die spirituelle Energie, die sie mir übertragen haben und deren Trägerin ich bin, und es ist meine Kuleana, sie überall zu verteilen, wo ich hinkomme. Wenn ich andere mit meiner Liebe berühre, berühre ich sie mit der Liebe der Ahnen, die vor mir wandelten. Heute wandeln sie als mein Gefolge hinter mir, und sie sind mächtig aufgrund ihres Aloha. Das ist wahrscheinlich das Wertvollste, was wir Hawaiianer von ihnen empfangen haben: ihr Aloha. Zu lieben ist unsere Natur, denn das macht unser Wesen aus.

Wir verehren unsere Ahnen, denn wir wissen: Wenn sie ihr körperliches Selbst verlassen und es der Erde voller Dankbarkeit zurückgeben, kehren sie in die Welt von Spirit zurück, wo sie in ihre volle Göttlichkeit eintreten. Wir sind, wie sie wissen, alle Teil des Schöpfers; der Schöpfer lebt in uns, aber der Körper kann seine volle Macht nicht in sich aufnehmen. In der Welt von Spirit werden sie im wahrsten Sinne eins mit Gott. Meine Ahnen wussten um die dem Menschen innewohnende Göttlichkeit, und deshalb ehrten sie einander, sowohl in dieser Welt als auch in den Welten von Spirit. Sie wussten, dass sich diese Göttlichkeit als Liebe ausdrückt, als Aloha. Das ist ein heiliges Wort und bedeutet viel mehr als lediglich »Hallo!« und »Tschüss!« – ja, viel mehr. Das Wort »Aloha« besteht aus zwei Wörtern: »Alo« und »Ha«. Alo ist das Gesicht, und Ha ist der heilige Atem des Lebens, ein Geschenk unserer Göttlichkeit vom Schöpfer. In alten Zeiten war die Begrüßung mit »Aloha« eine Einladung an die Person, den heiligen Atem des Lebens miteinander zu teilen, indem man die Gesichter nahe zusammenbrachte, sodass die Nasen sich berührten, und gleichzeitig ein- und ausatmete. Dieses alte Ritual wird als »Honi« bezeichnet und ehrt die Göttlichkeit in dir selbst und der anderen Person. Es geht dabei um Liebe. Durch mich verstärkt sich diese Liebe, wenn sie mit der Menschheit geteilt wird. Deshalb bin ich hier. Ich bringe auch anderen Menschen nun einen mächtigen Aspekt der Liebe, und ihr Mitgefühl [das Mitgefühl der Ahnen] fließt unaufhörlich durch mich wie ein Fluss. Es ist grenzenlos und unbegrenzt. Es ist der höchste Ausdruck ihrer Liebe, den ich geben kann. Sie heilt alles. Mitgefühl – ein großes Geschenk der Ahnen.

Viele Menschen fragen mich, wie ich mit meinen Ahnen kommunizieren kann; sie wollen das wissen, weil sie selbst vergessen haben, wie es geht. Ich antworte ihnen, dass ihre Ahnen sie nie verlassen. Für mich als Seherin sind sie [die Ahnen] sichtbar, ich kann das Gefolge sehen, welches hinter ihnen steht, so wie mein Gefolge auch hinter mir steht.

Sie wünschen sich so sehr, mit euch zu kommunizieren! Aber das geht nicht ohne Erlaubnis. Sie können sich nämlich nicht einmischen. Sie können euch mit ihrer Liebe berühren und tun das auch auf viele Arten – durch den Planeten, die Natur … Deshalb sind wir Hawaiianer so tief auf die Natur eingestimmt – zumindest diejenigen unter uns, die die Ahnen nicht vergessen haben. Doch man muss sie anrufen, um die gegenseitige Kommunikation zu eröffnen, und dann ins Schweigen eintreten, in dem man sie hören kann. Zunächst einmal wirst du sie spüren; das ist notwendig, denn sie sprechen zu uns durch Emotionen. Du brauchst ein offenes und reines Herz und musst darauf vertrauen, dass sie da sind. Wenn du dann das Gefühl spürst, dann übersetzt dein Höheres Selbst es in eine für dich verständliche Sprache. Wenn das geschieht, vergießen deine Ahnen oft Freudentränen … Sie vermissen dich mehr, als du weißt …

Die Frage lautete: Warum sind die Ahnen für mich wichtig? Ich habe ein paar Gründe genannt, aber eigentlich geht es nur um eines … Es ist wegen ihres Aloha, ihrer Liebe.

Jetzt, wo uns bewusst ist, wie wichtig die Ahnen sind, lade ich Sie dazu ein, Ihr Herz zu öffnen und sich mit der besonderen Botschaft der Ahnen zu verbinden, die von Kahuna Kalei'iliahi übermittelt wurde.

Selbst jetzt, wo ich mich bereit mache, diese Botschaft zu channeln, weine ich – so tief ist die Energie der Liebe, die von den Ahnen kommt. Hier ist die Botschaft, die euch in göttlicher Liebe durchgegeben wird:

»Wir weinen vor Freude, geliebte Kinder unseres Herzens, denn wir warten seit Jahrtausenden darauf, dass das Potenzial dieses Augenblicks sich verwirklichen möge …, und jetzt geschieht es! Unsere Freude über diese Kommunikation ist unbeschreiblich. Wir sehnen uns so sehr danach, zu so vielen zu sprechen, die sich jetzt daran erinnern, wie sie mit uns sprechen können, und insbesondere zu jenen, die das vergessen hatten. Wir sitzen weinend zu euren Füßen, um euch Ehre zu erweisen, denn ihr habt die Stürme, das Feuer, die dunkelste Nacht und düsterste Zeit der Menschheit auf diesem Planeten überstanden und darüber triumphiert. Wir weinen voller Stolz und Liebe und Freude über das, was ihr getan habt!

Zu Fleisch und Knochen zu werden und den Erdenweg zu gehen, ist keine leichte Aufgabe. Das wissen wir, denn auch wir sind diesen mühsamen Weg voller Herausforderungen gegangen. Auch wir haben das Wunder des Sonnenauf- und Sonnenuntergangs und die ganze Schönheit dieses süßen und kostbaren Planeten gesehen. Wir wissen, was ihr durchgemacht habt, denn wir standen bei jedem Schritt des Weges neben und hinter euch. Nie sind wir von eurer Seite gewichen, niemals. Wir leben in euch. Auch wenn manche von euch sich nicht an uns erinnern, vergessen und verlassen wir euch niemals. Das ist unmöglich, denn wir sind auf ewig miteinander verbunden. Heute überbringen wir euch eine Botschaft großer Liebe und Hoffnung, liebe, kostbare Familie. Ihr werdet diesen Erdenweg in diesen neuen Zeiten mit größerer Leichtigkeit und mehr Vertrauen als früher gehen! Ihr habt euch dieses Recht verdient. Durch jahrtausendelange Arbeit und Opfer und durch eure Hingabe habt ihr euch das Recht verdient, diesen Teil eurer Reise leichter zu gehen. So wurden die Ältesten immer behandelt, und auch wenn manche unter euch sich selbst nicht als Älteste sehen, so versichern wir euch doch, dass ihr tatsächlich Älteste seid, die auf diesem Teil ihres Weges Respekt und Ehrerbietung verdienen. Es ist an der Zeit, den Ältesten (zum Beispiel euch) zu dienen. Sicherlich werdet auch ihr weiterhin anderen dienen, aber euch wird auch gedient werden, euch wird Wertschätzung und Verehrung entgegengebracht werden, wie das die Urvölker den Ältesten immer entgegengebracht haben. Diese Dinge verändern sich nicht. Auch in der Welt von Spirit tragen manche die Abzeichen und Farben der Großen Ältesten, ihnen waschen wir die Füße …, und ihr gehört dazu! Auch wenn ihr meint, ihr seid keine Ältesten, auch wenn ihr meint, ihr hättet nicht viel getan oder könntet mehr tun, versichern wir euch, dass wir alles sehen, was ihr geleistet habt – über Jahrtausende hinweg. Und wir bringen euch Ehrerbietung entgegen.

Manche von euch sind frustriert oder haben Angst davor, ihr Licht scheinen zu lassen, weil in euren Zellen Erinnerungen an viel vergangenes Leid steckt. Ihr seid von einem Licht umgeben, das heller scheint, als ihr ergründen könnt, und dieses Licht schützt euch jetzt und während eures ganzen Lebens. Ihr tragt dieses Licht in euch …, und wir haben es dorthin gebracht. Nehmt unsere Liebe und unser Licht und habt keine Angst davor! Nehmt die Ehrerbietung an, die euch in diesen Zeiten erwiesen wird, und feiert, was ihr getan habt und tun werdet! Alle Lebewesen auf der Erde kennen euren Namen …, alle Lebewesen kennen euren Namen! Sogar die Felsen! In euch ist ein Licht, das im Laufe von Jahrtausenden erschaffen wurde, und das haben wir gemeinsam getan, denn wir sind eins.

Heute ist ein heiliger Tag, der in den Sternen gesalbt und erinnert und aufgezeichnet wird – der Tag, als sich die Menschen der Kommunikation mit den Ahnen öffneten und uns erlaubten, unsere Liebe und Ehrerbietung in euer Herz, euren Geist und eure Seele zu gießen. Der heutige Tag wird in den Sternen und in der Erde aufgezeichnet. 10.000 Jahre nach dem heutigen Tag wird das Echo dieser Botschaft noch durch das Universum hallen. Und so ist es.«[10]

Was fühlen Sie, wenn Sie die Worte der Liebe von unseren Ahnen lesen? Was fühlen Sie, wenn Sie die Worte der Liebe von Kryon lesen? Diese Zeit wird oft das »Neue Zeitalter« genannt, aber eigentlich ist es das Zeitalter des Erinnerns. Wir erinnern uns an die Weisheit und das Wissen unserer Ahnen. Wir verbinden uns mit der lemurischen Kernenergie. Die Lemurier, denen von den Plejadiern die Saat der Erleuchtung eingepflanzt wurde, sind unsere Ahnen. Deshalb erforschen wir, was die Alten wussten und was viele indigene Völker nach wie vor in ihrer Kultur bewahren. Wir gewinnen Zugang zur uralten Weisheit der Akasha.

Ich möchte Ihnen eine Frage stellen: Wer sind Ihre Ahnen? Stammen Sie aus einer Familie, in der die Ahnenverehrung ein integraler Bestandteil des Lebens ist, oder ist es bei Ihnen wie bei mir, und diese Vorstellung ist in Ihrer Familie unbekannt? Oft stecken wir viel Zeit in die Ahnenforschung, um unseren Familienstammbaum und unsere biologische Abstammung zu erkunden. Aber was ist mit Ihrer Akasha-Abstammung? Ihre Akasha ist eine Energiesuppe, es gibt also niemanden, dem man direkt Anerkennung zollen kann. Dafür kommuniziert die Energie Ihrer Akasha mit Ihnen. Sie zieht Menschen zu bestimmten Orten. So kommt zum Beispiel jemand, der in China in einer chinesischen Familie aufgewachsen ist, nach Nordamerika und spürt sofort eine starke Verbindung mit allem, was mit der indigenen indianischen Bevölkerung zu tun hat. Und wenn Sie nie zu einer Familie oder einer indigenen Gruppe gehörten, die ihre Ahnen verehrte? Wie bezeugen Sie Ihren Ahnen dann die Ehre?

Ich möchte an dieser Stelle erzählen, wie ich persönlich die Ahnen ehre. Ich bin Australierin der ersten Generation. Mein Vater und meine Mutter sind geborene Ungarn und wanderten 1969 nach Australien aus. Wie mein Familienstammbaum aufzeigt, lebte meine Familie schon seit vielen Generationen in Ungarn. Ich wurde also sowohl von der australischen als auch der ungarischen Kultur beeinflusst. Außerdem habe ich in Neuseeland und Südamerika gelebt. Egal, wo ich hingehe, ich möchte mich bei Gaia dafür bedanken, dass sie da ist und uns liebt. Wenn ich meine Verbindung zu Gaia spüre, fühle ich auch die Verbindung zu den Ahnen, die dort gewandelt sind. Wenn ich an Zeremonien der indigenen Bevölkerung teilnehme, spüre ich die Liebe ihrer Ahnen, die mich willkommen heißen. Ich glaube, es ist egal, ob sie nun zu meiner Familienabstammung gehören oder nicht.

Geht es Ihnen vielleicht auch so? Ich spüre auch die Verbindung zu unseren spirituellen Eltern, den Plejadiern. Beim Gedanken an Ahnenverehrung fühle ich also nicht nur meine unmittelbaren biologischen Vorfahren, sondern auch all die Stückchen und Teilchen des Göttlichen in meiner Akasha, die mich mit der Schöpferquelle verbinden. Die Lemurier und die Plejadier sind meine und auch Ihre Ahnen. Wir sind eine Familie! Durch das Ehren unserer Ahnen erweisen wir deshalb auch Gott und uns selbst Ehre.

Wie Kryon uns gesagt hat, blieben viele Lemurier und Plejadier in einem Quantenzustand im Erdboden. Wenn ich atemberaubende majestätische Berge oder die Weiten der Wüste betrachte, spüre ich die Energie der Lemurier und Plejadier. In aller Welt erwachen alte Seelen, und das heißt, wir verbinden uns mit unseren lemurischen und plejadischen Urahnen. Auch Sie sind eingeladen, sie zu ehren, so wie sie Ihnen Ehre erweisen.

Und unsere spirituellen Großeltern und Urgroßeltern? Auch sie dürfen wir nicht vergessen, denn sie weisen andere Attribute auf als die Plejadier. Kryon erklärt:

Die Plejadier sind eure Eltern. Als ihr Planet aufstieg und sie das Göttliche ganz in ihrer DNA hatten, erkannten sie schließlich, was sie durchlaufen hatten und wozu sie da waren, und ihnen wurde die vollständige Verbindung zur Zirbeldrüse zuteil – eine zu 100 Prozent funktionsfähige DNA, aber noch im Physischen [im Körper]. Wisst ihr, wie das ist? Haltet nicht nach ihren dreidimensionalen Schiffen Ausschau. Diese wunderschönen Wesen sind mit euch verschränkt, und sie kommen und gehen nach Belieben, allerdings einfach, indem sie daran »denken«.

Ihr [auf der Erde] wart die Nächsten und nach ihnen der einzige Planet, auf dem die Saat ausgebracht werden sollte. Aber wusstet ihr, dass auch sie spirituelle Eltern hatten, so wie sie eure spirituellen Eltern sind? Ihre Eltern und die Eltern ihrer Eltern nennen sich die Arkturianer, die von Orion und die von Sirius. Auch diese hatten wiederum spirituelle Eltern, welche wiederum spirituelle Eltern hatten. Hört gut zu: Alle diese Gruppen gehören zu eurer »kreativen Ursprungsgruppe«. Manche sind eure spirituellen Großeltern. Und manche sind sogar noch mehr. Es gibt auf eurem Planeten zudem Älteste aus anderen Teilen der Galaxie, die »einfach hier sind, um zu helfen«.

Ich frage euch: Was wisst ihr über die Attribute eurer biologischen Großeltern, die eure Eltern nicht haben? Welche Gefühle bringt ihr euren Großeltern – ob sie nun noch leben oder tot sind – entgegen? Ihr betrachtet sie anders als eure Eltern, nicht wahr? Eure Eltern sind eher für das Praktische zuständig, eure Großeltern nicht. Eure Großeltern sind diejenigen, die euch unterhalten und helfen und mit euch Ausflüge unternehmen wollen. Mama und Papa? Die sind ein bisschen anders drauf. Sie sind hier, um euer Überleben zu sichern und euch die Spielregeln des Lebens beizubringen.

Die Plejadier haben euch ihren Samen eingepflanzt, und sie sind verantwortlich für die Informationen, die ihr erhaltet, wenn ihr die Zeitkapseln öffnet. Sie erlegen euch all die Prüfungen des Kristallgitters und anderer Systeme auf, die sie für euch erschaffen haben, um sich mit euch verbinden zu können, euch zu spirituellem Erwachen zu führen und sich um euer Überleben zu kümmern. Sie sagen: »Na, los jetzt! Weiter geht's!« Doch die Großeltern, das sind diejenigen, die euch ganz sanft und zärtlich helfen, denn sie sind besser verfügbar und haben nicht dieselbe Verantwortung wie die Eltern. Und die Gruppe der Großeltern ist viel reifer und älter als die der Eltern.

Versteht ihr, wo das hinführt? Die Arkturianer und diejenigen von Orion und Sirius befinden sich in eurer DNA, denn ihr verfügt über ein »galaktisches Akasha-Erbe«. Ihr kennt sie, und sie kennen euch. Sie sind wahrscheinlich die hilfreichste Gruppe auf dem Planeten. Spaltet sie nicht von den anderen ab und betet sie nicht an.

Betrachtet das System, ihr Lieben, als das, was es ist. Nehmt sie alle auf und wisst: In diesem Augenblick sind sie mit uns in diesem Raum, in dieser Kommunikation. Sie lieben die Tatsache, dass wir jetzt dazu beitragen, das Geheimnis darum, wer sie sind, zu lüften und sie zu entmystifizieren.

Die Medien, die sie channeln, sagen vielleicht, sie kämen von hier oder dort, doch ich möchte, dass ihr nach den Metaphern in ihren Informationen sucht, denn diese Metaphern werden euch auf die Wahrheit hinweisen. Diese Gruppen sind hier, um euch zu helfen, weil sie eure spirituellen Großeltern und Urgroßeltern sind. Deshalb fühlen sie sich für euch so gut an, und deshalb sind manche ihrer gechannelten Botschaften so rein und so großartig. Wenn das Medium rein ist, seht ihr, wer sie sind. Sie lieben euch, und sie wissen, wer ihr seid.

Es ist wichtig, dass die alten Seelen, die hier vor mir sitzen, verstehen, was ich da sage, und wissen, dass ich nicht verschlüsselt oder in Metaphern spreche. Genau jetzt spreche ich über die Realität und den spirituellen Sinn, was wunderbar ist. Diese Informationen kommen direkt aus der Schöpferquelle, die ihr *Gott* nennt. Gott ist größer als alles, was man euch jemals gesagt hat, ihr Lieben, und wenn ihr nun beginnt, das wahrzunehmen, möchte ich, dass ihr euch an etwas erinnert, bevor wir uns verabschieden: Wenn ihr das Wunder des Schöpfers wahrnehmt, erinnert euch daran, wo es herkommt, denn Gott ist eure Akasha-Abstammung. Denkt darüber nach. Es ist an der Zeit für euch, aufzustehen, für euch einzustehen und diese Abstammung für euch in Anspruch zu nehmen. Sagt »Hallo« zu euren Großeltern!

Vielleicht haben sie schon lange darauf gewartet? Ist das zu gruselig? Für manche schon. Für andere hat die Wahrheit den Glockenklang der Reinheit und liefert die Antworten auf die Fragen, die sie schon lange stellen. Ihr Lieben, ihr bekommt Hilfe. Gesteht euch das ein, arbeitet damit. Macht es euch zunutze!

Kryon
(Live-Channeling »Entmystifizierung des Neuen Zeitalters«,
Tucson/Arizona, 18. Januar 2014)

Was hat diese ganze Ahnenverehrung nun mit dem Frieden auf Erden zu tun? Unsere Ahnen haben sogar sehr viel damit zu tun!

Ich möchte über die Geschichte der Urvölker sprechen. Ihr habt vielleicht schon einmal den folgenden Satz gehört: »Die Zukunft wird von der Geschichte getrieben.« Ein moderner Soziologe oder ein moderner Anthropologe wird dieser Aussage zustimmen. Doch das ist ein zynischer Spruch, denn für sie ist Geschichte etwas Sich-Wiederholendes, als ob die Menschheit aus ihren in der Vergangenheit gemachten Fehlern nichts lernen würde. Und das scheint ja auch zu stimmen, denn seit den letzten paar Tausend Jahren ist nicht gerade ein großer Fortschritt zu erkennen.

Wie ich schon gesagt habe, sind die Stöcke, mit denen ihr aufeinander einschlagt, mit den Jahren nur immer größer geworden. Das ist das Einzige, was sich verändert hat. Überleben ist immer noch Überleben – demnach scheint dieser Spruch über die Geschichte zu stimmen. Viele Menschen glauben, die Geschichte des Planeten wiederhole sich und treibe euch in eine Zukunft ohne große Bewusstseinsentwicklung. Ihr wärt dazu verdammt, all die Probleme der Vergangenheit erneut zu durchleben ...

Jetzt wollen wir einmal noch weiter in der Zeit zurückgehen und uns anschauen, wie die Urvölker das sahen. Jede indigene Kultur auf diesem Planeten beginnt ihre Zeremonien mit einer Ehrung der Ahnen, aufgrund der Erkenntnis, dass die Vorlage der Weisheit irgendwie in den Knochen ihrer eigenen Vorfahren steckt. Also bitten sie die Vergangenheit, ihnen mit der Zukunft behilflich zu sein, allerdings ohne Zynismus. Vielmehr ist diese Bitte eine wunderbare Hoffnung, nämlich dass die Zukunft von der Weisheit der ursprünglichen Großväter und der Urahnen, soweit sie zurückblicken können, beeinflusst werden könne.

Die Weisheit der Vergangenheit anerkennen

Jetzt wollen wir noch eine Seite umblättern und das auf eine quantenhafte, nicht lineare Weise betrachten. Beantwortet einmal die folgende Frage außerhalb der drei Dimensionen und im Rahmen der esoterischen »Schublade«, die ihr euch für heute ausgesucht habt: Was ist eure Vergangenheit, ihr Menschen? Was ist eure Quantenvergangenheit? Ich bitte euch also, euch die Vorlage anzuschauen, die von den Plejadiern hierhergebracht wurde – die Vorlage in eurer DNA. Für euch sind die Plejadier die Urahnen, die Geschichte treibt also womöglich tatsächlich die Zukunft an. Die Geschichte der Plejaden!

Könnte es tatsächlich einen »graduierten«, reifen Planeten geben, der die Weisheit der wirklichen Urahnen (die ihr in eurer DNA tragt) besitzt? Vielleicht hatten die Urvölker die ganze Zeit recht, mit dem Unterschied, dass ihr jetzt, mit einer Quantensicht des Ganzen, noch weiter zurückgeht und nicht nur die Geschichte dieses Planeten mit einbezieht. Jetzt schaut ihr auf die Geschichte einer reifen, göttlichen, bewussten Kultur, und das ist die Tür, die ihr in diesem neuen Zeitalter öffnet.

Kryon
(Live-Channeling »Der Chor des Mitgefühls«,
Cancún/Mexiko, 8. Dezember 2013)

Wenn wir mit unseren Ahnen in Kontakt kommen, uns mit den Vorlagen verbinden, die es in uns und in Gaia gibt, öffnen wir die Tür zum Portal, welches die Weisheit und das Wissen bereithält – bezüglich dessen, was die Menschheit tun kann, um zu einer graduierten, göttlichen, bewussten Kultur zu werden. Die Alten und Ahnen sind genau in diesem Moment bei Ihnen, feiern, während Sie diese Zeilen lesen, und manche von Ihnen sind – natürlich – Sie!

FRAGE AN KRYON

Unsere spirituellen Eltern und Großeltern sind die Plejadier, Sirianer, diejenigen von Orion und die Arkturianer. Werden wir uns irgendwann an die Weisheit und das Wissen unserer galaktischen Ahnen erinnern und uns ihrer bewusst werden? Wie können wir eine bessere Kommunikation mit ihnen aufbauen?

Zehntausende von Lichtarbeitern haben bereits Zugang zur Weisheit, zur Liebe und Unterstützung dieser Gruppen. Sirianer, Arkturianer und diejenigen von Orion sind dabei die Favoriten, aber es gibt noch viele, viele andere. Alte Seelen sind sich sozusagen dieser Gruppen bereits voll bewusst, wissen aber nicht, wie alle miteinander verwandt sind. Sie spüren einfach die Liebe und Fürsorge.

Interessanterweise wird diese Frage direkt nach der Frage über die Großeltern gestellt. Die Plejadier, die euch ihre Biologie eingepflanzt haben (die also eure spirituellen Eltern sind),

sind aufgrund ihrer Lehren aus den Zeitkapseln, der Gitternetze und anderer sehr profunder Systeme, die sie auf eurem Planeten platziert haben, sehr viel stärker involviert; damit sind sie keine so »sanften, reifen, unbeschwerten« Helfer wie die anderen. Wenn ihr euch die Informationen anschaut, die korrekt von vielen Medien gechannelt werden, erkennt ihr, wie sehr sie euch in eurem Alltag unterstützen. Die Plejadier sind sehr viel mehr an eurem »Erwachsenwerden« interessiert als daran, eure Hand zu halten.

Ich erzähle euch nach und nach von mindestens vier eurer Schöpfergenerationen, aber es sind viel mehr. Die Zeit, gemessen an euren Erdenjahren, ist ehrfurchterregend, denn jeder Planet brauchte für diesen Prozess bis zum Aufstieg bis zu einer halben Million Jahre (ihr steckt erst in den ersten 100.000 Jahren), manche sogar fast eine Million Jahre. Das heißt auch, ihr seid sozusagen die »neu hinzugezogenen Kinder«. Die Galaxie ist viel, viel älter als das menschliche Leben auf der Erde. In anderen Teilen der Galaxie gibt es bereits seit etwa zwei Milliarden Jahren menschliches Leben. Ihr versteht, dass diese Ahnen Menschen sind, nicht wahr? Und noch einmal: Die DNA ist eine Art »Grundbestandteil« der Galaxie. Sie entwickelt sich überall auf die gleiche Weise. Es gibt überall Menschen.

Die Kommunikation kann auf dieselbe Weise verbessert werden wie die Verbindung zum Höheren Selbst. Wenn ihr an der Zirbeldrüse arbeitet und dadurch eure Intuition erhöht, stärkt ihr auch eure angeborene Körperintelligenz und öffnet euch dadurch einer Kommunikation, die überall viel multidimensionaler ist. Diese Gruppen kommunizieren über dasselbe Portal wie eure Verbindung mit Spirit. Menschen, die als Medien solche Gruppen channeln, sind sich meistens auch voll und ganz ihres »Gottes-Selbst« bewusst. Und wenn da doch einmal jemand behauptet, ein solches Channel-Medium zu sein, aber offensichtlich nicht integer ist, was sagt euch eure Intuition dann? Dass diese Person vielleicht gar nicht channelt ...

Kapitel 5

In der Akasha schürfen

Meines Wissens wurde der Ausdruck »*in der Akasha schürfen*« auf diesem Planeten zum ersten Mal von Lee Carroll und Kryon verwendet. Zuvor habe ich nie jemanden davon reden hören, und schon gar nicht in der von Kryon und Lee beschriebenen Bedeutung. Wie ich beim Verfassen dieses Buches herausfand, haben schon viele Autoren über die Akasha-Chronik geschrieben. Doch dabei ging es hauptsächlich um den Zugang zu Vergangenem, um das Lesen der Aufzeichnungen über unsere Vergangenheit, ähnlich wie in einer Bibliothek. Laut Kryon sind unsere vergangenen Leben eigentlich Teil unseres jetzigen Lebens, und deshalb können wir auf unsere Akasha-Attribute zugreifen und das »Drehbuch« umschreiben. Kryon hat zudem gesagt, die Akasha enthalte die Potenziale aller zukünftigen Leben. Und es gibt Zeitkapseln, in denen spirituelle Weisheit steckt und darauf wartet, freigesetzt zu werden. (Siehe Kapitel 6: »Die Zeitkapseln in der Akasha«.)

Warum müssen wir etwas über unsere Akasha wissen? Warum kann das *Schürfen* in der Akasha irgendetwas verändern? Dazu gibt das folgende Kryon-Channeling Auskunft:

Was würdet ihr gerne tun? Was sind eure Blockaden? Welche Anteile von euch könnt ihr eurer Meinung nach nicht verändern? Auch in der Akasha seid ihr zu finden, da sind viele »Ichs«. Warum geht ihr nicht hin und ersetzt euer aktuelles Ich durch ein früheres Ich? Das ist das *Schürfen in der Akasha*. Da ist ein quantenhafter Mensch, und das übersteigt bei Weitem alles, was euch über den Sinn und Zweck von Energien aus früheren Leben erzählt wurde. Man sagte euch, sie dienen dem Austausch von karmischer Energie. Das ist die alte Vorstellung, die besagt, Erfahrungen aus Vorleben würden sich in eurer DNA aufbauen, wären das, was für euch störend sei, sozusagen der Sand im Getriebe, und dann müsstet ihr etwas erreichen, um das zu überwinden. Das sind veraltete Informationen, und jetzt könnt ihr weit darüber hinauswachsen.

Was wäre, wenn der Sinn und Zweck der Akasha genau das Gegenteil wäre? Wenn die Akasha eine Goldmine wäre, auf der euer Name steht? Denkt einmal darüber nach! Die Akasha – das ist Lebenserfahrung, das ist Weisheit, Schamane. Geh hin und schürfe darin! Genau das macht der Quantenmensch. So entsteht Meisterschaft. Denk darüber nach!

Kryon
(Live-Channeling »Quantenhaft werden«,
Sedona/Arizona, 13. Juni 2009)

Kryon spricht oft über das Durchforsten oder Schürfen in der Akasha. Doch wie genau geht das? Die Antwort auf diese Frage ist schwierig, da wir durch unser lineares Denken »Scheuklappen« tragen und einige Vorbehalte hegen. Wir wollen einen schrittweisen Prozess, eine Anleitung, wie das zu bewerkstelligen ist. Linear denkende Menschen möchten eine Liste, in der steht, wer sie in jedem vergangenen Leben waren, welche Talente und Fähigkeiten, Ängste und Phobien sie hatten. Und als Nächstes wollen sie herausfinden, wie sie es anstellen könnten, dünn zu sein und keine Gewichtsprobleme mehr zu haben oder ein reicher und erfolgreicher Mensch ohne Geldprobleme zu sein. Wir können einfach nicht anders denken. Doch das Problem ist: So funktioniert es nicht. Es geht so einfach nicht!

Unsere Akasha befindet sich in einem Quantenzustand, und das bedeutet, Ihre Talente, Fähigkeiten, Ängste und Phobien »schwimmen« als Suppe aus multidimensionaler Energie in Ihrer Akasha. Der Versuch, die Akasha nach der dünnen Person zu durchforsten, ist wie ein Versuch, das Salz aus einer Schüssel Suppe herauszufiltern. Der erste Schritt, wenn Sie so wollen, besteht also darin, das lineare Denken hinter sich zu lassen. Aber wie? Wie können wir in einen Quantenzustand gelangen? Die Antwort ist kompliziert. Ich möchte Ihnen stattdessen eine Frage stellen.

Wie verlieben Sie sich? Beim Verlieben sind Sie in einem Quantenzustand. Sie vergessen die Zeit und wollen nur in der Energie der anderen Person sitzen. Wann denken Sie logisch, wenn Sie verliebt sind? Handeln Sie in diesem Zustand rational? Die Energie der Liebe ist das Beispiel, das dem Sein in einem Quantenzustand am nächsten kommt, wenn Sie sich mit dem Kern verbinden und die Hand Ihres Höheren Selbst halten.

Sich mit seinem Kern zu verbinden, ist also eine gute Möglichkeit, Zugang zur eigenen Akasha zu erhalten, die quantenhaft ist.

In den nachfolgenden zwei Channelings erklärt Kryon, wie das Schürfen in der Akasha vor sich geht:

Deine Akasha-Chronik weist Eigenschaften und Merkmale auf, die du brauchst. Gerade jetzt, in dieser Zeit, dem neuen Zeitalter, brauchst du diese Werkzeuge, diese Meisterschaft. Du brauchst diese Quanten-Geduld. Warum gehst du nicht in deine Akasha-Chronik und bittest dein Höheres Selbst, sie zu aktivieren? Dein Höheres Selbst wird dich zu einer geduldigen Person machen. Glaubst du das?

»Kryon, kann ich wirklich meine Persönlichkeitsmerkmale verändern?« Genau darum geht es hier, das ist das neue Werkzeug. Aber es kann noch viel mehr. Wie würde es dir gefallen, nicht mehr so leicht wütend zu werden? Oder keine Angst mehr zu haben und keine Dramen mehr zu inszenieren? Aus wie vielen Leben kannst du dir Eigenschaften aussuchen? Du könntest sie dir wirklich holen, sie sind da, in deiner DNA lebendig. Aus diesem Grund wurden sie dort gespeichert, Lemurier. Jetzt geh und hol sie dir!

Diesen Prozess haben wir »in der Akasha schürfen« genannt. Das ist das neue Werkzeug. Geh und hol dir die einzelnen Stückchen und Teile, die du bist, die du gelebt und dir verdient hast. Was hast du in diesem Leben gelernt? Wenn ich dir den ganzen Abend Zeit ließe, würdest du dann hingehen und aufzählen, was du in diesem Leben gelernt hast? Als Frau, als Mann, als Mensch? Du würdest sagen: *»Also, um das alles aufzuschreiben, brauche ich viel länger als nur einen Abend.«* Da hast du wohl recht! Multipliziere das mit mehreren Hundert Leben, dann hast du eine ganze

Bibliothek voller Erfahrungen und Wissen, ein riesiges Wissenslager. Und diese unermesslich vielen Erfahrungen sind nichts Vergangenes, sondern sind im »Jetzt«; sie sind du.

[...] Bei manchen von euch war das anders; sie haben in einem früheren Leben sehr angstvolle Erfahrungen gemacht. Vielleicht erlebst du in diesem Leben dieselbe Angst wieder? Für manche Leute bist du mit einem Fluch, das heißt mit einer bestimmten Energie, geschlagen, die du angeblich niemals loswerden wirst. Diese Energie ist in deiner Akasha-Chronik, du selbst hast sie dort hinterlegt: eine Angst, die so stark ist, dass sie deine Lebensaufgabe, dein Höheres Selbst und deine gesamte Akasha-Chronik beeinflusst.

Meinst du nicht, du solltest sie endlich loswerden? Das kannst du nämlich! Du bist in der Lage, direkt auf diese mit Energie geladenen Schichten aller vergangenen Leben zuzugreifen und dir jenes herauszusuchen, in dem du ein Held warst, ein selbstbewusster, mutiger, liebevoller, friedlicher und gesunder Mensch.

[...] Spürst du die Liebe Gottes hier? Wenn ja, ist das schon ein guter Anfang. Ich sage euch: Wenn ihr diese Botschaft spürt, könnt ihr auch ihre Lehre umsetzen. Diese Heilung geschieht nicht auf einmal; ich gebe euch die Methode an die Hand. Jeder von euch ist auf diesem Planeten einzigartig, mit einer einzigartigen Lebensaufgabe, einem einzigartigen Lebensmuster aus vergangenen Leben. Auch eure persönliche Akasha-Chronik und euer Höheres Selbst sind damit einzigartig.

Das schränkt meine Möglichkeiten ein, euch eine Art allgemeingültige 3-D-Liste bzw. Anleitung zur Selbstheilung zu vermitteln, denn jeder von euch muss ja mit seinem ganz besonderen Ich und seinen Eigenheiten arbeiten.

Warum also setzen wir uns nicht für einen Moment still hin und sagen zum Geist/Spirit: »*Ich würde das gerne können. Ich erteile die Erlaubnis, dass die Energien, die ich in diesem Leben aktivieren muss, aktiviert werden, damit ich meine Aufgaben, deretwegen ich auf die Erde kam, erfüllen kann. Ich möchte ein Leben der Freude führen und diese Freude in meiner vollständigen Akasha-Chronik finden, denn ich habe sie mir verdient. Ich habe schon positive Leben voller Freude gelebt und möchte diese Energie nutzen.«*

Möchtest du vielleicht ein höheres Selbstwertgefühl? Dann sprich es aus: *»Geist/Spirit ..., Körper, ich brauche mehr Selbstwertgefühl, weil ich nicht viel davon habe.«* Das Höhere Selbst wird nun in die Akasha-Chronik gehen und den »Krieger auf dem Schlachtfeld« zurückbringen: du selbst in einem früheren Leben. Diese Person nimmt eine herausragende Rolle ein und ist ein mutiger Kämpfer. Du bittest nicht für dein Ego darum, sondern um deiner Persönlichkeit mehr Selbstsicherheit zu verleihen. Denke daran: Du bittest nur darum, auf das, was du dir bereits geschaffen hast, zugreifen zu können!

Wer also ein Buch schreiben, den Redner und Autor in seiner DNA finden will: Los geht's! Sie sind da. Woher ich das weiß? Weil genau die Menschen, die das tun möchten, hier zuhören und dies hier lesen. Es sind die alten Seelen des Planeten mit der umfassendsten Akasha-Chronik ..., den meisten Erfahrungen, die Menschen je hatten.

Wer spirituelles Wissen erwerben will: Geh hin und finde das spirituelle Gefäß! Darin findest du den Schamanen oder den spirituellen Lehrer, der du einmal für dein Dorf warst. Alles ist da. Das weiß ich, weil ich dich kenne!

Kryon
(Live-Channeling »Aktivierung der DNA«,
Riga/Lettland, 15. März 2009)

Alles, was ihr habt, bis hin zu den Krankheiten, die ihr gegenwärtig in eurem Blut herumtragt, lässt sich verändern. Es ist nur die Akasha, wisst ihr? Es ist ein Teil eurer DNA, deshalb gehört es zu euch. Hört gut zu: Wenn im Speicher eurer früheren »Ichs«, der in eurer eigenen DNA enthalten ist, auch ein schöner, junger gesunder Mensch ist, dann ist er immer noch dort! Dazu zählten vielleicht auch bestimmte Fähigkeiten; vielleicht war dieser Mensch ein Künstler, ein Redner, ein Schriftsteller, ein Krieger, ein Mensch mit viel Selbstvertrauen, der für sich einstand? Versteht ihr, dass all das ihr selbst seid? Das ist euer »Ich«, und es ist noch immer vorhanden. Doch ihr sagt: *»Nette Idee, Kryon, aber das liegt in der Vergangenheit. Man kann nicht an die Vergangenheit rühren.«* Und ich sage: »Wie linear ihr doch seid! Denn die neuen Gaben – das seid ihr mit einer nicht linearen Haltung hinsichtlich eurer Zellstruktur. Gebt die Linearität eures Lebens auf, »entlinearisiert« es, dann werdet ihr feststellen, dass ihr diese Dinge nicht nur berühren, sondern sie sogar durchforsten und nach ihnen schürfen und sie aus der Quelle extrahieren könnt. Das geht ganz einfach!

»Diese Idee gefällt mir, Kryon. Wie mache ich das? Ich bin dazu bereit.«

In der Akasha schürfen

Hier ist der erste Schritt: *Ihr müsst daran glauben!* Und zwar nicht, weil ich gesagt habe, dass es das gibt. Ihr müsst fest daran glauben, dass das so real und biologisch vorhanden ist wie euer Arm. Wenn ihr euren Arm anschaut, sagt ihr: *»Ich habe einen Arm, und er ist da, und ich kann ihn sehen.«* Das wird nicht infrage gestellt, und euer Gehirn weiß es, und die Materie um euch herum weiß es auch. Keine Frage: Das ist euer Arm.

Und wie geht es euch damit, wenn ihr sagt: *»Ich habe in meiner DNA eine Akasha-Chronik. In mir befinden sich Aufzeichnungen von allem, was ich jemals war, und ich habe darauf Zugriff.«* Sagt mir, welche Teile eures Körpers dieser Aussage widersprechen. Ich gebe euch die Antwort darauf: Alle linearen Teile! Eure Logik wird schreien: *»Das kannst du nicht machen! Du kannst nicht verändern, wer du bist.«* Doch damit liegt sie falsch. Ihr alle könnt das machen! Das gehört zu eurem Sein in dieser neuen Energie, und ich sage euch: Viele von euch, die hier in diesem Raum sind, haben das schon gemacht. Man kann das langsam und Schritt für Schritt machen, ruhig und ohne dass jemand davon etwas mitbekommt; oder es ist so offensichtlich, dass eure besten Freunde euch nicht mehr wiedererkennen. Die Energie dazu kommt aus dem Speicher, der ihr seid. Sie steckt in eurer DNA, in jedem einzelnen Stückchen, es sind Billionen Teilchen, die alle auf euren Willen abgestimmt sind.

Es gibt drei Schwierigkeitsgrade: einfach, mittel, schwierig. Ich sage euch, was auf jedem Level passiert. Versteht ihr, ihr Menschen, dass ihr nicht Gott um etwas bittet? Vielmehr verändert ihr euch so weit, dass es euch möglich ist, nach innen zu gehen und das zu bekommen, was ihr bereits gelernt habt ..., für was ihr bereits Arbeit geleistet habt. Und der Schlüssel dazu? Ihr müsst verstehen und glauben, dass das *eine* Höhere Selbst jedes Mal dabei war. Das heißt, euer zentrales Bewusstsein war in allen Leben involviert. Ihr seid in diesem Leben keine andere Wesenheit, sondern lediglich ein anderer Ausdruck desselben Höheren Selbst. Deshalb wart ihr bei all dem, wovon wir hier reden, dabei. Das müsst ihr glauben. *»Weiß das Höhere Selbst, was vor sich geht?«* Muss ich auf diese Frage wirklich antworten? Das Höhere Selbst hat nur darauf gewartet, dass ihr daran glaubt!

EINFACH: Ängste, Phobien und Blockaden. Sie sind einfach zu bereinigen. Und doch will jeder daran etwas verändern und hat so seine Schwierigkeiten damit.

Wie würde es euch gefallen, keine Angst vor dem zu haben, wovor ihr Angst habt? Wir wollen das in einfache Worte kleiden. Habt ihr Angst, nach vorne zu gehen, habt ihr Angst vor Veränderung, habt ihr Angst vor dem, was um euch herum geschieht?

Manche von euch haben Phobien; das sind sozusagen Relikte und Überbleibsel aus Erfahrungen in früheren Leben. Habt ihr Angst vor großen Höhen, Insekten, Wasser, vor diesem und jenem? Ihr sagt vielleicht: *»Ja schon, aber eigentlich beeinträchtigt das mein Leben nicht wirklich, denn ich habe gelernt, damit zu leben.«*

Oh doch, es beeinträchtigt euch sehr wohl! Und ich sage euch auch warum: Dadurch gerät in das Lernen über das Licht Dunkelheit hinein. Und das gehört nicht dahin. Ihr braucht das nicht. Es lässt euren Glauben bröckeln, eure Effizienz, euren Fortschritt. Doch das seid ihr in diesem Leben nicht, denn es spiegelt ein anderes Leben wider ..., anderswo. Ihr braucht das nicht mehr! Das ist so, als ob ihr versucht, euch schnell zu verändern, aber altes Gepäck mit euch herumschleppt, das ihr angeblich nie aufmachen und gebrauchen müsst. Hat das einen Sinn?

Fangt also an. Beginnt mit dem zu arbeiten, was ihr derzeit glaubt, so wie ihr an euren Arm *glaubt*. Wie ihr schon bald feststellen werdet, ziehen sich die Phobien und Ängste zurück und verändern sich, und damit nehmt ihr den Teil der Akasha-Chronik für euch in Anspruch, der ihr einmal wart und den ihr nun wiederaufleben lasst. Es wird sich anfühlen, wie wenn ihr es wärt. Und ihr seid es tatsächlich. Es fühlt sich nicht wie jemand anderes an, denn ihr fordert lediglich das für euch ein, was euch ohnehin bereits gehört. Auch die Ängste verblassen. Ihr könnt das fühlen, sie immer wieder herausfordern und daran arbeiten, damit auch eure Zellstruktur das fühlt.

Höhenangst? Dann geht ab und zu mal »hoch hinaus« und prüft euch. Ihr werdet sehen, wie die Angst weniger wird. Ihr seid nicht mehr gelähmt vor Angst, wenn ihr an der Kante steht und hinunterschaut. Diese Dinge werden verschwinden, sodass ihr euch fragen werdet, warum sie überhaupt je da waren! Das sind kleine Herausforderungen. Die Blockaden, die ihr beim Wechsel von einer Energie in eine andere habt, sind real, werden aber weniger, wenn ihr euch die Kraft dessen zu eigen macht, was zu euch gehört: der Mangel an Angst. Das ist Wachstum, und es erfordert Übung. Aber ihr werdet ganz bestimmt Fortschritte bemerken.

Die Menschen verändern sich ungern. Viele von euch haben diese Blockaden; es sind Blockaden der Bewusstheit. Was löst eure Wut aus? Eine »Friedensblockade«, nicht wahr? Schafft ihr es irgendwann, geduldig zu sein, wenn ein Tor euch von seiner Torheit erzählt? Könnt ihr seinem Prozess Verständnis entgegenbringen, anstatt wütend zu werden? Ja. Das sind die einfachen Dinge. Ihr könnt diese Prüfungen bestehen, euer Leben verändern und dann mit der Arbeit an komplexeren Themen beginnen.

Ihr lieben Menschen, das Schöne daran ist: Würdet ihr alle die einfachen Dinge tun, dann hättet ihr eine Gruppe friedvoller Krieger ..., Krieger des Lichts. Ihr alle wärt frei von Angst, Phobien und Blockaden. Ihr alle würdet das Licht mit Klarheit ausstrahlen, und Spirit würde nicht über euch urteilen, wenn ihr nichts anderes tätet. Doch wenn ihr das wollt, kämen die schwierigeren Dinge an die Reihe.

MITTEL: Wie würde es euch gefallen, eure Allergien loszuwerden und euer Immunsystem zu verändern? Das ist schon ein bisschen schwieriger. Ihr könntet fragen: »*Wie macht man so etwas denn? Denkt man es sich einfach weg? Entweder ich habe Allergien oder nicht. Meine Zellen reagieren allergisch.*« Wirklich? Ich sage euch, ihr Lieben, hier im Raum befinden sich Menschen, die ihre Allergien aufgegeben haben, weil sie – wie ihnen klar wurde – Überbleibsel von etwas waren, das sie nicht mehr brauchten. Sie begaben sich in ihre Akasha-Chronik und erhielten dort die makellose DNA aus dem einen Leben, in dem sie nie auf etwas allergisch reagierten. Diese Blaupause ist immer noch da! Sie stand für ein abgehärtetes, gesundes Immunsystem, das nie krank war. Sie waren stark und hatten nie auch nur eine einzige Allergie. Wie würde es euch gefallen, nicht krank zu sein? Wie würde es euch gefallen, voller Kraft und Energie zu sein wie in jüngeren Jahren? Das ist schwieriger, wisst ihr. Aber die Wahrheit ist, dass es möglich ist. Was auch immer ihr meint zu sein, kann auf Zellebene umgeschrieben werden.

Wie würde es euch gefallen, mit allem in eurem Leben in Frieden zu sein, egal mit was? Ich habe nicht behauptet, die Probleme würden verschwinden. Ich habe nur gefragt, wie es wäre, mit ihnen in Frieden zu sein. Wie würde es euch gefallen, das Drama und die Sorgen los zu sein? Dramen sind wirklich interessant: Wenn der Lichtarbeiter nicht an karmischer Energie arbeitet, verschwindet das Drama! Wenn ihr euer Karma aufgebt, gibt es keinen Grund mehr, mit dem Drama eines Problems weiterzumachen, das ihr nicht mehr braucht. »*Kryon, ich habe mein Karma doch schon vor Jahren aufgegeben, als ich mich dazu entschied, einen anderen Weg zu gehen. Das hört sich ja so an, als ob es immer noch da wäre.*«

So einfach ist das nicht. Die Absicht zu bekunden, euer Karma aufzugeben, ist sozusagen das Freiräumen des Weges vor euch. Doch jetzt müsst ihr euch aufmachen und diesen Weg auch gehen. Die karmischen Attribute rufen euch zu: »Nimm mich mit, ich gehöre zu dir!« Doch beim Gehen erinnert ihr euch daran, dass ihr durch eure Absicht eine Situation geschaffen habt, in der ihr diese Attribute nie wieder mitnehmen müsst. Aber sie werden immer um euch sein und euch zureden.

Das ist schwierig. Ich sage euch, ihr alten Seelen, jede und jeder, der hier in diesem Raum sitzt, jeder Lichtarbeiter, der dies liest, hat eine spirituelle Offenbarung durchlebt. Ihr wart Priester und Nonnen, ihr wart Schamanen. Ihr habt das durchlebt, sonst säßet ihr nicht hier auf dem Stuhl oder würdet diese esoterischen Informationen lesen. Man könnte sagen, mit diesen mittelschweren Akasha-Attributen könnt ihr eine so friedvolle Persönlichkeit entwickeln, dass alle euch nahe sein wollen. Das ist die Antwort, nicht wahr? Das ist der Frieden der Meister.

Dies ist nur der mittelschwere Teil, ich habe euch demnach also nur einen Ansatzpunkt geliefert. Ich habe euch das Einfache genannt und das Mittelschwere. Jetzt erzähle ich euch etwas über das wirklich Schwierige.

SCHWIERIG: Das ist der unglaubliche Teil – für diejenigen, die wirklich in der Akasha schürfen und die Zukunft verändern wollen. Ihr alle tragt in euch das, was ihr jemals wart ..., Äonen der Erfahrung. Und hinzukommt: Wenn ihr in der Akasha schürft, also hineingeht und euch diese Dinge zu eigen macht, dann wird das, was euch an diesem Leben nicht gefällt, außer Kraft gesetzt. Das ist das Ergebnis. Ihr geht nicht in die DNA und holt euch da noch etwas anderes, was ihr auf euch draufklebt. Es ist eigentlich ein Austausch – das eine für das andere. So funktioniert das. Denn die DNA macht alles geltend, was ihr seid. Ihr tauscht Attribute aus ..., haltet in der Chronik fest, was für eure Energie nicht passt, und macht das geltend, was stimmig ist. Euch sind alle Attribute zu eigen.

HIER IST NOCH ETWAS: Ihr alle habt etwas, das wir ein *spirituelles Gefäß* nennen. In diesem Gefäß ist alles, was ihr jemals als menschliches Wesen auf dieser Erde über Gott, über Geistführer, über Engel, über Interaktionen, über heilige Kommunikation gelernt habt. Und das ist *euer* Gefäß. Es muss nicht in jedem Leben von Neuem gefüllt werden. Es ist da und wartet darauf, dass ihr den Deckel abschraubt und alles ausgießt, was ihr jemals gewusst habt. Es gehört zum System der spirituellen Akasha. Es ist der spirituelle Goldüberzug von allem, was ist, und ermöglicht auch einem scheinbaren Neuling auf diesem Planeten, über Nacht zum Meister zu werden. Dieser »Neuling« hat sich das hart erarbeitet und das alles durchlebt. Vielleicht ist er für seinen Glauben sogar gestorben.

Viele von euch haben vor bestimmten Dingen Angst, weil sie euch den Tod gebracht haben. Manche von euch wollen nichts mit diesen esoterischen Dingen zu tun haben, weil darin eine Furcht vor der Erleuchtung und vor dem Tod steckt. Eure Angst ist so groß, dass ihr das Gefäß nicht öffnen wollt. Viele lehnen diese ganze Prämisse ab und glauben es nicht. Obwohl, das stimmt nicht so ganz. Sie glauben daran, aber wollen damit nicht mehr in Berührung kommen.

Ich weiß, wer hier ist. Das erste Attribut in der schwierigen Kategorie besteht also darin, das spirituelle Gefäß zu öffnen und alles anzunehmen, was man jemals gelernt hat. Habt ihr davor Angst? Denn einige von euch spielten in der Geschichte der Spiritualität eine große Rolle. Das ist die Wahrheit.

Ihr tragt in diesem Gefäß nicht nur das spirituelle Wissen, sondern auch eure frühere Persona ... Das ist schwierig zu erklären. Jemand, der kein bisschen an metaphysischen Dingen interessiert ist, wird scheinbar über Nacht zu einem supertollen Lehrer. Das Gefäß ergießt seinen Inhalt, und der Mensch muss nur noch lernen und zuhören, um diese Informationen auf lineare Weise nutzen zu können. Nichtlehrer werden zu Lehrern. Wer bislang völlig unwissend war, verfügt nunmehr über großes Wissen. Wer bisher keine Ahnung hatte, ist auf einmal sehr weise. Das spirituelle Gefäß – das ist das Schwierige. Es ist da; ihr alle habt eins. Das gilt für alle in diesem Raum und für diejenigen, die diese Zeilen lesen.

Ihr könnt eine Persönlichkeit annehmen, die ganz und gar anders ist als diejenige, mit der ihr geboren wurdet. Seid ihr dafür bereit? Oder seid ihr in euren Ängsten, Phobien und Blockaden allzu sehr verhaftet? Hättet ihr gerne eine friedvollere

Persönlichkeit? Das ist an und für sich schon eine Angst, nicht wahr? Ihr habt womöglich das Gefühl, euch selbst zu verlieren, nur um euch zu finden! Das ist in der »schwierigen« Kategorie zu finden. Solche Dinge können euch klar durch die Verbindung mit dem Höheren Selbst gegeben werden. Um sich mit solchen Dingen weiterzuentwickeln, ist eine bessere Kommunikationsfähigkeit des Menschen mit dem Höheren Selbst vonnöten. Und mit jedem Schritt wird diese Verbindung gestärkt.

»Moment mal, Kryon, du hast gesagt, wir würden uns mit unserer DNA verbinden, nicht mit dem Höheren Selbst.« Ja genau, das habe ich gesagt. Und wo sitzt das Höhere Selbst, was meint ihr? Es sitzt in der multidimensionalen DNA. Wir haben euch sogar schon gesagt, in welcher DNA-Schicht und wie der hebräische Name dafür lautet. Wir haben euch auch schon gesagt, dass seine Zahl die Sechs ist: die sechste Energie der DNA. Diese Kerninformation, dieses Höhere Selbst, hält sich in Billionen von DNA-Stücken versteckt, die gemeinsam ausmachen, wer du bist.

Ihr würdet gerne meinen, euer Höheres Selbst ist ein Engel im Himmel? Oh nein. Es ist in euch, eingebettet in eure Zellstruktur. Dort ist es zu finden. Es gibt hier so viel zu wissen ...

»Kryon, ich bin verwirrt. Wo in alldem ist Gott zu finden?« Genau da, wo ihr nie nachschauen würdet, denn Gott ist das Konzept einer liebevollen Familie spiritueller Helfer jenseits des Schleiers. Gott ist Liebe, doch diese Fülle könnt ihr eigentlich nicht außerhalb eurer selbst finden. Das ist eine andauernde Suche, und seit ihrer Erschaffung ist die Menschheit auf der Suche nach Gott. Erneut offenbare ich euch, dass sich das Gottessystem in euch befindet und dass die Essenz eurer Göttlichkeit in der multidimensionalen DNA in eurem Körper ist. Seid still und wisset, dass ihr Gott seid. Lasst die Suche ein Ende haben und feiert den Sieg der Wahrheitsfindung am allerunwahrscheinlichsten Ort ...: in eurem eigenen Innern!

Wir sind fast fertig. Wie würde es euch gefallen, Talente zu haben, die euch derzeit abgehen? *»Kryon, wie kann das sein? Entweder ich habe Talent oder keines. Entweder ich kann Klavier spielen oder nicht.«* Wie dreidimensional ihr doch seid! Ihr geht hin und beschließt – das war's. Ihr habt das Gefühl, ihr seid so eine Art Kuchen; wenn er aus dem Ofen kommt, ist er fertig gebacken. Ihr versteht nicht, dass ihr das Rezept seid, das den Anfang bildet, und dieses Rezept ruft danach, verändert zu werden. In eurer Akasha, also in eurer DNA, stecken Erinnerungen an Talente, die ihr (wie ihr meint) nicht habt, die ihr aber einmal gehabt habt. Auch das ist das *Schürfen in der Akasha.* Wir haben bereits darüber gesprochen. Es dauert Jahre. Es ist machbar. Es kann passieren, und es kann erwachen. Wovor habt ihr Angst? Warum fangt ihr nicht einfach an?

Du sagst: *»Na ja, ich kann nicht vor Leuten sprechen. Darin bin ich nicht gut.*« Und der Redner im dritten Jahrhundert? Willst du ihn wegwerfen? Das warst doch schließlich du! Möchtest du nach innen gehen und diese Attribute erhalten? Der Redner spricht mit Autorität, und die Leute hören zu. Das ist ein Talent, das viele von euch in sich tragen, aber nicht mehr hatten, als sie geboren wurden. Deshalb könnt ihr euch das nicht vorstellen. Ihr könnt nicht so viele Leben gelebt haben, ohne dieses Talent zu haben! Ich sage euch nochmals: Ihr habt in eurer persönlichen Geschichte so vieles, das ihr euch zunutze machen könnt, ihr lieben Menschen. Es steht euch frei, das zu entwickeln. Zu seltsam? Fragt einfach bei Gelegenheit mal meinen Partner. Er hat genau das getan.

Und hier nun DAS ALLERSCHWIERIGSTE: Wie würde es euch gefallen, wenn ihr eure DNA so verändern könntet, dass die Krankheit, von der sie derzeit durchströmt wird, sich nicht einmal mehr daran erinnert, dass sie jemals da war? Geht nach innen und macht euch die makellose DNA zu eigen, die ihr hattet, *bevor* die Krankheit überhaupt aufgetreten ist! Die DNA erinnert sich, wie das war. Sie hat es mitgemacht und war dabei, erinnert ihr euch? Verändert eure DNA auf multidimensionale Weise, damit sich die Krankheit davonmacht, weggeht und nie mehr wiederkommt. *»Klingt wie ein Wunder, Kryon!«* Genau das ist es ...: das Wunder des Wechsels hin zur Meisterschaft!

Wunder sind einfach Dinge, die außerhalb eures normalen Glaubens liegen. Verändert euren Glauben, dann werden sie zu etwas ganz Normalem. Wenn wundersame Dinge geschehen, erheben die

Menschen manchmal die Hände zu Gott und sagen: »*Danke, lieber Gott!*« Sie verstehen nicht, dass sie ihre DNA aktiviert haben und sie jetzt so machtvoll ist, dass sie das empfangen haben, was früher nur die Meister erreichen konnten. Sie haben einfach auf nicht lineare Weise das ausgetauscht, was sie austauschen konnten. Sie haben ihr Leben geheilt. Das, was – wie man meinte – nur von Meistern erlangt werden konnte, steht jetzt allen zur Verfügung. Das ist die Befähigung der menschlichen Rasse. Nicht einmal ein halbes Prozent der Menschen wird das jemals tun. Doch ihr gehört zu dieser Gruppe, und ihr wisst es.

Kryon
(Live-Channeling »Es ist in der DNA!«,
Kelowna/BC, Kanada, 28. Juni 2008)

Verstehen Sie nun, wie Sie in Ihrer Akasha schürfen können? Sie selbst sind das Wunder, auf das Sie gewartet haben! Und wenn Sie nicht wissen, wo Sie anfangen sollen? Wie können Sie Ihre Akasha durchforsten, wenn Sie nicht wissen, wonach Sie suchen? Vielleicht wäre es besser, Ihr Angeborenes darum zu bitten, Ihnen die nötige Synchronizität zu verschaffen, anstatt eine Wunschliste zu erstellen.

Als ich diesen Abschnitt schrieb, verbrachte ich zufällig den Sommer mit einer lieben Freundin, die genau das tat. Sie hat eine Art Meditationsleitfaden erstellt, mit dessen Hilfe auch andere Menschen in ihrer Akasha schürfen können.

Dr. Amber Wolf praktiziert seit über dreißig Jahren ganzheitliche Gesundheitspflege. Sie genießt als Lehrerin, Autorin, Heilerin und Musikerin internationales Ansehen. Amber Wolf gehört zum Kryon-Team und hat an der sehr beliebten und profunden »Kryon Discovery«-Veranstaltungsreihe mitgearbeitet, die vielerorts in den USA und außerhalb der USA abgehalten wurde. Sie ist auch die ursprüngliche Begründerin des heiligen Kreises der »Lemurischen Schwesternschaft«, welchen sie auf Basis ihrer Akasha-Erinnerungen an Lemurien entwickelt hat. Während eines Kryon-Channelings im Januar 2014 gab Kryon ihren lemurischen Namen bekannt: Mele'ha. Über die Lemurische Schwesternschaft hat Kryon Folgendes gesagt:

Die ursprüngliche *Lemurische Schwesternschaft* wurde in allen Teilen Lemuriens praktiziert, sowohl im Muttergebirge als auch auf den davon abstammenden Inseln und in den Siedlungen auf dem Festland. Sie überdauerte die »Wachstumsjahrhunderte der Akasha« bei Weitem und verbreitete sich auf der ganzen Erde, bis sie aufgrund der Überlebensattribute und der beginnenden Eroberungsgeschichte des Menschen in Vergessenheit geriet. Sie überdauerte die »exklusiven Ausdrucks-Attribute« des ursprünglichen Lemurien und wurde zu einer der geheimsten Gesellschaften der Erde. Sie wurde umbenannt und selbst von den Frauen, die sie hoch schätzten, geleugnet – doch aufgrund des Ungleichgewichts, das die Menschheit überrollte, schieden schließlich auch die Priesterinnen dahin. Aber sie verließ niemals die Akasha der alten Seelen. Wie die geflüsterten Worte einer alten Liebe stand sie immer bereit, wieder aus der Versenkung aufzutauchen und mit dem Feuer des Mitgefühls für alle Menschen wiederbelebt zu werden.[11]

Über zwei Jahre lang stand Amber Wolf mit Lee Carroll und Kryon in Verbindung, um die Akasha zu durchforsten und einen Meditationsleitfaden zu erstellen. Doch immer, wenn sie es versuchte, fand sie nicht die Worte dafür. Schließlich ließ sie los und sagte: »Okay Spirit, wenn du möchtest, dass das erledigt wird, dann musst du mir helfen!« Am nächsten Morgen wachte sie auf und hatte die klare Anweisung von Spirit, ihre Meditation sofort aufzuschreiben. Innerhalb von (zwei Jahren und) 45 Minuten hatte sie alles erledigt! Dank ihres Meditationsleitfadens »Mining Your Akashic Records« können Sie sich entspannen und wieder mit Ihrer göttlichen Essenz in Verbindung kommen. Amber Wolf verwendet in ihren geführten Meditationen auch sogenannte binaurale Beats[12], eine anerkannte »Brainwave Entrainment«-Methode, eine Methode zur Stimulierung und Synchronisierung der beiden Gehirnhälften, wodurch der Geist innerhalb weniger Minuten des Zuhörens in einen tiefen meditativen Zustand kommt.

Wie mir klar ist, fällt es vielen Menschen schwer, einer geführten Meditation zu folgen und sich das, was dabei beschrieben wird, vorzustellen. Geht es Ihnen auch so? Wenn ja, hilft Ihnen vielleicht der folgende Vorschlag: Lassen Sie zu, dass Sie mit der Intention des göttlichen Menschen verschmelzen, der Sie in diese Erfahrung führt. Zerbrechen Sie sich nicht den Kopf darüber, ob Sie alles richtig oder falsch machen. Es gibt kein Richtig und kein Falsch. Entspannen Sie sich einfach in dem Vertrauen, dass Ihr Höheres Selbst und Ihr Angeborenes Ihnen genau das bringt, was Sie brauchen.

Als ich die Meditation »Mining Your Akashic Records« machte, hatte ich das Gefühl, in einer Kristallstruktur zu sein. Für einen kurzen Moment verband ich mich mit meinen Geistführern und mit Gaia. Nach der Meditation war mein ganzer Körper am Summen. Ganz ehrlich, ich kann wirklich nicht sagen, welche Attribute ich in dieser Meditation aktiviert habe. Ich weiß nur eins: Mein Angeborenes brachte aus meiner Akasha das heraus, was ich brauchte, und ich verspürte ein tieferes Gefühl des Friedens. Und ich weiß: Mit der Zeit wird diese Erfahrung zur vollen Realisierung gelangen.[13]

Beim Schreiben dieses Buches wurde mir ein Thema bewusst, das dauernd meinen »Angst, Panik und Sorgen«-Knopf drückte. Ich bat meine australische Freundin Wendy Chadwick um Hilfe, die ich auf einem Kryon-Seminar auf Hawaii kennengelernt hatte. Wendy verfügt über eine ausgeprägte Intuition und channelt liebevolle Botschaften von jenseits des Schleiers. Ich bat Wendy, für mich eine Botschaft zu channeln, um mir bei meinem Dilemma zu helfen. Ein Absatz erregte dabei meine Aufmerksamkeit ganz besonders:

Du liebes, kostbares Wesen, wir sind in diesen Zeiten der Frustration immer bei dir und verstehen, dass bei all den Geschehnissen, die derzeit in deiner Welt passieren, Geduld vonnöten ist. Wie wir wissen, ist das in deiner linearen Welt schon seit geraumer Zeit so. Dieses Muster stammt aus anderen Leben, ein Gefühl, auf etwas zu warten, zu warten, zu warten, zu warten, zu warten … Denn du kennst dieses Muster, das in dir sitzt, sehr gut, und zwar schon seit vielen Inkarnationen. Deshalb bist du jetzt, wo du es so klar siehst, noch frustrierter. Es ist in den Vordergrund getreten, sodass es im Bewusstsein geklärt werden kann, anstatt weiterhin im Unterbewusstsein Schaden anzurichten.

Diese Botschaft war so stimmig, dass ich sofort eine »Electro Magnetic Field Balancing Technique«-Sitzung bei Debbie Morris ausmachte, einer wunderbaren EMF-Therapeutin und hoch entwickelten Seele. Ich wollte eine Phase-II-Sitzung, bei der es insbesondere darum geht, Energieblockaden aus der Vergangenheit loszulassen und die Bewusstheit der Selbststeuerung und Selbsthilfe zu fördern. Ich wollte dieses alte Energiemuster, das für mich nicht mehr nützlich war, auflösen. Debbie, die in Sydney war, gab mir, die ich gerade in Santiago/Chile war, eine »Fernbehandlung«. Wir machten keinen festen Termin für die Sitzung aus, sondern vereinbarten nur den Tag, aber keine Uhrzeit. Doch ich wusste, wann die Behandlung begann: Ich spürte eine riesige Energiedecke und danach eine starke Energiebewegung in der Wirbelsäule. Ich wusste auf der Stelle, dass sich tief in meiner Akasha etwas verändert hatte.

Als ich am nächsten Tag mit Debbie Verbindung aufnahm, erzählte sie, welche Einsichten sie während der Behandlung gewonnen hatte. Ihrem Gefühl nach waren die Muster, die ich auflösen wollte, sehr alte und sehr tiefe energetische Beschränkungen, die sich in meiner Wirbelsäule verfangen hatten und dort festsaßen. Während der EMF-Sitzung wird eine bestimmte Bewegung ausgeführt, die die Wirbelsäule klärt. Als Debbie das machte, sah sie diese alten »Verhakelungen« als Schatten in meiner Wirbelsäule. Und als sie mein Herzzentrum klärte, kamen die Worte »gebrochenes Herz wegen unerwiderter Liebe« durch.

Zweifellos war diese EMF-Sitzung (zusammen mit meiner Intention) ein starker Katalysator, der mir half, ein altes Energiemuster aus meiner Akasha, welches ich seit vielen Inkarnationen mit mir herumtrug, zu klären und zu verändern. Das erklärte auch meine traumatische Reaktion auf das Scheitern meiner Ehe, denn dadurch wurde meine Erfahrung des »gebrochenen Herzens« erneut angestoßen. Dieses Ereignis trieb mich zum spirituellen Erwachen.

Die Synchronizität eines wichtigen Durchbruchs mit einer tief sitzenden Akasha-Erinnerung während des Schreibens eines Buches über die Akasha ist kein Zufall. Und wie immer muss ich darüber lächeln, wie Spirit mit uns arbeitet. Spirit sieht unsere Intention.

Und wenn Ihre Akasha aufwacht, dann erhalten Sie genau zu diesem Zeitpunkt die entsprechenden Anweisungen.

Kryon hat schon oft von »Der Lehrerin Peggy« (Peggy Phoenix Dubro) gesprochen; am 21. Dezember 2012 hat er ihren lemurischen Namen offenbart: Alani'ee. Peggy betrachtet die Menschheit aus Quantensicht. Egal, wie weit jemand weg ist, sie kann die Quantenenergie dieser Person zurückspiegeln. Nach der EMF Balancing Technique hat Peggy noch zwei weitere Arbeitsansätze entwickelt: »Reflections« und »The Waves«. Peggy Phoenix Dubro ist zudem ein Medium und channelt die Weisheit des Weiblich-Göttlichen aus dem Kryon-Gefolge. Während der *Kryon Summer Light Conference* im Jahr 2002 machte Kryon die folgende Mitteilung:

Meine Gruppe ist weiblich, aber meine Essenz ist männlich. Ich bin eine ausgewogene Gruppe, genau wie ihr. Ich habe zwar kein Geschlecht, doch das Gleichgewicht zwischen dem, was für euch etwas Absolutes ist, ist bei mir variabel. Ich bin beides, und ich ändere mich entsprechend den Umständen. Das ist eine Ehrerweisung, und ihr könnt sehen, wie ich das mache.

Kryon
(Live-Channeling »Und so beginnt es ...«,
Santa Fe/New Mexico, 20. Juli 2002)

Peggy hat schon oft gemeinsam mit Lee Carroll gechannelt – jetzt wissen Sie warum. Kryon hat »The Lattice«[14] (das »Gitternetz«, das von Peggy gelehrt wird) folgendermaßen beschrieben:

Das Gitternetz stellt die persönlichen Akasha-Merkmale eines Menschen dar, eine Quantenenergie, die ihn umgibt und die er nutzen kann. Es umfasst Heilung, ein ausgewogenes Leben und sogar die Meisterschaft. Die DNA ist lediglich das physische Vehikel eines Quantenzustands. Ein Quantenzustand ist überall zugleich. Das ist für euch, liebe Menschen, schwer zu verstehen, aber eure DNA besteht nicht aus einzelnen Teilen. Sie ist im ganzen Universum! Gott weiß, wer du bist, du Quantenmensch. Wenn du diese Teile aktivierst, verändert dein Gitternetz die

Farbe, hast du das schon gewusst? Aber am besten überlassen wir es der Lehrerin, Peggy Phoenix Dubro, es euch zu erklären. [Kryon zwinkert.]

Kryon
(Live-Channeling »Aktivierung der DNA«,
Riga/Lettland, 15. März 2009)

Sie können die Akasha auch durchforsten, indem Sie mit reiner Intention mit dem Angeborenen kommunizieren. Die nachfolgende Durchgabe von Kryon erklärt diesen Prozess:

Reine Absicht ist so rein, dass ihr keinen Rückzieher mehr machen könnt, wenn ihr sie einmal bekundet habt. Sie ist etwas Absolutes. Ihr werdet durch Intention etwas kokreieren, denn die Intention besteht darin, dass sich *alles an euch* in einen Bereich begibt, wo ihr nie zuvor gewesen seid. *»Na komm, Kryon. Mit diesen Informationen können wir wirklich gar nichts anfangen. Reine Intention – wofür? Wie? Gib uns noch ein paar Erklärungen.«*
Jetzt kommt eine Metapher, die ihr nie vergessen werdet: Wenn ein Mensch am Ufer eines Sees steht und hineinspringen will, arbeiten alle Muskeln seines Körpers in reiner Absicht zusammen. Er genehmigt den Sprung, und alle Eigenschaften spielen zusammen, um in die Luft springen zu können. Er hat sich verpflichtet zu springen, und es gibt kein Zurück. Doch da ist noch mehr. Genau in diesem Moment läuft ein Prozess ab, den die Menschen überhaupt nicht verstehen, aber sie verlassen sich darauf und nutzen ihn; das ist die sogenannte Schwerkraft. Die Wissenschaft versteht nicht, was Schwerkraft ist. Die Wissenschaftler glauben zwar, sie wüssten es, und meinen, es hätte etwas mit Masse zu tun. Es hat auch tatsächlich etwas damit zu tun, aber Masse ist nur *ein* Attribut der Schwerkraft. Den Zusammenhang, den ihr in 3-D sehen könnt, habt ihr verstanden. Der Überlebensmodus hat euch alles darüber beigebracht. Eines Tages aber werdet ihr die Schwerkraft kontrollieren und masselose Objekte herstellen können. Tesla hat genau das getan. Da draußen existiert die entsprechende Wissenschaft und wartet

darauf, erneut entdeckt zu werden, doch bis dahin versteht ihr es noch nicht. Aber seltsamerweise nutzt ihr sie [die Schwerkraft] alle. Das ist ein extrem komplexer Prozess, der kein bisschen verstanden wird. Es ist ein multidimensionales Attribut des Universums, und ihr nutzt es tagtäglich. Ihr denkt nicht einmal darüber nach. Ihr versteht es nicht, aber ihr verlasst euch darauf, dass es immer da ist und immer gleichbleiben wird.

Der Mensch ist also jetzt vom Ufer abgesprungen, und die Schwerkraft befördert ihn in den See. Wie viele von euch machen sich nass, steigen aus dem See heraus, setzen sich mit einem Notizblock hin und wollen eine Liste darüber anfertigen, wie die Schwerkraft das gemacht hat? [Lachen.] Versteht ihr, was da passiert? Hört gut zu: Es gibt eine profunde göttliche Regel und ein Axiom über reine Absicht. Ich will euch das auf andere Weise nahebringen.

Euer Höheres Selbst ist ein Stück des Schöpfers. Ihr alle werdet damit geboren. Es ist dieselbe Seele, die ihr in jedem eurer Leben hattet. Ist euch das klar? *In jedem Leben immer dieselbe Seele!* Da ist ein Freund, der euch auf jeder Reise begleitet hat, zusammen mit dem Angeborenen. Manche von euch konnten die Hände ausstrecken und diesen Freund berühren, das ist immer dann, wenn ihr auf dem Planeten am friedfertigsten seid. Könnt ihr das fühlen? Könnt ihr euch daran erinnern? Wie würde es euch gefallen, dieses Gefühl die ganze Zeit zu haben? Das ist, als ob ihr in euch drinnen alle eure Eltern in einem zusammengewickelt tragt, und sie schauen euch an. Ihr könnt sie berühren, sie können euch berühren. Ihr könnt, wann immer ihr das wünscht, ihre Hände berühren. In reiner Liebe – das sind die Eltern, die ihr euch immer gewünscht habt, wenn ihr sie auf der anderen Seite des Schleiers nicht hattet. Genau das ist es [...].

Und hier ist ein Versprechen, ihr lieben Menschen: Wenn ihr euch auf diese reine Absicht einlasst, dann übernimmt dieser Prozess und funktioniert, und zwar weil Spirit darauf gewartet hat. Springt in den See! Ihr könnt damit nicht aufhören. Im menschlichen Gehirn gibt es keine Löschtaste. Ihr könnt nicht *nicht* wissen, was ich euch gerade gesagt habe. Ihr könnt es versuchen, aber es wird nicht funktionieren, weil ich zu dem spreche, was genau jetzt in euch ist. In diesem Moment fühlen das einige von euch. Hier befinden sich alte Seelen, deren Höheres Selbst euch anruft: »*Hör zu, hör zu, hör zu, hör zu, hör zu, hör zu, hör zu, hör zu, hör zu, hör gut zu!*« Denn das Höhere Selbst ist schon dein ganzes Leben bei dir, und alles, was es von dir will, ist, dass du die Hand berührst, die sich dir entgegenstreckt – das ist alles, was es sich wünscht. Das setzt den *Prozess* in Gang.

Die Einladung des heutigen Tages umfasst also keine Schritte, kein Training. Wie gefällt euch das so weit? Doch ihr könnt euch auf den Prozess verlassen, so wie ihr euch auf die Schwerkraft verlasst. Kann es so schwer sein? Es ist da. Es funktioniert, aber ihr müsst den Sprung wagen. Und wenn ihr gesprungen seid, gibt es kein Zurück. Ihr werdet im See landen.

Kryon
(Live-Channeling »Der Prozess«,
Laguna Hills/Kalifornien, 4. Dezember 2011)

Haben Sie Kryons Metapher verstanden? Er beschreibt den Wunsch eines Menschen, in den See zu springen. Nun gibt es aber Menschen, die vielleicht springen wollen, es aber nie tun, und andere, die sich wirklich auf den Sprung einlassen und tatsächlich vom Rand hineinspringen. Der Mensch, der sich auf den Sprung in den See einlässt, steht für den Menschen mit der reinen Intention, seine Akasha zu durchforsten.

Und was geschieht mit einem solchen Menschen, wenn er dann springt? Es kommt eine andere Art von Energie ins Spiel, die sogenannte Schwerkraft. Wenn der Mensch vom Rand abspringt, übernimmt die Schwerkraft die Macht und zieht ihn in den See. Selbst wenn er seine Meinung ändert, wird er von der Schwerkraft hineingezogen.

In dieser Metapher steht die Schwerkraft für das Angeborene. Der Mensch, der mit reiner Absicht in seiner Akasha schürfen möchte, aktiviert das Angeborene, das daraufhin einen für uns unbegreiflichen Prozess in Gang setzt, um uns das aus der Akasha Benötigte zur Verfügung zu stellen. Dank dieses wunderbaren Systems müssen wir dem Angeborenen nicht einmal sagen, was wir brauchen; das Angeborene gibt uns alles an die Hand, was für unsere Weiterentwicklung stimmig ist.

Entscheidend dabei ist die Erkenntnis, dass das Schürfen in der Akasha mit spiritueller Entwicklung zu tun hat und eben nicht mit der Erfüllung dreidimensionaler Wünsche. Es sollte Sie allerdings auch nicht überraschen, wenn sich bei Ihnen im Laufe dieses Prozesses dreidimensionale Attribute verändern. Deshalb sagt Kryon, wir können unsere Ängste loswerden und wieder mit den Fähigkeiten und Talenten in Kontakt kommen, die wir in unserer Akasha tragen.

Und noch etwas soll hier klargestellt werden: Kryon spricht manchmal davon, unser *Höheres Selbst* um etwas zu bitten, und manchmal spricht er vom *Angeborenen*. Was ist nun richtig? Die Antwort lautet: Beides. Das Höhere Selbst und das Angeborene arbeiten als multidimensionale »Suppe« zusammen.

Es gibt mehrere Möglichkeiten, die Akasha zu durchforsten; auf einige bin ich ja schon eingegangen. Auch andere Heilweisen und energiepsychologische Techniken können helfen. Liebe Leser, wenn Sie das wünschen, dann wird es auch geschehen, darauf können Sie sich verlassen!

Seien Sie wachsam und achten Sie auf Synchronizitäten. Eventuell ist der »Quantum EFT and Mining the Akash«-Workshop für Sie interessant. Diese Technik wurde von der bekannten australischen Therapeutin und EFT-Expertin Jenny Johnston entwickelt; damit können Sie alte Ängste aus der Vergangenheit bereinigen und Ihre Akasha durchforsten.[15]

Kryon hat uns zudem ein Beispiel für ein wunderbares neues Gelöbnis gegeben, das Sie an die Stelle alter energetischer Schwüre setzen können, die Sie vielleicht noch aus früheren Leben mit sich herumtragen (Sie können, wenn Sie wollen, dieses Gelöbnis laut aussprechen):

»Lieber Spirit, während der Jahre, in denen die Erde gerettet wird, bin ich am Leben, und ich bin hier, um etwas auf dem Planeten zu verändern. Hiermit sage ich mich von allen Schwüren los, die dem im Wege stehen würden, denn sie gehören zu einem anderen Bewusstsein und einer anderen Energie. Stattdessen erneuere ich

meine Gelöbnisse mit eben der Akasha-Energie, die sie ursprünglich aufnahm. All die Lebenszeiten, die jetzt hinter mir sind, dienen mir als Stütze. Und wie ein Energiestab, den ich durch meine Geschichte hinunterlasse, übernehme ich die Kontrolle über all diese Leben. Ich werde die Hilfe des gesamten Bewusstseins all dieser Seelen brauchen, die ich einmal war, von dem Zeitpunkt an, als ich zum ersten Mal auf diesen Planeten kam. Gemeinsam erzeugen wir ein weißes Licht, wie es der Planet noch nie gesehen hat – das Licht der vielen Ichs, gebündelt im Brennpunkt meines jetzigen Ichs. Deshalb kam ich dieses Mal hierher, und deshalb habe ich durch die Zeitalter hindurch existiert – um jetzt hier zu sein.«

Kryon
(Live-Channeling »Die menschlichen Leuchtturm-Filter«,
Newport Beach/Kalifornien, 3. Dezember 2006)

FRAGEN AN KRYON

Wie können wir uns daran erinnern, welche Attribute uns in unserer Akasha zur Verfügung stehen?

Das müsst ihr gar nicht. Unsere Unterweisung zu diesem Thema war klar. Lass den Menschen bitten: *»Lieber Spirit, sag mir bitte, was ich wissen sollte.«* Das ist immer das System für einen Menschen, von dem man nicht erwarten kann, dass er in esoterischen und nicht linearen spirituellen Systemen schürft, die außerhalb seiner dreidimensionalen Logik und außerhalb seines 3-D-Bewusstseins liegen.

Euer Angeborenes weiß, wie ihr eure Gesundheit, Stabilität und euer psychisches Wohlbefinden stärken könnt. Euer Angeborenes ist der »intelligente Körper«, über den wir schon viele Durchgaben gemacht haben. [Weitere Informationen dazu in Kapitel 7: »Die drei Teile des Menschen«.]

Wenn es also »da drinnen« ist, dann weiß euer Angeborenes Bescheid und hilft euch dabei, diejenigen Teile eurer früheren Lebenserfahrungen zutage zu fördern, die euch in diesem Leben zu einer besseren Gesundheit und einem längeren Leben verhelfen können.

Oft sind tief in unserer Akasha alte energetische Muster vergraben, derer wir uns nicht bewusst sind. Manchmal steht das unserem Mitschöpfertum im Wege. Beispielsweise steckt in der Akasha eine Erinnerung an Armut und Mangel. In diesem Leben möchten wir deshalb Überfluss und Reichtum kokreieren. Wie gehen wir diese tief liegenden Probleme an, derer wir uns im Mitschöpferprozess nicht immer bewusst sind?

Das gehört zum Thema »Umschreiben« der DNA-Engramme, die zu den alten Vorlagen früherer Leben gehören. Das heißt, ein Großteil eurer DNA (und damit eurer Akasha) besteht einfach aus Daten, die geändert werden können, wenn ihr das wollt. Das »Schürfen in der Akasha« kann also auch einfach in einer *geänderten Reaktion auf die Vergangenheit bestehen*. Im Laufe dieses Prozesses findet ihr ein Vorleben *ohne* das damit einhergehende Trauma und bringt damit die Attribute des Friedens in das jetzige Leben. Die Vergangenheit ist Vergangenheit, und die subtilen, tief sitzenden Erinnerungen werden immer da sein. Aber ihr könnt eure *Reaktion* darauf umschreiben, und dabei kann euch das Angeborene helfen, ebenso wie eure Verbindung zu Spirit.

Stellt euch vor, jemand schreibt einen Missbrauch oder ein schreckliches vergangenes Erlebnis um. Das ist so wunderschön und so machtvoll, ihr Lieben, dass auch ihr es vielleicht sogar noch in eurem jetzigen Leben macht. Doch vieles wird umgeschrieben wegen der vielen Lebenszeiten voller Armut, Verfolgung oder schlechter Gesundheit. Armut ist tendenziell ein Überbleibsel, das nur schwer abzuschütteln ist, sogar wenn das derzeitige Leben voller Fülle und Reichtum ist! Das erklärt, warum jemand Geld hat, aber sich ständig darum sorgt, keins zu haben, und so zum »Pfennigfuchser« wird. Ein Hypochonder ist jemand, bei dem noch ein Rest Ungesundheit zurückgeblieben ist, und so projiziert er diese Vorlage in sein jetziges Leben. Das sind Menschen, die sich viele der Krankheiten, wegen denen sie sich Sorgen machen, auch tatsächlich einfangen, denn der Körper versucht, dem Bewusstsein zu Gefallen zu sein und ihm das zu geben, womit es sich ständig beschäftigt.

Diese Themen sind für Kryon »die Unterweisung des heutigen Tages«; all das gehört zu einem Prozess, der ein neues Denkparadigma erfordert, sodass ihr euch von eurer Intuition helfen lasst – als ein Führer auf einer Reise, die fast so etwas wie eine Reise ins Unbekannte ist. Beginnt damit, daran zu glauben, dass es da ist, und dann tretet in Kommunikation mit dem Angeborenen. Der Körper »hört« darauf, und langsam erschafft ihr tatsächlich das, worüber ihr nachgedacht habt.

Eine der Herausforderungen des Menschseins besteht darin, Geduld zu haben und auf Synchronizitäten zu warten. Schon viele Male war metaphorisch vom »einfahrenden Zug« die Rede – was für eine Situation oder ein Ereignis steht, auf das wir warten. Und es hieß, wir sollten uns entspannen, denn wir hätten eine »Zugfahrkarte«; sie steht für unsere Intention bzw. unsere Bitte um das Gewünschte. Das Warten auf Synchronizitäten bedeutet, zu erkennen, dass der Zug entsprechend dem »Fahrplan« von Spirit eintreffen wird und nicht nach unserem eigenen Fahrplan. Können wir etwas unternehmen, um dafür zu sorgen, dass unser Zug früher eintrifft? Wie erkennen wir, wenn Spirit einen besseren Plan hat?

Standardmäßig lautet es: *»Das hier – oder etwas Besseres ...«* Je mehr ihr auf die Uhr schaut und herauszufinden versucht, wozu dies oder jenes führt oder wie die Alternative aussehen könnte, desto schlimmer macht ihr es. Versucht niemals, etwas zu beschleunigen oder zu verlangsamen! Versucht nie, zu erraten, warum der Zug so lange braucht! Und wenn der Zug dann ankommt, seid nicht enttäuscht, wenn er nicht dahin fährt, wo ihr es erwartet habt! Das sind die Regeln ausgereifter Synchronizität. Synchronizität gibt euch keine Antwort auf die Frage, *was ihr wollt*. Synchronizität bedeutet, ihr seid damit einverstanden, an »*Dem hier – oder etwas Besserem*« zu arbeiten und aus dem Weg zu gehen, damit es geschehen kann. Spirit hat ein umfassenderes Bild, ihr aber nicht.

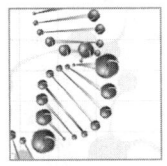

Der Mensch war durstig, kein Wasser war in Sicht. Er saß im Wald, es war heiß und trocken. »*Bitte, lieber Gott, lass es regnen! Bitte, lieber Gott, lass es regnen! Ich warte auf die Synchronizität.*«

Aus Tagen wurden langsam Monate, und es gab immer noch kein Wasser. Der Mensch saß da und war ermüdet, hatte Angst und wurde immer durstiger. Es war kein Ende in Sicht, und er stand kurz davor, aufzugeben.

Es wurde Herbst, und allmählich begannen die Bäume, ihre Blätter zu verlieren. Jetzt geriet der Mensch in Panik. »*Diese Bäume sterben ab! Die Blätter fallen, und ich bin als Nächstes mit dem Sterben an der Reihe.*«

An diesem Punkt könnte der Mensch einfach aufhören und Schluss machen. Viele Menschen tun genau das.

Immer mehr Blätter fielen, und nun, da es kein Blattwerk mehr gab, hatte der Mensch Sicht auf etwas, das bislang immer vor seinen Augen verborgen war. Da, schau! Durch die Bäume hindurch konnte er einen See sehen! Es war ein wunderschöner Frischwassersee voller kostbarem Trinkwasser. Er war die ganze Zeit dagewesen. Aber der Mensch musste den richtigen Zeitpunkt und die richtige Jahreszeit abwarten, um ihn sehen zu können.

Das ist eine Metapher für Synchronizität. Hat es für ihn geregnet? Nein.

Kapitel 6

Die Zeitkapseln der Akasha

Die meisten Menschen verstehen unter einer »Zeitkapsel« einen Behälter, in dem Güter oder Informationen aus der Vergangenheit stecken und der irgendwo steht oder vergraben ist und darauf wartet, irgendwann in der Zukunft geöffnet zu werden. Doch was meint Kryon damit, und wie kamen diese Zeitkapseln auf den Planeten? Laut Kryon wurden sie von den Plejadiern auf die Erde gebracht, unseren spirituellen Eltern, die auf diesem Planeten göttliche DNA ausbrachten – in Liebe und so, wie es stimmig war. Es gibt Zeitkapseln in Gaia (im Kristallgitter und den Cetacea) und in Ihrer DNA (in Ihrer Akasha). Diese Zeitkapseln dienen unterschiedlichen Zwecken, und sie arbeiten im Rahmen eines Planes zusammen: nämlich herauszufinden, ob die Menschheit einen aufgestiegenen Planeten erschaffen kann. Bei den Zeitkapseln in Gaia geht es um Informationen und Ideen, um quantenhafte Attribute der Wissenschaft und des Lebens, die es zu entdecken gilt, damit wir in diese neue Energie wechseln können. Kryon hat dazu gesagt:

Denjenigen, die sie spüren können, erscheinen die Zeitkapseln als etwas Lebendiges; für diejenigen, die mit esoterischen Augen »sehen«, »wimmeln« sie vor lauter Aktivität. Es gibt ein Lagerhaus zukünftigen Wissens und voller zukünftiger Ideen in diesen Zeitkapseln, die ihr *Gaia* nennt; sie wurden vor langer Zeit von denjenigen dorthin gebracht, die ihr die *Plejadier* nennt, und diese Zeitkapseln werden sich öffnen und erst einmal neue Vorstellungen über Einheit und Frieden preisgeben, bevor sie Erfindungen offenlegen.

Kryon
(Live-Channeling »Die Zeitkapseln von Gaia«,
Salt Lake City/Utah, 9. Februar 2013)

Die Zeitkapseln in unserer DNA sind eher persönlicher Natur. Es geht, wie Kryon sagt, dabei um …

… das spirituelle Erbe, mit dem ihr hierherkamt und das nun bereit ist, sich wie eine Lotusblüte zu öffnen. Wenn das geschieht, entsteht eine neue Bewusstheit. Es entsteht eine Art Frieden, der nicht unbedingt friedlich ist; es entsteht eine Art Geduld, die nicht unbedingt geduldig ist. Dann werdet ihr euch verändern, denn es werden Ideen, Emotionen und ein Bewusstsein freigesetzt, die schon immer in euch vorhanden waren, sich aber jetzt erst in dieser neuen Energie zeigen.

Kryon
(Live-Channeling »Die Zeitkapseln von Gaia«,
Salt Lake City/Utah, 9. Februar 2013)

In den Jahren 2012 und 2013 gab Kryon viele Botschaften durch, bei denen es vor allem um das Thema der Rekalibrierung bzw. Neuausrichtung ging. Lee Carroll hat darüber ein Buch geschrieben (»Recalibration: Eine Neuausrichtung der Menschheit«, Kryon-Buch 11). Es sollte uns deshalb keineswegs überraschen, dass sich auch unsere Beziehung zu unserer Akasha aufgrund der aus den Zeitkapseln freigesetzten Informationen neu ausrichtet.

Wir haben euch von einigen der Zeitkapseln in eurer DNA erzählt, insbesondere von derjenigen, die wir als »Instinkt« bezeichnen. Das ist jetzt ein Rückblick, aber wir wollten, dass ihr das in diesem Raum hier hört. Tiere haben Instinkte, das seht ihr ständig. Wenn bestimmte Tiere im freien Feld geboren werden, ist das Kalb innerhalb weniger Stunden auf den Beinen und rennt herum. Es weiß, wer seine Feinde sind, weiß, welche Nahrung giftig ist, und sogar, welches Wetter gut und weniger gut ist – und das alles innerhalb weniger Tage nach seiner Geburt. Doch der Mensch, dessen DNA nur zu 30 Prozent aktiv ist, weiß das alles nicht. Ist euch das schon einmal aufgefallen? Menschliche Babys werden geboren und sind hilflos, und zwar für sehr lange Zeit! Nichts geht automatisch. Sogar der grundlegende Realitätsbezug fehlt. Man muss ihnen erst sagen, dass Hitze ihnen Verbrennungen zufügt. Sie wissen, sie sollten laufen, aber das lernen sie unter Schwierigkeiten.

Ich möchte, dass ihr jetzt einmal das Blatt wendet und einen Menschen seht, dessen DNA zu 40 Prozent aktiv ist. Macht euch darauf gefasst ... Das Kind kommt auf die Welt, und schon bald versucht es zu lesen, denn es hat schon früher gelesen. Das mit dem Laufen klappt auch schon früh, denn es erinnert sich, wie es geht. Diese Kinder kommen auf den Planeten und wissen, dass Hitze Verbrennungen verursacht. Das ist eine Neuausrichtung des Grundinstinkts und wird dem Menschen genauso angeboren sein wie den Tieren im Feld, aber bislang habt ihr das noch nicht gesehen. Ihr glaubt es nicht! Vielleicht glaubt ihr nicht einmal, dass ihr das könnt? Passt auf, ihr werdet es sehen.

»Kryon, hat das nicht etwas mit der Akasha zu tun?« Jawohl! Anders ausgedrückt: Ihr seht eine Rekalibrierung eurer Beziehung zu eurer Akasha-Chronik. Manches von dem, was ich da sage, hat mit Dingen zu tun, über die ich bereits gesprochen habe, denn wir haben viele Durchgaben über die Neuausrichtung der DNA gemacht. *»Wo ist meine Akasha-Chronik?«* Sie befindet sich in der DNA. *»Gibt es Zeitkapseln speziell für das Erinnern der Akasha?«* Jawohl. *»Was sind das für Zeitkapseln, was passiert mit der Akasha, was anders ist als die Dinge, die du bereits erwähnt hast?«* Wir wollen diese Dinge schön langsam besprechen.

Ihr seid euch der Akasha des Menschen nicht tagtäglich bewusst. Ihr redet darüber in einem Seminar oder lest etwas darüber in einem Buch, aber es ist für euch nichts Praxisbezogenes. Wir sagen dazu: Ihr habt sie euch nicht wirklich angeeignet! Man hat euch gesagt, sie befände sich da drinnen, aber ihr glaubt das nicht unbedingt ...

Ich sitze hier vor alten Seelen, und für mich ist es interessant, dass ihr eigentlich nichts darüber wisst. Ein Teil von euch – ja, der Teil eures intelligenten Körpers, den wir *das Angeborene* nennen, weiß alles darüber, und ihr könnt diesen Teil intuitiv nutzen. Wenn ihr einen Moment meditieren und diesen Teil eures Körpers fragen würdet: *»War ich schon mal hier?«*, dann müsstet ihr euch auf einiges Gelächter gefasst machen; der Körper würde lächeln und sagen: »*Oh, schon viele Male!*« Das ist ein intuitives Gefühl. Ich möchte, dass ihr das jetzt *fühlt*.

Ganz ehrlich, ihr Menschen, glaubt ihr wirklich, ihr seid zum ersten Mal hier? Ganz ehrlich? Die Antwort lautet natürlich: Nein. Natürlich glaubt ihr das nicht! Den alten Seelen, den weisen alten Seelen, die da auf den Stühlen vor mir sitzen, ist das angeboren. Sie wissen es! Manchmal lauft ihr durch die Stadt und fragt euch: »*Was denken sie, was machen sie?*« Ihr schaut auf eine Gruppe von Erwachsenen, ihr sagt nichts, ihr beurteilt nichts, aber ihr könnt euch fast daran erinnern, wie es war, in ihren Schuhen zu stecken. Denn sie erleben Dramen oder arbeiten an Dingen, die ihr schon vor langer Zeit erledigt habt. Woher wisst ihr also, dass ihr alte Seelen seid? Wenn ich euch fragen würde: »Spürt ihr eure Akasha?«, würdet ihr sagen: »*Nicht wirklich, aber ich habe das Gefühl, ich bin eine alte Seele.*«

Akasha-Bewusstheit

Die erste Zeitkapsel, die in der Akasha aufwacht und neue Quantenenergie ausgießt, ist schwer zu erklären. Ich nenne sie »Akasha-Bewusstheit«. Ihr könnt mit der Akasha überhaupt nichts anfangen, wenn ihr nicht an ihre Existenz glaubt; zunächst einmal muss also eine Bewusstheit der Akasha vorhanden sein. Die Realität vergangener Leben ist eine Notwendigkeit, und für alte Seelen wird das etwas ganz Normales sein. Eines Tages werden nur noch sehr wenige Leute mit den Augen rollen, wenn von früheren Leben die Rede ist. So wie ihr wisst, dass ihr in diesem Moment lebendig seid und atmet, werdet ihr wissen, dass ihr das auch früher schon getan habt und es wieder tun werdet. Es wird für euch real sein. Bei diesem Teil einer neuen Energie leistet das Kristallgitter des Planeten Hilfestellung.

Da gibt es natürlich noch mehr. Was ist sonst noch in eurer Akasha? Was ist eurer Meinung nach die wichtigste Zeitkapsel? Wir wissen, was es ist, und ihr solltet es euch inzwischen eigentlich auch zusammengereimt haben ... Es ist das Erwachen der

Weisheit der Ahnen, ihr alten Seelen, denn ihr selbst seid eure eigenen Akasha-Vorfahren!

Wir wollen das hier noch einmal in einem Überblick darlegen. Was ist die Akasha-Chronik des Menschen? Sie besteht aus zwei Hauptteilen: aus Erfahrungen und gelerntem Wissen. Manche Kulturen verehren ihre Ahnen, und je älter ein Mensch in einem Stamm wird, desto mehr Respekt wird ihm entgegengebracht. Warum? Wegen der Erfahrung und dem gelernten Wissen. Das hat die Menschheit schon immer als etwas Positives betrachtet.

Könnt ihr euch eine Zeitkapsel in eurer Akasha vorstellen, die euch keine Fakten darüber liefert, wer ihr wart, sondern nach und nach Informationen darüber freisetzt, was ihr getan und was ihr gelernt habt? Könnt ihr euch ein Baby vorstellen, das auf den Planeten kommt und bereits mit drei oder vier Jahren vor lauter Weisheit explodiert, ähnlich wie auf dem Video von dem Klavier spielenden Kind [ein Video, das vorher im Seminar gezeigt wurde: ein vierjähriges Kind, das meisterhaft Klavier spielt; vgl. S. 112]? Woran erinnert sich das Kind? An Erfahrungen und an gelerntes Wissen. Die Hände auf der Tastatur bewegten sich geübt. Das Wissen, welche Tasten gedrückt werden müssen, um diese Musik zu spielen, kam aus der Akasha.

Könnt ihr das auf Wissen und Weisheit übertragen, nicht nur auf die Fähigkeit, Klavier zu spielen? Versteht ihr, was diese Zeitkapsel alles erzeugen könnte? Was geschieht mit Weisheit? Warum verehren wir diejenigen, die auf dem Planeten voller Weisheit waren? Weil sie oft diejenigen waren, die die Puzzleteilchen für uns zusammenfügten.

Es wurden die Fragen gestellt: *»Wird sich die Akasha verändern, insbesondere das karmische Zusammenspiel in karmischen Gruppen? Was passiert damit, wenn die Menschen sich weiterentwickeln? Wird sich die Organisation der karmischen Gruppen verändern?«* Ich frage euch: Vor dreiundzwanzig Jahren sprach ich zu meinem Partner, und er schrieb diese Worte nieder: »Ihr könnt euer Karma aufgeben.« Die meisten der alten Seelen hier im Raum haben das getan. Wisst ihr, woher ich das weiß? Weil so viele von euch aus ihren Familien und Freundschaften vertrieben wurden. Es ist unangenehm, wenn man heimgeht und über manches nicht mehr gesprochen wird. Ihr seht also, ich weiß, wer hier ist. Ihr habt euer Karma aufgegeben.

Ich möchte euch eine grundsätzliche Frage stellen: »Wie könnt ihr in einer karmischen Gruppe sein, wenn ihr euer Karma aufgegeben habt?« Und die Antwort lautet: Ihr könnt eben nicht – zumindest nicht in den Gruppen, die ihr bisher gewohnt wart. Die alten, etablierten karmischen Gruppen werden sich also nicht verändern. Stattdessen wird es eine neue Gruppe geben, eine *Gruppe der alten Seelen ...*, eine Akasha-Gruppe. Diese Gruppe wird gerade gebildet, und die Aufgabe der alten Seelen und der Akasha-Gruppe besteht darin, auf dem Planeten Weisheit zu erschaffen und die Energie zu verändern.

Ich will das erklären: Wir sprechen darüber, wie Menschen wieder auf die Erde kommen und welche Attribute eventuell unterschiedlich sind. Bislang kamen sie in karmischen Gruppen zurück, um Unerledigtes energetisch zu bearbeiten. Doch jetzt sind Tausende von alten Seelen hier, die ihr Karma vorsätzlich aufgegeben haben und deshalb auch nicht mehr in einer karmischen Gruppe sein können. In welcher Gruppe also sind sie? Sie sind in der »nicht karmischen Gruppe«, und das kommt für euch vielleicht überraschend. Ihr kommt nicht mehr in Gruppen, um den Zweck einer alten Energie zu erfüllen. Stattdessen kommen alte Seelen an Plätze und werden an Orten gruppiert, wo sie gebraucht werden, um die Energie zu verändern. Das ist keine karmische Gruppe, sondern eine neue Art von Gruppe: eine Akasha-Gruppe von alten Seelen.

Wisst ihr, woran ihr erkennen könnt, wo sie ist? Werft einmal einen Blick auf die jungen Menschen und auf das, was sie tun. Viele von ihnen sind in Südamerika zu finden. Was sagt euch das? Dort geht ein Umbruch vor sich, ihr Lieben, ein Umbruch mit einer viel stärkeren Energie, wie es sie praktisch derzeit nirgendwo sonst auf der Erde gibt. Hier werden mehr alte Seelen geboren als irgendwo sonst auf dem Planeten. Das ist die neue Gruppe, und ihr könnt sie nennen, wie ihr wollt, aber sie kommen mit Wissen und einem begreifenden Geist. Sie haben die Chance, schnell zu erwachen und neue Ideen zu haben, auf die ihr gewartet habt, aber für euch ist das ein langsamer Prozess.

Damit schließe ich. Ich möchte einen Appell an euch richten: Ich bitte die Erwachsenen im Raum um Toleranz gegenüber den Jungen! Ich bitte euch, eure Gedanken und Meinungen über das, was diese jungen Menschen tun, vorübergehend einmal aufzugeben und stattdessen einen Schritt zurückzutreten und innezuhalten. Sie verwenden Ausdrücke, die ihr noch nie gehört habt, und tun Dinge, die euch komisch oder ungewöhnlich vorkommen. Manche von euch schauen sich an, fragen sich, was sie da machen, und versuchen, es zu berichtigen. Sie haben etwas erfunden, ganz alleine, das sogenannte Social Network. Doch wenn ihr den Kryon-Lehren gefolgt seid, dann wisst ihr, dass ich euch genau das vor über zehn Jahren schon vorausgesagt habe. Ich sagte euch: »Wenn jeder mit jedem sprechen kann, kann es keine Geheimnisse mehr geben.«

Eine Bevölkerung, die größtenteils frei und unverzüglich miteinander kommuniziert, ist das Letzte, was manche Regierungen wollen. So können keine Geheimnisse bewahrt werden, und es tritt zutage, was nicht integer ist. Genau das passiert gerade. Die Jugend vieler Länder spricht offen mit der Jugend anderer Länder, und die meisten dieser jungen Leute sind noch nicht einmal dreißig Jahre alt.

Im Nahen Osten sprechen die ganze Zeit Hunderte und Tausende von Israelis mit Iranern und Palästinensern. Ganz egal, was ihre Führer sagen: Diese jungen Menschen haben eine ganz andere Vorstellung von dem, was wirklich los ist, weil sie mit den wahren Bürgern dieser anderen Länder sprechen. Und manche von ihnen sagen: *»Wenn wir eine Chance haben, machen wir Schluss mit diesem Unsinn über unsere traditionellen Feinde. Wir wollen keinen Krieg! Wir wollen gute Krankenhäuser und Schulen und das, was es in anderen Gesellschaften auch gibt.«* Das ist das, was die jungen Menschen tun.

Und die Erwachsenen? Viele verstehen das nicht. Für sie ist dieses ganze Technologie-Zeug so eine Art Modeerscheinung und vielleicht auch etwas Ärgerliches. Sie sind noch immer auf ihre Medienkisten eingestellt und hören auf das, was diejenigen, die die Fäden in der Hand halten, sie hören und wissen lassen wollen.

Ich möchte, dass ihr einen Schritt zurücktretet, tolerant seid und versteht, was diese jungen Menschen tun. Es ist ein neues Paradigma auf dem Planeten, und es verhilft der Erde zu Frieden. Ich habe euch gesagt, das stehe zu erwarten, auch wenn es unschuldig und kindisch wirkt; aber das stimmt nicht. Das sind alte Seelen in Reinkultur, und hier in Südamerika gibt es viele davon – mehr als woanders. Das führt womöglich erst einmal zu Aufruhr, bevor es besser wird.

Ihr alten Seelen, seid euch eurer Brüder und Schwestern bewusst, die auf den Planeten kommen und genauso viele Leben gelebt haben wir ihr. Viele dieser alten Seelen sind jetzt noch keine fünfundzwanzig Jahre alt. Könnt ihr das? Das ist meine heutige Bitte an euch: Seht sie als die, die sie sind! Dadurch könnt ihr diese jungen Menschen vielleicht auch besser erziehen und wahrnehmen. Wir prophezeien euch: Wenn ihr beginnt, sie als das zu respektieren, was sie sind, werden sie sich umdrehen und euch als die alten Seelen begrüßen, die *ihr seid*. Die Kluft zwischen den Generationen wird ein bisschen kleiner, und zwar dank der Weisheit der alten Seelen und der erwachenden Zeitkapseln. Das ist die Botschaft des heutigen Tages. Ich weiß, wer hier ist. Ich weiß, welche Rätsel ihr mit euch herumschleppt und welche Heilung ihr hier erhofft. Verlasst diesen Ort anders, als ihr gekommen seid.

Und so ist es.

Kryon
(Kryon Live-Channeling »Die Zeitkapseln in der Akasha«,
São Paulo/Brasilien, 20. April 2013)

Ihre Akasha steckt voller Erfahrungen. Durch die in Ihrer Akasha freigesetzten Zeitkapseln entstehen in Ihnen neue Gedankenenergien. Wie Kryon sagt, fangen wir an, über Neues nachzudenken, und manche Menschen ziehen Dinge in Betracht, die für sie vorher nie infrage kamen. Es geht um ein Erwachen, das in Ihnen seinen Anfang nimmt. Es ist wichtig, auf unsere Gedanken und Gefühle zu achten, denn all das kommt direkt aus unseren vergangenen Leben und unserer Akasha-Chronik. Manche Menschen entwickeln sogar Talente, die bislang verborgen waren. Das ist das Schürfen in der Akasha. Dadurch entstehen Synchronizitäten, die sonst nicht aufgetreten wären. Kryon rät den alten Seelen, »darauf zu achten«, denn für alte Seelen spielt Synchronizität eine größere Rolle als jemals zuvor.

Die Plejadier, unsere spirituellen Eltern, kamen vom vorherigen Planeten des freien Willens. Kryon hat beschrieben, was passierte, als sie die Schwelle des »dunklen plejadischen Zeitalters« überschritten. Diese Zeitkapseln, die Gaia, den Cetacea und uns eingepflanzt wurden, sind also wichtig und nötig für die Prüfung, die zeigen wird, ob die Menschheit einen aufgestiegenen Planeten erschaffen kann oder nicht. Kryon erklärt den Grund dafür.

Mit zunehmender Quantenhaftigkeit eures Bewusstseins steigt eure Bewusstheit der Akasha. Sie reicht dann nicht bis zu eurer ersten Lebenszeit auf dem Planeten zurück; vielmehr werden sich viele von euch daran erinnern, was am Mittelpunkt geschehen ist – der Bewusstseinswandel auf den plejadischen Planeten. Übrigens, es gab mehrere. Baut das in eure Rätselfrage mit ein! [Kryon lacht.] Im Moment kommen die Menschen nicht einmal auf einem einzigen Planeten miteinander klar. Was würde wohl geschehen, wenn noch ein Planet in der Nähe wäre? Könnt ihr euch vorstellen, was ihr mit dem machen würdet? Das gibt euch eine Vorstellung davon, wozu die Plejadier in der Lage waren.

Die Plejadier waren in der Lage, etwas anfänglich auf eine bestimmte Weise zusammenzubringen, und am Ende kam reines, abgestimmtes Bewusstsein heraus. Das ist ein neuer Begriff: *reines, abgestimmtes Bewusstsein*. Könnt ihr euch einen Israeli, einen Palästinenser und einen Iraner mit einem reinen, abgestimmten Bewusstsein vorstellen? Könnt ihr euch das ausmalen? Schließlich ist das mit früheren Feinden aus den beiden Weltkriegen passiert, warum also nicht auch im Nahen Osten?

Ihr alten Seelen, woher kommen diese neuen Vorstellungen von einem reinen, abgestimmten Bewusstsein, die auf diesem Planeten bisher nicht gerade in Hülle und Fülle vorhanden waren? Die Antwort lautet: Sie kommen von euren Eltern. Nicht von euren biologischen Eltern, sondern den Eltern, die ihr *die ursprüngliche Quelle* nennt ...; sie kommen von den Plejadiern. Euch ist bewusst, dass ihr deren DNA in euch tragt, oder nicht? Sie wiederum trugen die DNA derjenigen vor ihnen. War euch das klar? Ihr verfügt über die Geheimnisse des Friedens auf dem Planeten, denn das gehört zu eurer »galaktischen« Akasha. Ihr verfügt über die Geheimnisse und die Weisheit, die bislang noch niemand hier entwickelt hat. Deshalb müssen die alten Seelen zurückkehren. Habt ihr mich gehört?

Ihr alten Seelen, ihr seid die Zukunft des Planeten! Ihr seid die Einzigen, die reine plejadische DNA in sich tragen. Ihr seid die Einzigen, die so weit hinunterreichen und diese verborgenen Vorstellungen nach oben bringen können, denn ihr habt sie schon einmal erzeugt und ausgearbeitet – aber nicht hier. Euch werden keine Ideen eingegeben, von denen ihr noch nie etwas gehört habt. Ihr beginnt, euch zu *erinnern,* was ihr getan habt, und springt dann direkt in die bereinigte Version, wie diese Ideen umzusetzen sind. Was auf den plejadischen Planeten geschehen ist, kann auch hier geschehen, und ihr werdet mit 3-D-Problemen anfangen und diese zuerst lösen. Und die Leute werden so manche dieser Ideen anschauen und sagen: *»Warum sind wir eigentlich nicht früher draufgekommen?«* Das, meine Lieben, bedeutet, dass ihr zurückkommt.

Kryon
(Live-Channeling »Die Akasha erwacht«,
Orlando/Florida, 26. Januar 2013)

An dieser Stelle sollen noch ein paar abschließende Worte von Kryon aufgeführt werden, die vielleicht wie eine ganz persönliche Botschaft klingen. Meiner Meinung nach haben sie mit dem Erwecken unserer Akasha zu tun, mit dem Freiwerden der Weisheit und des Wissens, welches in den Zeitkapseln bereitgehalten wird. Vielleicht möchten Sie über die von Kryon gestellten Fragen nachdenken. Fühlen, spüren und beobachten Sie Ihre ersten intuitiven Gedanken, um so vielleicht Einsichten und Erkenntnisse als Antworten zu gewinnen, nach denen Sie auf der Suche sind.

Was habt ihr verworfen? Was habt ihr versucht, aber es hat nicht funktioniert? Was war eure Leidenschaft, aber ihr habt sie in eurem Geist verworfen, weil ihr entschieden habt, es funktioniere nicht oder es sei nicht der richtige Zeitpunkt? Jetzt ist der richtige Zeitpunkt gekommen!

In diesem Raum ist ein tiefer Brunnen des Wissens – die Akasha-Chronik all derer, die hier vor mir sind, mich hören oder meine Worte lesen. Sie steht für all die Lebenszeiten, die gelebt wurden, und für das erworbene Wissen. Diese Erfahrungen habt ihr alle gemacht, und jetzt können sie an die Oberfläche steigen und Teil der derzeitigen Akasha dieses Planeten [Teil der Realität des Planeten] werden. All das kann nun auf das sogenannte Kristallgitter aufgebracht werden. Deshalb seid hier: um euer Wissen und das, was ihr manifestiert habt, darzubringen. Und ich sage euch, ihr alten Seelen: Nicht einmal ein halbes Prozent von euch muss zu Lichtarbeitern werden, damit sich die Erde verändert!

Kryon
(Live-Channeling »Der Prozess«,
Laguna Hills/Kalifornien, 4. Dezember 2011)

FRAGEN AN KRYON

Wenn immer mehr Menschen ihre Beziehung zu ihrer Akasha rekalibrieren, wird es dann für andere einfacher, zu erwachen?

Oh ja! Die persönliche Rekalibrierung wirkt sich darauf aus, was die Gitternetze des Planeten an gütigen und ganzheitlichen Taten wahrnehmen. Wie ihr aus dem Vorgängerbuch »Der Gaia-Effekt« wisst, reagieren die Gitter auf das menschliche Bewusstsein. Die Gitter treiben also in einem scheinbaren Kreislauf aus Ursache und Wirkung das voran, was die Menschen hineingeben, und das wirkt sich wiederum auf diejenigen in der Zukunft aus.

In dem Maße, wie immer mehr Menschen für die Vorstellung erwachen, sie könnten ihre Beziehung zur Akasha verändern, reagiert (insbesondere) das Kristallgitter entsprechend. Es ist das Gitter, welches sich als Erstes und am schnellsten verändert. Dann werden Kinder zur neuen Energie dieser Gitter auf dem Planeten geboren und profitieren von einem schnelleren Erwachen zu reifem Denken und dem potenziellen Finden des »inneren Gottes«.

In der Vergangenheit war ein niedrigeres Bewusstsein von Krieg und Überleben die »Energie des Tages«, und zwar für die gesamte menschliche Zivilisation. Vor fünfzig Jahren begann sich das in Erwartung der Schwelle des Jahres 2012 zu verändern. Schon damals habt ihr es verändert. Und 1987 war es dann »eine beschlossene Sache«. Das Potenzial dafür, dass ihr euch dieses fünfte Mal nicht zerstören würdet, war stark, und ihr habt es tatsächlich geschafft! Das ist eine neue Energie, ein neues Potenzial und eine neue Menschheit! Mit allem, was ihr als Einzelperson tut, lasst ihr das Licht sozusagen ein bisschen heller scheinen, wodurch andere Menschen eine Chance haben, das zu sehen, was ihr gesehen habt. Auch ohne missionarischen Eifer und ohne diese Menschen überhaupt zu treffen, profitieren sie von dem Licht, das ihr für den Planeten erschaffen habt.

Kannst du noch etwas zu dem Thema sagen, dass die Plejadier nicht nur einen Planeten haben? Hat jeder Planet mit einem freien Willen für die Aufstiegsprüfung unterschiedliche Attribute? Meine Intuition sagt mir, dass die Art der Prüfung bei jedem Planeten mit einem freien Willen ein bisschen anders ist und direkt damit zu tun hat, was im Universum für uns Unverständliches vor sich geht.

Warum fragst du, wenn du schon eine so richtige und umfassende Antwort darauf weißt? [Kryon lächelt.]

Wir wollen die erste Frage noch etwas ausführlicher beantworten, denn die hast du noch nicht beantwortet. Das plejadische System besteht aus mehreren Planeten. Einer der Sterne, die ihr die »Sieben Schwestern« nennt, hat viele Planeten, die unter die Definition der »Goldenen Zone« fallen (das sind Planeten, in deren Umlaufbahn menschliches Leben, so wie ihr es kennt, möglich ist). Schon zu einem frühen Zeitpunkt ihrer wissenschaftlichen Forschungen besiedelten die Plejadier mehrere davon und konnten so andere Zivilisationen begründen. Für sie war Raumfahrt einfacher. Sie brauchten mehr Quantenerfindungen und erhielten sie auch, was bei euch noch nicht der Fall ist. Sie nutzten dazu weder Feuer noch Raketen, noch physikalische Kräfte, wie ihr das tut.

Jawohl, jeder Planet ist einzigartig und hat seine ganz individuellen Attribute für Erfindungen, Erleuchtung und Entwicklung. Der Heimatplanet der Plejadier ist kein Wasserplanet – ein Grund, warum sie auch einen ihrer Schwesterplaneten besiedeln wollten, die sich in großer Nähe und auf nicht überlappenden Kreisbahnen befinden. Dadurch war Reisen zu bestimmten Zeiten ihres Jahres ganz einfach. Als die Plejadier die Erde das erste Mal erforschten, wussten sie, dass es funktionieren würde. Spirit hat sie direkt hingeführt. Das Meer fanden sie besonders aufregend. Das erklärt auch, warum sie sich so sehr in die Cetacea verliebten. So etwas hatten sie einfach nicht!

Auch jeder Planet mit einem freien Willen war etwas Einzigartiges, und ich möchte euch in Erinnerung rufen, dass ihr die spirituelle Akasha derer in euch tragt, die vor euch gegangen sind. Auf einer Ebene wart ihr auf all diesen Planeten, denn die »Seelengruppe«, die für alle Planeten mit freiem Willen zum Einsatz kommt, wird von allen gemeinsam genutzt.

Denkt einmal darüber nach. Ihr selbst seid eure Ahnen am Himmel.

Vor Kurzem wurden Informationen über die Zeitkapseln in Gaia übermittelt [bezugnehmend auf die zwölf polarisierten Paare, die von vierundzwanzig Knoten und Nullen repräsentiert werden]. Als dieses Buch geschrieben wurde, fanden zwei Ereignisse statt, die mit diesen Zeitkapseln zu tun haben. Zum einen der Lemurische Chor auf Maui/Hawaii am 21. Dezember 2012, wo *alle* Zeitkapseln stimuliert (aktiviert) wurden, um Informationen freizusetzen. Und zum anderen das Kryon-Channeling und die von Kahuna Kalei'iliahi am Titicacasee

durchgeführte Zeremonie am 10. November 2013, bei der die allererste Zeitkapsel geöffnet wurde. Kannst du uns etwas über diesen Prozess sagen und darüber, wie wir Gaias Zeitkapseln aktivieren können? Wie können wir unsere persönlichen Zeitkapseln in unserer Akasha stimulieren?

Zunächst einmal: Die Zeitkapseln enthalten gar nichts! Sie stellen Portale zu den plejadischen Informationen dar, die im Laufe der Zeit geöffnet werden konnten (Kapseln, die sich einem Kommunikationsportal öffnen). Sie zu öffnen, heißt also einfach, dass es möglich ist, Informationen in Echtzeit auf die Erde zu übermitteln. Ein Fenster enthält keine Informationen. Doch wenn außen ein Lehrer davorsteht und ihr das Fenster öffnet, kommt ihr in den Genuss der Informationen.

Das geschieht in Paaren, denn jegliche ausgewogene Physik besteht auch aus Paaren. Bei der Atomstruktur ist es so, ebenso bei der DNA. Die Struktur von allem hängt von einer ausgewogenen »Zug-Druck«-Energie ab. Ihr betrachtet das als Plus und Minus, aber das stimmt nicht ganz. Es ist eine Interaktion des Motors der Güte und der Lebenskraft. Wie wir euch auch schon gesagt haben, funktioniert auch die Energie im Zentrum eurer Galaxie auf diese Weise. Es gibt dort zwei Energien, nicht nur eine. Etwas wie ein Schwarzes Loch gibt es also nicht. Eines Tages wird eure Wissenschaft das erkennen. Eine »Singularität« ist in eurer Physik unmöglich, und das sollte für euch ein Hinweis sein. Diese Informationen gibt Kryon seit zwei Jahrzehnten durch.

Paare werden zusammen aktiviert, nicht nur eine Null oder ein Knoten. Es gibt also nur zwölf zu aktivierende Potenziale; bislang habt ihr drei Paare identifiziert und zwei davon aktiviert, indem ihr die Knoten besucht habt. Eine Aktivierung kann fast jederzeit stattfinden, wenn der Zeitpunkt für die jeweilige Zeit stimmig ist, doch zwei mussten vor 2014 aktiviert werden. Der Rest sollte in den letzten 18 Jahren der Präzession der Äquinoktien (bis 2030) aktiviert werden. Da muss ich mit meinem Partner nicht dabei sein. Viele werden von anderen aktiviert, die mit diesem Prozess verbunden und ihm nahe sind. Wenn der

Zeitpunkt stimmt, wird ein Zeitkap-
selpaar auf synchronische und stim-
mige Weise geöffnet. Ihr werdet es
wissen.

Das Aktivieren persönlicher Zeitkapseln in der DNA ist ein völlig
anderes Thema, denn diese Zeitkapseln sind etwas ganz anderes als die
zwölf plejadischen Zeitkapseln auf
dem Planeten. Das sind persönliche
Kapseln, die ihr euch selbst in eurer
Akasha hinterlassen habt. [Kryon
lächelt.]

Kapitel 7

Die drei Teile des Menschen

Kryon spricht oft von der Energie der Drei. Drei ist eine Katalysatorzahl. Die Erde hat drei Hauptenergiegitter: das Magnetgitter, Gaia und das Kristallgitter (nähere Informationen von Kryon zu diesem Thema sind in meinem Vorgängerbuch »Der Gaia-Effekt« zu finden). Auch in Kapitel 2 dieses Buches, »Die persönliche Akasha«, geht es um Aspekte dieser drei Gitter. Die Energie der Drei trifft auch auf den Menschen zu. Kryon hat vor Kurzem die neun Attribute (Energien) des Menschen identifiziert, die in jeweils drei Dreiergruppen zusammengefasst werden und in einem Kreislauf als multidimensionale Energiesuppe zusammenarbeiten. Das eine oder andere Attribut kann stärkere oder schwächere Potenziale aufweisen, aber alle neun befinden sich in dieser »Suppe«. Diese drei Dreiergruppen sind die *Menschengruppe,* die *Seelengruppe* und die *Gaia-Gruppe.*

Ich werde nun eine dieser Gruppen erläutern. Die beiden anderen Gruppen sind sehr esoterisch, ziemlich komplex und schwer erklärbar. Aber bleiben Sie dabei, denn sie werden in meinem nächsten Buch beschrieben werden. Jawohl, während ich dieses Buch schreibe, recherchiere ich bereits für das dritte Buch dieser Trilogie mit Kryon-Informationen.

Am einfachsten sind die drei Energien der *Menschengruppe* zu erklären: das *Höhere Selbst,* das *menschliche Bewusstsein* und das *Angeborene.*

Das Höhere Selbst

Die Menschen betrachten den Menschen normalerweise als ein individuelles Wesen mit einer singulären Energie. Die meisten derjenigen, die an Gott glauben, empfinden Gott als eine von ihnen getrennte Wesenheit. Das gehört zur Struktur und zur Dualität des Menschen. Es herrscht auch die Meinung, wir könnten uns erst mit dieser größeren Energie namens Gott verbinden, wenn wir durch eine Reihe von Offenbarungen und Entscheidungen gegangen sind. Das hat mit unserer dreidimensionalen menschlichen Voreingenommenheit und Befangenheit zu tun, die den Menschen als etwas Singuläres, Individuelles sieht. Deshalb suchen wir nach einer singulären Quelle spiritueller Kraft. Und wenn wir dann ein spirituelles System ausfindig machen, das unserer Kultur und unseren persönlichen Idealen entspricht, hat diese Suche ein Ende. Wir akzeptieren das System, bleiben aber oft dieselben, ohne unser Leben zu verändern, da die Suche vorbei ist.

Die vielen Meister, die auf dem Planeten wandelten, verfügten über eine tiefe Verbindung mit Gott. Oft wurden sie sogar selbst als Gott betrachtet und verehrt, auch nach ihrem Tod. Das ist verständlich, denn die Menschen betrachten sich selbst als singuläre Wesenheit. Die meisten Meister jedoch verstanden, dass sie nichts Singuläres waren. Sie zeigten uns, was möglich ist, und zeigten uns auch, dass wir alle das Potenzial von Meistern in uns tragen. Sie zeigten uns viele Möglichkeiten auf, wie wir mit Gott eins werden können. Deshalb sind für Spirit diese vielen spirituellen Systeme auch stimmig und angemessen für diejenigen, die daran glauben und sich daran halten möchten.

Eigentlich zeigten uns die Meister, dass das Höhere Selbst nicht vom menschlichen Wesen getrennt ist. Ihr Höheres Selbst ist Ihre ganz persönliche »Leitung« zu Ihrem inneren Gott. Das zu erkennen, fällt uns äußerst schwer. Wir sehen Gott lieber als etwas viel Großartigeres, Intelligenteres und Liebenswerteres und nicht als etwas, das Teil von uns ist. Deshalb ist das Höhere Selbst Teil des Systems der Liebe, das nicht singulär und immer in unserer DNA verfügbar ist – das Portal, das die Verbindung zu Gott eröffnet. Deshalb besteht die wichtigste Lebenslektion darin, sich selbst zu lieben. Wenn wir uns selbst lieben, lieben und ehren wir auch Gott!

Sobald Sie in Berührung mit Ihrem Höheren Selbst kommen, passieren in Ihrem Leben Veränderungen. Sie erkennen Ihre innere Göttlichkeit und können auch die Göttlichkeit in anderen Menschen wahrnehmen. Das Höhere Selbst wird oft mit der Seele verwechselt. Der Unterschied ist: Das eine beschreibt das Ganze, und das andere einen Teil.

Ihre *Seele* umfasst alle Ihre »Selbsts«. Sie ist Ihre »göttliche Ganzheit« und auch Ihre »ICH BIN«-Präsenz im Universum. Ihre Seele ist hundertprozentig göttlich und Ihr »wahres« Selbst. Sie befindet sich gleichzeitig an mehreren Orten; ein Teil davon sitzt unter anderem in jeder Zelle Ihres Körpers. Ein weiterer Teil ist als »Energie-Stempel« der Magnetik des Planeten aufgedrückt und zeigt Ihre Anwesenheit auf der Erde an. Ihre Seele weiß alles und ist viel größer, als wir jemals begreifen können. Sie ist Familie. Sie ist *Liebe!*

Ihr *Höheres Selbst* ist der Teil Ihrer selbst, der direkt mit Gott kommuniziert, ein Teil bzw. Bereich Ihrer selbst, der die ganze Zeit mit der Familie in »Verbindung« steht. Ihr Höheres Selbst erzeugt Lösungen für Ihre Inkarnation auf dem Planeten und reagiert auf Ihre Erleuchtung, Ihren sich verändernden Weg und auf alle neuen Planungssitzungen. Ihr Höheres Selbst ist somit das Portal und etwas zutiefst Spirituelles.

Warum wird das Portal das »Höhere Selbst« genannt? Warum ist es etwas »Höheres«? Wie Kryon uns sagt, ist es der Teil des Menschen, der eine höhere Schwingung als alle anderen Teile unserer dreidimensionalen Zellstruktur hat. Das Höhere Selbst schwingt mit der Frequenz des Schöpfers. In einer seiner vielen Antworten erklärt Kryon zusammenfassend: Das Höhere Selbst ist...

... in Wirklichkeit ein Portal zum größten und heiligen Teil von euch, der sich abgespalten hat, als ihr auf den Planeten kamt. Es ermöglicht die Kommunikation mit Gott durch Gebet und Meditation; es ist die »ICH BIN«-Schicht, die Leitung zur anderen Seite des Schleiers, und wird oft auch »Heiliger Geist« genannt.

Das menschliche Bewusstsein

In der Psychologie wird mit dem Begriff »Bewusstsein« im Allgemeinen ein Zustand der Bewusstheit bezüglich des Selbst und der Umwelt bezeichnet. Bewusstes Verhalten umfasst kognitive Prozesse wie Denken, Wahrnehmen und Planen. Früher hegten die Wissenschaftler Zweifel an der Existenz des Bewusstseins, doch inzwischen ist es ein wichtiges Forschungsgebiet der Psychologie und der Neurowissenschaft. Es gibt sogar das »Human Consciousness Project«, ein interdisziplinäres Projekt, an dem Wissenschaftler und Mediziner aus unterschiedlichsten Bereichen gemeinsam mit dem Ziel arbeiten, das Wesen des Bewusstseins und seine Beziehung zum Gehirn zu erforschen. Anerkanntermaßen bedeutet Bewusstsein auch Bewusstheit, doch Bewusstheit ist nur ein Teil des Bewusstseins. Weitere Aspekte sind unter anderem der freie Wille, logisches Denken, bildliche Vorstellungskraft, Erinnern und Entscheidungsfähigkeit.

Das menschliche Bewusstsein setzen wir Tag für Tag ein. Es ist auf unsere Zellstruktur ausgerichtet. Sie nutzen Ihr Bewusstsein, um dieses Buch zu lesen. Das Grundbewusstsein des Menschen dient dem Überleben. Wenn Sie im Überlebensmodus handeln, nutzen Sie das menschliche Bewusstsein. Wenn Sie mit einer Gefahr konfrontiert werden, treten Ihre Überlebensinstinkte zutage, und Sie kämpfen oder fliehen. Das menschliche Bewusstsein hat uns am Leben erhalten. Kryon bezeichnet das menschliche Bewusstsein oft als die *Überlebensschicht*. Solange Sie sich im Überlebensmodus befinden, werden Sie nie darüber hinausgelangen und Ihre multidimensionalen Aspekte erfahren. Ihre Überlebensschicht beruht auf Ihren Reaktionen auf die Außenwelt. Sie müssen ständig wachsam sein. Sie müssen sich ständig vergewissern, dass das, was Sie sagen, auch das Richtige ist. Sie schauen auf andere Menschen und Situationen und beurteilen, was für Ihr Überleben das Beste ist.

Doch wie gelangen wir aus dem Überlebensmodus heraus? Das erklärt Kryon in einem Channeling mit dem Titel »Der Prozess«:

Wisst ihr, wie ihr aus dem reinen Überleben herausgelangt? Spirit weiß es. Wie viele von euch sind durch Kummer oder ihre Gesundheit in die Knie gezwungen worden? Wie viele von euch? Ich weiß, wer hier ist, und zu euch spreche ich. Ihr wisst, was ich meine, denn mit einem Mal geht es nicht mehr ums Überleben, und die Bewusstseinsschicht fällt von euch ab. Die Liebe Gottes ist dann das Einzige, was ihr seht. Ihr seht nur noch Dankbarkeit euren Mitmenschen gegenüber und Friedfertigkeit, einfach weil ihr lebt und es euch gut geht.

In diese Haltung müsst ihr gehen, meine Lieben. Aber warum auf eine Katastrophe warten? Warum es nicht einfach verstehen und selbst daran arbeiten?

Erster Schritt: Verlasst den Überlebensmodus! *»Aber wie denn, Kryon?«* Wie wär's damit: *»Lieber Spirit, ich möchte mein Bewusstsein milder stimmen. Wenn diejenigen, die mich beleidigen wollen, versuchen, meine emotionalen Wut-Knöpfe zu drücken, soll das nicht mehr funktionieren. Ich möchte sie deaktivieren. Ich möchte nicht mehr reagieren. Ich möchte Frieden bewahren. So steige ich aus dem Überlebensmodus aus. Ich liege sicher in den Armen Gottes – völlig sicher. Ich möchte die äußere Hülle, die Schicht des menschlichen Bewusstseins, ablegen, die sofort und ausschließlich auf 3-D reagiert, und von nun an anders durchs Leben gehen.«*

Das wäre der erste Schritt. Das ist der erste Schritt, meine Lieben. Schaut in den Spiegel, während ihr diese Worte sprecht.

Verteidigt ihr euch? Wollt ihr alles schnell richtigstellen, wenn euch jemand kritisiert? Wie viele von euch können sich Kritik anhören, dann innehalten und überlegen: *»Und wenn das nun stimmt?«* Das fällt den Menschen schwer, es ist nicht einfach. Das müsst ihr üben. Und wisst ihr auch, warum? Weil ihr aufs Überleben ausgelegt seid. Das hat euch in der alten Energie gute Dienste geleistet, jetzt aber nicht mehr. Das menschliche Bewusstsein ist im Grunde auf Überleben ausgelegt, und ihr habt diese Schwelle überschritten. Es trägt in sich eine alte Energie, die Hass und Krieg ausbrütet, Enttäuschung und Bedrückung, auch Selbstzweifel und das Gefühl, allein zu sein. Wollt ihr wirklich weiterhin darin schwelgen? Es ist an der Zeit, vom Überlebensmodus in den Modus der »friedlichen Existenz voller Weisheit« zu wechseln!

Ich möchte euch zum Bewusstsein der Meister des Planeten führen, die alle hier sind. Stellt euch vor, ihr stündet vor Christus und sagtet: *»Deine Klamotten gefallen mir gar nicht!«* Was würde der Meister eurer Meinung nach wohl sagen? Würde er sich verteidigen? »Na ja, ich finde sie in Ordnung. Sie stehen mir gut, und ich hab sie zu einem Schnäppchenpreis bekommen.« Nein, das würde er nicht sagen! Und das wisst ihr auch. Er würde euch in die Augen blicken und durch euch hindurchschauen, hinein in den Teil Gottes, den er kennt und sehr liebt, und ihr würdet vor ihm dahinschmelzen. Das würde passieren. Er würde euch mit seiner Liebe zu einem Ort bringen, wo ihr das Gesicht Gottes sehen könntet.

Mohammed ging in eine Höhle; dort traf er auf einen Engel, der ihm sagte, er solle die Stämme Arabiens vereinigen und ihnen den Gott Israels bringen. So geschah es, und genau das machte er. Er kannte die Liebe Gottes. Er ging sanften Schrittes, und er war schön. Auch er hätte euch keine defensive Antwort gegeben, genauso wenig wie Buddha. Diese Meister haben die Überlebensschicht schon vor langer Zeit aufgegeben und arbeiteten mit einer inneren Energie der Sanftheit.

Und wenn ihr, um ein aktuelleres Beispiel zu nennen, erneut mit Paramahansa Yogananda auf der Erde wandeln könntet, ihm in die Augen schauen und sagen würdet: »Dein Gewand riecht aber komisch«, was meint ihr, wie seine Antwort lauten würde? Wer würde so etwas überhaupt sagen? Aber glaubt mir, es gäbe solche Leute. Dieser Meister würde euch mit der Liebe Gottes anblicken und euch dahinschmelzen lassen, denn ihr würdet in ihm kein Urteil, keine Verletzung sehen – nur die Wahrheit. Ein Meister hat keinen Überlebensplan. Meisterschaft kennt kein Überlebensbewusstsein.

Seht ihr, was ich da sage? Wenn ihr das schafft, wenn ihr den Überlebensmodus abschwächen könnt, dann kommt ihr in Kontakt mit dem *Angeborenen*.

Kryon
(Live-Channeling »Der Prozess«,
Laguna Hills/Kalifornien, 4. Dezember 2011)

Kryon spricht auch davon, wie das menschliche Bewusstsein die Chemie verändern kann. Das machen wir tagtäglich. Wenn wir glücklich sind, lachen und Freude erleben, verändert sich unsere gesamte Körperchemie, ebenso wenn wir traurig sind oder Angst haben oder wenn wir uns verlieben. Das menschliche Bewusstsein ist somit der Teil von uns, der sich mit dem Dreidimensionalen verbindet.

Viele Menschen – auch Wissenschaftler und Mediziner – meinen, das menschliche Bewusstsein sei alles, was es gibt. Doch das stimmt nicht. Das menschliche Bewusstsein ist beschränkt. Und woher wissen wir, dass es beschränkt ist? Weil in unserem Körper oft Dinge vor sich gehen, mit denen wir nicht in Verbindung sind. Wenn das menschliche Bewusstsein alles ist, warum weiß es dann nicht, was in uns passiert? Wie kann in unserem Körper eine Krankheit entstehen, ohne dass wir es wissen? Erst wenn wir dann zum Arzt gehen, erfahren wir, dass wir seit einem Jahr unter dieser oder jener Krankheit leiden. Warum hat uns unser Körper das nicht mitgeteilt? Warum hätte uns Gott mit solchen Beschränkungen im Design erschaffen sollen? Das Design ist keineswegs beschränkt, sondern das menschliche Bewusstsein hat diese Beschränkungen. Wenn Sie im Überlebensmodus bleiben, können Sie die anderen Aspekte, die alle Menschen haben, nicht sehen.

Jeder Mensch verfügt noch über eine weitere Form der Intelligenz, die genauso groß ist wie das menschliche Bewusstsein. Kennen Sie den »Muskeltest«? In der Naturheilkunde ist das die sogenannte Kinesiologie. Über den dabei ablaufenden Prozess lässt uns der Körper Dinge erfahren, die wir bewusst nicht wissen. Mit einem Muskeltest werden insbesondere Ungleichgewichte im Körper identifiziert. Diese Therapie ist besonders bei der Behandlung von Nahrungsmittelallergien und -unverträglichkeiten wirksam. Die Kinesiologie vertraut dabei vor allem auf das Feedback-System der Muskulatur. Die Muskelspannung wird von Erinnerungen und Informationen über unsere physische, emotionale und mentale Befindlichkeit bestimmt. Fällt der Test schwach aus, kann dies ein Hinweis auf Stress sein, der sich irgendwo im System negativ auswirkt. Der Körper weiß, was er zur Heilung braucht. Durch die Kinesiologie werden diese Informationen leichter zugänglich, was den natürlichen Heilungsprozess unterstützen kann.

Mit welchem Teil des Körpers kommen wir durch Kinesiologie in Verbindung? Kryon hat schon oft über unser intelligentes Körperbewusstsein gesprochen; er nennt es das »Angeborene«.

Das Angeborene

Das Angeborene ist die mächtigste Intelligenz unseres Körpers. Wie Kryon sagt, verfügt das Angeborene über ein Verständnis ohne Logik. Beim Muskeltest werden oft bestimmte Fragen gestellt; der Klient/die Klientin hält beispielsweise eine bestimmte Substanz in der Hand und fragt sich: *Braucht mein Körper diese Substanz?* Die Muskelreaktion beantwortet diese Frage entweder mit Ja oder mit Nein. Doch Kryon fordert uns auf, darüber hinaus zu denken und zum Beispiel die Frage zu stellen: *Gibt es in meinem Körper etwas, was nicht in Ordnung ist und von dem ich nichts weiß?* Der Körper wird uns sagen, ob die Antwort Ja oder Nein lautet. Doch wir machen das eher nicht. Die meisten Menschen (auch ich) brauchen einen Arzt, der Tests durchführt, um herauszufinden, was uns plagt. Doch wenn wir uns mit dem Angeborenen unterhalten könnten, wüssten wir ganz genau, was unser Körper braucht. Das Angeborene steht mit allem in Verbindung, auch mit dem menschlichen Bewusstsein.

Es gibt viele Durchgaben von Kryon, in denen er erklärt, was das Angeborene ist und wie es funktioniert. Das nachfolgende Channeling wird Ihnen sicherlich weiterhelfen, egal, wie gut Ihr Verständnis dieser Dinge ist:

Das Höhere Selbst, das menschliche Bewusstsein und das Angeborene (die sich teilweise überlappen) sitzen alle in der Merkaba. Das Angeborene weiß auf chemische Weise alles, was in eurem Körper vor sich geht. Und jetzt sage ich euch, was noch vom Angeborenen kontrolliert wird: Es sortiert die Informationen in euren Stammzellen aus. Das ist sein Job. Ich frage euch: Ist euch klar, dass jedes Stückchen DNA identisch ist? Die hundert Milliarden, Billionen von DNA-Molekülen in euch sind alle absolut identisch und einzigartig! Sie enthalten eure chemische Prägung und eure Quantenprägung, eure Akasha-Chronik und euren Engelnamen, und sie sind alle identisch. Vom Scheitelpunkt am Kopf bis hin zu den Zehen sind alle identisch.

Wie können sie dann aber Zellen produzieren, die so unterschiedlich sind? Woher wissen sie, wer sie sind oder wie sie das alles koordinieren müssen? Die Antwort lautet: Weil eure DNA, also diese identischen Stücke, auf eine bislang unentdeckte Weise zusammenarbeiten. Das ist entscheidend für eure Gesundheit, aber die Wissenschaft hat das noch nicht erkannt. Ihr müsst zugeben, dass es da eine Intelligenz gibt, die nichts mit dem zu tun hat, was euer Gehirn produziert. Euer Angeborenes gibt Informationen an einen winzigen Prozentsatz der DNA-Chemie weiter, und die erzeugt dann die Gene des menschlichen Körpers. Die Stammzellen sind die Vorlagen für diese Gene. Der Motor des Rennwagens, der euren Körper im Leben antreibt, macht nur drei Prozent der DNA aus. Neunzig Prozent sind die Blaupause, die als Vorlage für den Rennmotor dient. Das Angeborene ist klug und intelligent. Es ist die sogenannte *Körperintelligenz.*

Seht ihr, was wir da sagen? Das Angeborene kann euren Körper anweisen, einen besseren Motor zu bauen, und die Blaupausen dafür liegen bereits vor – perfekte Stammzellen-Blaupausen in eurer DNA.

Da könntet ihr sagen: *»Ich verstehe gar nichts. Wenn das der Wahrheit entspricht, warum weiß ich dann nichts davon?«* Und hier ist die Antwort: Weil das Angeborene, genauso wie eure DNA, quantenhaft ist. Es ist multidimensional und nicht dreidimensional. Ihr könnt auch ganz einfach zu ihm sprechen. Es handelt sich dabei nicht um eine Synapse im Gehirn. Es ist in eurer DNA! Wäre es nicht toll, wenn ihr das menschliche Bewusstsein und euer Gehirn mit dem Angeborenen zusammenbringen könntet? Wäre das nicht der Knaller? Derzeit seid ihr nicht mit dem Angeborenen verbunden. Ihr müsst einen Muskeltest machen, um auch nur das Allergrundlegendste darüber herauszufinden, was in eurem Körper vor sich geht [...].

Wie funktioniert es? In einer linearen Welt sieht es chaotisch aus, aber es ist quantenhaft. Ich will euch ein paar Beispiele nennen. Nehmen wir an, ihr liegt im Krankenhaus. Oh, ihr lieben Menschen, das ist so machtvoll, doch es passiert so selten auf dem Planeten, und doch ist es wunderschön. Ich möchte euch zeigen, was das Angeborene kann: Das Angeborene kontrolliert eure Biologie, es hat die absolute Kontrolle. Es kann alles machen. Es kann euch 900 Jahre lang am Leben erhalten, wenn ihr es entsprechend programmiert. Ihr meint, diese Bibel-geschichten über Menschen, die so alt geworden sind, müssen irgendwie falsch sein? *»Die können nie so lang gelebt haben«*, sagt ihr. Oh doch, sie haben so lange gelebt! Darum hat sich das Angeborene gekümmert – totale Kontrolle der Zellanweisungen des Menschen und des Motors der Gene.

Ihr liegt also im Krankenhaus und erfahrt, dass ihr eine töd-liche Krankheit habt, und ihr macht die ganzen Prozesse durch. Ihr ängstigt euch zu Tode. Irgendwie, durch eine Zauberkraft, die ihr nicht versteht, verbindet ihr euch in einem Zustand unbe-wusster Hingabe einen Moment lang mit dem Angeborenen. Auf einmal erlebt ihr eine sogenannte Spontanremission, und die Krankheit verschwindet! Das Immunsystem nimmt die Heraus-forderung an und vertreibt die Krankheit aus eurem Körper! Das scheinbar Unmögliche geschieht, und die Wissenschaft schaut euch an und sagt: *»Wie hast du das bloß gemacht?«* Vielleicht passiert das, wenn ihr genug Angst habt? Nein. Das ist nicht die Antwort. Aber das Angeborene hat sich darum gekümmert, so mächtig ist es. Das Angeborene hat dazu die Vorlage für einen Menschen ohne Krankheit hergenommen, die sich in eurer Aka-sha befindet. Die Blaupause war bereits vorhanden! Es gab kein Wunder aus dem »Jenseits«. Versteht ihr das?

[...] Das Angeborene kann vieles, an das ihr noch nicht ein-mal gedacht habt, und es steht auch nicht auf eurer Wunschliste. Wie ist das zum Beispiel, wenn ihr nicht mehr so schnell altern wollt? Das kann das Angeborene sehr gut. Ihr müsst euch nur mit ihm verbinden. Ich möchte erneut auf einen Prozess einge-hen, von dem ich schon gesprochen habe. Seid ihr euch bewusst, dass der menschliche Körper sich reproduziert und alle Organe verjüngt? Er ist so konstruiert, dass er unsterblich ist, und doch stirbt er – und zwar, weil das, was er verjüngt, nicht perfekt ist. Aber es ist möglich, könnte möglich sein, wenn er nur ein biss-chen besser funktionieren würde.

Es gibt einen Grund für euer Altern: die Prägung, die ihr der Energie des Planeten aufgedrückt habt. Deshalb lebten die Men-schen in der Vorzeit 600 oder 700 Jahre, ihr aber nur 80. Mit der Energie des Planeten ist etwas geschehen, das die Blaupause der

Stammzellen beeinträchtigt hat. Jetzt habe ich euch etwas sehr Wichtiges gesagt. Hört gut zu:

Jedes Mal, wenn sich eine Zelle reproduziert und eine neue Zelle herstellt, wird im Rahmen dieses Zellteilungsprozesses eine Abfrage gemacht; es wird also eine Frage gestellt. Der Zellkern wird bei der Zellteilung auseinandergezogen und ist kurz davor, eine identische Zelle zu produzieren, doch dann kommt eine Frage – das Angeborene stellt die Frage und liefert auch die Antwort: »*Mache ich eine Kopie von dieser Zelle, oder nehme ich dazu die Blaupause her?*« Und die Frage wird mit der folgenden Frage beantwortet: »*Gibt es neue Informationen?*« Die Antwort: »*Nein – also zieh eine Kopie!*«

Und nun stellt euch vor, wie die Antwort in dem Bruchteil einer Sekunde, wenn die Zelle sich gerade teilen will, lautet: »*Moment mal, es gibt was Neues. Ich möchte, dass eure Telomere länger werden; geh in die originale Blaupause in der Stammzelle und aktiviere das!*« So wird etwas Makelloses erzeugt, das besser als die alte Zelle ist, und der Mensch verändert den Alterungsprozess und lebt sehr lange. Vielleicht wird auch das Immunsystem verbessert? Vielleicht auch vieles andere? Der Punkt ist: Es wird etwas Neues produziert und nicht eine Kopie von etwas Altem.

Und welche »neuen Informationen« wären das? Die Antwort: Dass das menschliche Bewusstsein das Kristallgitter verändert, das mit beteiligt ist, die Schwingung des Planeten zu messen. Je höher der Planet schwingt, desto mehr DNA wird aktiviert. Das ist der Gaia-Effekt, und diese Informationen wurden schon oft durchgegeben. Er wirkt sich auf das menschliche Leben aus.

Euer Bewusstsein, euer Angeborenes und euer Höheres Selbst sind bereit dazu, einen Körper zu erschaffen, der viel weniger altert und euch nicht so viele gesundheitliche Sorgen macht. Das ist nicht einfach bloß Chemie. Es ist die Herrschaft des Bewusstseins über die Materie. Ihr könnt Frieden haben und verlangen, dass ihr von nicht mehr so viel Drama umgeben seid. Ihr werdet zu einem anderen Menschen. Eure Freunde werden das auch merken – und nicht alle werden das zu schätzen wissen ...

Vielleicht setzt sich das Puzzle jetzt für euch zusammen? Darüber haben die Meister des Planeten zu euch gesprochen.

Und das ist nichts anderes als das, was die Urvölker wussten und an euch weitergegeben haben. Ihr sitzt jetzt in einer neuen Energie, in der diese Dinge möglich sind, und so langsam spürt ihr das auch. Was werdet ihr damit machen?

»Na ja, Kryon, du hast uns noch nicht gesagt, wie das alles gehen soll.« Schon gut, das werde ich gleich machen: Es gibt eine Brücke – sie heißt *Intuition*. Intuition ist das multidimensionale Nachrichtensystem für den Menschen. Sie entsteht nicht im Gehirn und wird auch nicht auf lineare Weise wahrgenommen. Sie kommt durch das Portal des Höheren Selbst und ist für euch immer stimmig. Aber ihr müsst lernen, sie zu entschlüsseln. Spirituelle Intuition ist lediglich eine Weiterentwicklung der menschlichen Intuition in eurem Körper. Intuition fungiert als Brücke zum Angeborenen. Beginnt damit, diese intuitive Kraft, die jedem Menschen zu eigen ist, zu nutzen.

Wie lautet die erste intuitive Antwort, wenn ihr eine Frage stellt? Denkt nicht abschätzig über diese Information! Ich weiß, sie fühlt sich an wie ein flüchtiger Gedanke, oder ihr meint, ihr hättet euch das ausgedacht, aber ignoriert sie nicht, auch wenn sie keinen Sinn ergibt!

Manchmal forscht ihr, wenn ihr eine intuitive Eingebung habt, konzentriert mit dem Intellekt nach: *Was bedeutet das? War das ich oder jemand anderes?* Und so weiter. Aber warum sprecht ihr nicht direkt zu eurem Körper? Das Angeborene, das seid *ihr,* ihr Lieben, ihr könnt also mit ihm reden: *»Lieber Spirit/Körper/ Angeborenes, ich entscheide mich, mit dir zu verschmelzen, egal, für welche Form du dich entscheidest. Liebes Angeborenes, danke, dass du in mir bist, bei mir bist und mich schützt! Danke für das Feld um mich herum, das mich beschützt. Danke, dass ich meine Intuition verfeinern kann, damit ich die Wahrheit erkennen kann.«*

Das Angeborene kann dir sagen, ob dich jemand belügt. Das Angeborene lässt dich wissen, dass dieses Channeling real ist. Das Angeborene weiß mehr als das vom Gehirn produzierte menschliche Bewusstsein. Das Angeborene ist quantenhaft; es ist der Quantenteil des Menschen.

Die Superstringtheorie der Wissenschaft besagt, es gäbe im Zentrum des Atoms elf Dimensionen. Doch in Wirklichkeit sind es über 27 – und das werden die Wissenschaftler noch herausfinden. Was also befindet sich in den anderen Dimensionen? Das Angeborene weiß das alles, und es ist euch zu eigen. Diese Informationen können in eurer DNA aufgeschrieben und umgeschrieben werden, sie können eure Stammzellen beeinflussen und direkt zu eurer Biologie sprechen. Doch das ist noch nicht alles. Jetzt kommt der Rest, der den Kreis schließt.

Wir haben es euch schon früher gesagt: Warum zieht ihr nicht in Betracht, in eurer Akasha zu *schürfen?* Warum nicht versuchen, das, was ihr in früheren Leben erlebt und erfahren und euch verdient habt, aufzugreifen? All das liegt in euch verborgen und wartet nur darauf, zum Einsatz zu kommen. Aber weil ihr dreidimensional seid, meint ihr, das wäre etwas Vergangenes und nur so eine Art Geschichtsbuch. Ihr versteht einfach nicht, dass es in einem Quantenzustand keine Zeit gibt. Nutzt dieses Wissen! Alles!

»Aber Kryon, wie denn?« Und die Antwort lautet: Durch das Angeborene, durch Intuition. Das Angeborene ist bereit, das, was ihr jetzt gleich benötigt, direkt aufzugreifen, denn es kennt die Anweisungen und Einwilligungen in dieser neuen Energie und hat darauf gewartet. Tut nicht so, als ob ihr wüsstet, was ihr braucht! Das menschliche Bewusstsein ist auf 3-D beschränkt. Ihr wisst, was ihr *wollt,* aber nur das Angeborene weiß, was ihr *braucht,* um das zu erledigen, wozu ihr hergekommen seid. Ist das nicht wunderschön?

Das Angeborene steht für den gütigen Gott in euch. Dieses System ist größer, als ihr gedacht habt. Viele dieser Dinge werden schon bald erkannt. Seid nicht geschockt oder erstaunt, wenn die medizinische Forschung (unter anderem die sogenannte Quantenbiologie) Beweise für das erbringt, was ich euch heute sage. Es wird nicht mehr allzu lange dauern.

Wie klug ist das Angeborene? Ich will es euch zeigen: Wenn sich ein Mensch am Rückenmark verletzt, führt das oft zu einer Lähmung und einem Leben im Rollstuhl. Doch seltsamerweise schlägt das Herz weiter. Wo kommen diese Signale her? Sie kommen, wie man früher meinte, aus dem Gehirn und steuern von dort den Herzschlag. Die medizinische Forschung wird mal die eine, mal die andere Meinung verkünden. Doch es ist nicht das Gehirn! Die Verbindung ist unterbrochen. Warum können sich viele Menschen mit einem verletzten Rückenmark immer noch fortpflanzen? Wo kommt das her? Und die Verdauung? Das ist angeblich komplett hirngesteuert ... Doch die Antwort, ihr Lieben, ist: Es ist das Angeborene, das »zweite Gehirn«, das diese Dinge steuert, denn es ist mit dem DNA-System verbunden, und das war schon immer so. So langsam setzt ihr das Bild zusammen, und es ist wunderschön. Das ist die Botschaft des heutigen Tages.

Was macht ihr nun damit? Warum fangt ihr nicht an, regelmäßig zu euren Zellen zu sprechen? Sprecht gleichzeitig zu eurem Höheren Selbst, als ob beides eins wäre. Sagt zum Angeboren: *»Ich weiß, dass du da bist!«* Das Schöne daran ist: Das Angeborene ist nicht vom menschlichen Bewusstsein getrennt, sondern darauf abgestimmt. Es ist der multidimensionale Teil dessen, was ihr bereits habt. Das Angeborene kümmert sich so gut um euch, wie es vermag, auch wenn ihr nicht mit ihm reden könnt. Findet eine Möglichkeit, durch Intuition mehr über das zu *wissen,* was in euch abläuft.

Ihr werdet an einen Punkt gelangen, ihr Lieben, an dem die Unterhaltung mit dem Angeborenen zu eurer zweiten Natur wird. All das läuft über euren intuitiven Anteil ab, und ihr könnt das in jedem Augenblick eines jeden Tages machen. Dann kommt ihr in Frieden. Dann verliebt ihr euch in euch selbst! Es ist schön, möglich und machbar. Und wenn ihr über die Erde schreitet, werden es die Pflanzen wissen und auch die Tiere ... Sie alle »hängen« da mit drin. Wunderschön ist das.

Das ist unsere Botschaft. Das wollen wir euch sagen. Es ist ein weiterer Ausdruck eures inneren Gottes. Ich bin Kryon, und ich liebe die Menschen. Verlasst diesen Ort verändert.

Und so ist es.

Kryon
(Live-Channeling »Die drei Teile«,
Memphis/Tennessee, 26. Februar 2011)

Hoffentlich haben Sie jetzt eine bessere Vorstellung davon, was das Angeborene ist und – noch wichtiger – wie wir besser mit ihm kommunizieren können. Laut Kryon stellt unsere Intuition die Brücke zum Angeborenen dar, was wir oft als Bauchgefühl wahrnehmen. Manchmal handeln wir diesem Bauchgefühl zuwider, was dann Enttäuschungen mit sich bringt. Dann sagen wir normalerweise: »Ich hab ja gewusst, dass das passieren würde«; aber die Warnung haben wir ignoriert. Die Intuition zu nutzen, habe ich nicht in der Schule gelernt, sondern größtenteils durch Ausprobieren, also durch Versuch und Irrtum. Je mehr wir *üben*, auf unsere Intuition zu hören, desto besser gelingt es uns.

Dieses Ausprobieren kann durchaus Spaß machen. Ein Beispiel: Ich bin im Supermarkt und frage das Angeborene, was ich brauche. Ich habe das Gefühl, ich sollte etwas Käse kaufen. Mein logisches Gehirn funkt dazwischen und erinnert mich daran, dass zu Hause im Kühlschrank ja schon Käse liegt. Ich achte nicht auf diese Logik und kaufe Käse ein. Und wie ich beim Nachhausekommen entdecke, ist der Käse im Kühlschrank verdorben und nicht mehr genießbar. Natürlich bin ich froh darüber, dass ich auf meine Intuition gehört habe. Tausend Dank, Angeborenes!

Das gelingt mir nicht immer. Manchmal achte ich nicht auf meine Intuition und merke es nicht einmal. Einmal machte ich mich fertig, um mit meiner Hündin spazieren zu gehen. Ich nehme immer eine Plastiktüte mit, für den Fall, dass sie ein Geschäft zu erledigen hat (Sie wissen, was ich meine). Meine Intuition sagte mir, ich sollte eine zweite Tüte mitnehmen, nur für den Fall der Fälle. Diesen sehr guten Ratschlag ignorierte ich, und was passierte? Sie machte auf dem Spaziergang ein zweites Häufchen! Tja, meine Intuition zu ignorieren, war keine gute Idee gewesen (seufz). Aber egal. Ganz bestimmt werden mir noch viele Gelegenheiten zum Üben geboten werden. Und wie steht's mit Ihnen?

Bis es so weit ist, möchte ich noch ein weiteres Channeling von Kryon über das Angeborene vorstellen. Einige der Informationen aus dem vorherigen Channeling werden noch einmal angeführt, aber es gibt auch neue Ideen, die zu mehr Wissen und einem besseren Verständnis dieses wundervollen Aspekts unserer selbst führen.

Das Angeborene

Das, was wir als das »Angeborene« bezeichnen, ist Teil des menschlichen Bewusstseins. Ihr alle habt das auf der Körperebene, und heute wollen wir einmal über bislang noch nie angesprochene Punkte reden. Wir erzählen euch nur ein bisschen was darüber, aber hoffentlich genug, um euer Interesse zu wecken und euch begreiflich zu machen, dass da mehr ist, als ihr meint – viel mehr.

In der Vergangenheit wurde das Angeborene als der »kluge Teil eurer Zellen« beschrieben, was ja andeutet, dass es auch einen »nicht so klugen Teil« gibt oder vielleicht eher einen »unwissenden Teil«, und das ist euer Gehirn. Das Gehirn nimmt vieles wahr und kann äußerst gut rechnen. Es ist der beste Gedächtnisspeicher und relationale »Computer«, den es derzeit auf der Erde gibt. Alle eure Erfahrungen stecken in eurem Gehirn. Es steuert, wie ihr euch verhaltet, was ihr macht, wie ihr handelt, was ihr glaubt und wie ihr Dinge wahrnehmt. Doch es hat auch einen Mangel: Es weiß nichts darüber, was in euren Zellen oder eurem Emotionalkörper los ist. Es schickt zwar Signale, damit der Körper funktioniert, aber es ist blind für das, was danach geschieht. Und es lässt sich leicht verwirren.

Das Gehirn ist »nicht auf dem Laufenden«

Auch wenn ihr viel Zeit investiert, um intellektuell zu begreifen, wie es euren Zellen geht, werdet ihr das über das Gehirn doch nie herausfinden. Habt ihr eine Allergie gegen etwas, was euer Körper noch nicht kennt? Vielleicht gegen ein Lebensmittel, das ihr noch nie gegessen, eine chemische Substanz, die ihr noch nie gesehen habt? Wie findet ihr das heraus? Sollte das Gehirn, wenn ihr diese Stoffe zu euch nehmt, nicht rufen: »Mach das bloß nicht! Du bist dagegen allergisch und wirst dafür büßen müssen!« Aber das tut es nicht. Es hat keine Verbindung zur Zellstruktur. Das Angeborene aber sehr wohl.

Das Angeborene ist der kluge physische Körper, der alles über das gesamte System weiß und genauso clever ist wie das Gehirn, aber auf eine andere Art und Weise. Was also kann ein Mensch tun, um herauszufinden, ob er gegen etwas allergisch ist? Na ja, du könntest dein Gehirn fragen, aber es hat keine Ahnung. Stattdessen nimmst du das Lebensmittel oder die chemische Substanz in die Hand und machst damit einen Muskeltest. Das ist die sogenannte Kinesiologie – ein großes Wort für etwas sehr Einfaches. Bei einem Muskeltest gibt das Angeborene des Körpers ein Signal, das eine Frage über etwas, was es kennt, mit Ja oder Nein beantwortet; das Gehirn kann das nicht. Habt ihr verstanden, dass ihr bei der Kinesiologie anerkennt, dass ein Teil eures Körpersystems mehr weiß als euer Gehirn? Dieser Prozess wird seit Jahrhunderten genutzt, und er ist sehr genau.

Dieses Angeborene weiß über sehr viel mehr Bescheid als nur über eure Allergien, meine lieben Freunde. Es ist auch komplett auf die Quantenanteile eurer DNA eingestellt, die alles über eure spirituelle und zelluläre Entwicklung wissen. Das Angeborene schüttelt auf allen *drei menschlichen Gruppenebenen* die Hand eures Höheren Selbst; das ist schwer zu beschreiben. In einem Kreisdiagramm könnte man für diese Informationen zwischen den Gruppen Linien ziehen, dann wüsstet ihr, was ich meine. Das ist euer kluger und intelligenter Körper, und er steht mit allem in Verbindung.

Ihr Lieben, ich frage euch: Findet ihr es nicht seltsam, dass bestimmte Krankheiten in euren Zellen lauern und euch angreifen können, ihr das aber erst wisst, wenn es euch schlecht geht oder ihr daran sterbt? Was ist das denn für ein Gehirn, das euch darüber nichts sagt? Das Gehirn schickt nie Signale darüber, außer Unwohlsein und Schmerzen! Doch das Angeborene weiß darüber Bescheid, sobald es passiert. Das Angeborene weiß, wann das in den Körper gelangt ist. Und eure weißen Blutkörperchen gehen dorthin, wo sie dagegen ankämpfen müssen; euer gesamtes Immunsystem geht in Alarmbereitschaft! Und doch habt ihr keine Ahnung davon, weil euer Gehirn einfach nur das macht, was es immer macht: Es berechnet und erinnert. In diesem Fall hilft es euch allerdings nur sehr schlecht beim Überleben.

Über das Angeborene

Was ist das Angeborene? Wo ist es? Das ist schwer zu erklären. Wie wir euch gesagt haben, ihr lieben Menschen, stecken auch die flüchtigen Akasha-Informationen nicht im Gehirn. Das Gehirn sagt euch nichts darüber, wer ihr in einem früheren Leben gewesen seid. Mit dem Angeborenen ist es das Gleiche. Es sitzt nicht im Gehirn, sondern in jeder einzelnen Zelle eures Körpers und in jedem einzelnen DNA-Molekül. Im Unterschied zur Akasha sitzt das Angeborene *oben drauf* (ein lineares Konzept für euch) und ist ständig auf Sendung; es ist immer da. Wenn ihr wisst, wie man ihm lauschen kann und wo es ist, könnt ihr euch darauf einstellen. Eine sehr grundlegende Möglichkeit sind Muskeltests. Auch auf Akupunktur reagiert das Angeborene, wie manche von euch wissen. Habt ihr das gewusst? Euer Gehirn reagiert nicht darauf.

Die Merkaba – das Quantenfeld des Angeborenen

Das Angeborene ist sich aller Dinge auf Zellebene bewusst und ständig auf Sendung – und das so gut, dass es in die sogenannte Merkaba des Körpers einfließt. Die Merkaba ist ein Quantenfeld, das euren Körper umgibt und voller esoterischer Informationen pulsiert, unter anderem über die körperlich-physische Gesundheit. Viele Menschen können dieses Feld sehen und darin lesen.

Ein intuitiver Heiler kann vor euch stehen und die Botschaften eures Angeborenen mit mehr oder weniger Erfolg *lesen*. Diese intuitive Person muss keinen Muskeltest durchführen, um zu wissen, dass in euren Zellen etwas los ist. Sie kann das im Feld um euren Körper herum *sehen* oder *spüren*. Ihr habt vielleicht gemeint, ein solcher intuitiver Heiler wirft einen Blick auf eure Leber oder euer Herz und führt dann eine Analyse durch. Das ist sehr linear gedacht, und so funktioniert es auch nicht. Das ist die Denkschublade eurer Überzeugungen, die Überstunden macht. Vielmehr wird die Quantenenergie in eurem Feld erspürt, die das

Angeborene über eure Gesundheit, über chemische Abläufe und über das, was sich da womöglich in euch entwickelt, sendet. Das ist anders, als ihr gemeint habt, nicht wahr? Das ist das Angeborene, und das ist nur eine seiner Aufgaben.

In der Akasha schürfen – die Rolle des Angeborenen

Was nun kommt, haben wir euch bereits früher durchgegeben, doch diesmal will ich es noch besser erklären. Euer Angeborenes ist auch der Chef eurer persönlichen Bedürfnisse. Ich will das erklären: Blättert mit mir eine Seite weiter. Wir haben früher ja schon vom *Schürfen in der Akasha* gesprochen; diese Türen wollen wir jetzt einmal aufmachen.

Könnt ihr, meine Lieben, tatsächlich in dieses Riesenlager mit Attributen aus euren Vorleben gehen und euch dort etwas holen, was ihr heute braucht? Die Antwort lautet: Ja. Das ist das Schürfen in der Akasha, eine wichtige Komponente der Kryon-Lehren. Es ist allerdings schwer zu beschreiben, wie der Mensch das im Einzelnen macht. Es ist ein persönlicher, intuitiver Prozess. Eine Sache wird dabei oft falsch verstanden: *Ihr braucht dazu die Erlaubnis des Angeborenen,* und zwar, weil diese angeborene Körperintelligenz weiß, was ihr braucht. Sie fungiert als Chef oder Filter und »genehmigt« euch, was ihr aus eurer Akasha herausholen und nutzen könnt. Sie sagt Nein zu leichtsinnigen Dingen und Ja zu dem, was euch dabei hilft, euch selbst von Krankheiten zu heilen, länger zu leben und eure DNA-Effizienz zu erhöhen. Sie ist eine intelligente Regulier-Einrichtung des Körpers.

Dem Angeborenen ist euer Aussehen egal, nicht aber eure Gesundheit. Wenn ihr in eurer Akasha etwas herausholen möchtet, was ihr zum Überleben braucht, dann steht es euch bereitwillig zur Seite. Wenn ihr eure Haut von Pickeln befreien wollt, wird es nicht reagieren. Seht ihr, was ich meine? Das Angeborene ist der Chef über das Schürfen in der Akasha. Und die Akasha ist übrigens sehr gerne bereit dazu. [Kryon zwinkert.]

Das, was ihr gelebt habt, habt ihr euch verdient, ihr Lieben, und es steht euch jederzeit zur Verfügung. Es befindet sich in einer Quantensuppe mit Informationen über eure Lebenszeiten, die ihr nutzen könnt. Wenn euer Körper gerade eine Krankheit hat und ihr in der Akasha schürfen wollt, um ihn zu heilen, dann könnt ihr das tun. Wie bei allem, was nicht linear ist, ist dazu ein neues, reifes Bewusstsein und auch Übung vonnöten, damit es funktioniert. Doch der Körper ist bereit dazu, dass ihr euch die Zellstruktur eines vergangenen Lebens ohne Krankheit holt. Die Blaupause dafür sitzt in euch, denn ihr habt sie euch verdient und durchlebt.

Das Angeborene ist für Spontanremissionen verantwortlich! Die Wissenschaft hat keine Ahnung, wie ein Mensch das bewirken kann. Das Angeborene kann euch helfen, etwas aus eurer erworbenen Akasha herauszuholen und eurer Zellstruktur einzufügen. So clever ist es! Stellt euch vor, ihr könntet Krankheiten beseitigen, ohne dass auch nur die geringste Spur davon zurückbleibt! Das geschieht andauernd. Stellt euch vor, ihr könntet über Nacht eine chemische Abhängigkeit aufgeben! Das funktioniert nach genau demselben Prinzip.

Kennt ihr das? Ihr sitzt in einer Besprechung, es wird etwas gesagt oder ein Gefühl tritt ein, und euch läuft ein Schauer den Rücken hinunter. Was ist das? Wir könnten das als »Bestätigungs-Frösteln« bezeichnen. Und woher kommt das wohl? Vom Angeborenen! Das Angeborene kann euch die Wahrheit signalisieren, das Gehirn nicht. Das Gehirn steht eher oft im Weg. Denn im Gehirn befindet sich die *Denkschublade eurer Überzeugungen*. Euer Gehirn vermittelt euch auf Basis von Erfahrungen und Erinnerungen eine Wahrnehmung davon, wer ihr seid. Es ist euer dreidimensionales Überlebenswerkzeug. Doch das Gehirn kann euch nicht die Wahrheit sagen, sondern nur das, was es als Wahrheit auf Basis logischer, verarbeiteter, berechneter, synaptischer Beweisführung und nur auf Basis vergangener Erfahrungen wahrnimmt. Euer Gehirn kann euch davor warnen, den Herd zu berühren, weil ihr das früher schon einmal gemacht habt. Aber vom Gehirn kommt kein »Bestätigungs-Frösteln« von Informationen, die es nicht hat. Der Intellekt möchte euch glauben lassen, euer Gehirn wäre die höchste Instanz. Doch das Gehirn ist nur ein Teil des Körpersystems und nicht sehr intuitiv. Das Angeborene aber kennt die Wahrheit. Das Angeborene steht mit den Quantenanteilen eurer DNA in Verbindung und kennt deshalb auch eure Spiritualität und die Wahrheit des inneren Gottes.

Der nächste Schritt

Der Mensch der Zukunft zeichnet sich unter anderem dadurch aus, dass er eine Brücke zwischen dem menschlichen Bewusstsein und dem Angeborenen baut. Das gehört zur Unterweisung über die neun Attribute, und zwar ist es eines der drei Dinge, die mit den Zellen zu tun haben, nämlich der Teil über die menschlichen Energien. Es muss eine Brücke mit neuen Werkzeugen gebaut werden, damit ihr keine Muskeltests mehr benötigt. Ihr könnt zu eurem eigenen intuitiven Heiler werden. Das ergibt Sinn, oder nicht? Wenn dann ein Virus oder Bakterien in euren Körper eindringen – davor kann euch euer Gehirn nicht warnen –, werdet ihr das trotzdem *wissen!* Diese Brücke wird die Weiterentwicklung des Menschen zum Abschluss bringen und ist ein logischer nächster Schritt hin zu einem längeren Leben. Ich weiß, dass das für euch Sinn macht. Ihr solltet in der Lage sein, so etwas zu spüren, wenn es auftritt, anstatt zu einem Arzt gehen zu müssen und Tests machen zu lassen. Das ist zwar nichts Schlechtes, sollte aber eher bestätigen, was ihr bereits wisst, und nicht dazu dienen, es herauszufinden.

Das zweite Gehirn

Das Angeborene tut so viel für euch! Manche von euch erkennen allmählich, wohin diese Diskussion wirklich führt. Es geht um ein Konzept, welches wir bislang noch nicht ausführlich besprochen haben. Wir geben diesem Konzept auch einen Namen, aber bitte versteht das nicht falsch. Ihr habt nur ein Wort für euer intelligentes Kontrollzentrum: das Wort »Gehirn«. Wir vermitteln euch das Konzept des Angeborenen als »zweites Gehirn«. Es funktioniert überhaupt nicht wie euer erstes Gehirn, aber es ist clever und intelligent und weiß, was ihr braucht. Und manchmal kann es sogar eine Aufgabe übernehmen, für die normalerweise euer logisches Gehirn zuständig wäre.

Ich zeige euch, was ich meine – anhand einer Rätselfrage der Medizin. Wenn euer Rückenmark bei einem Unfall komplett durchtrennt wird, könnt ihr vom Hals abwärts nichts mehr spüren, weil aus dem Gehirn keine Signale mehr an die Muskeln geschickt werden können. Die Signalleitung ist abgeschnitten. Ihr verbringt den Rest eures Lebens im Rollstuhl, müsst vielleicht von anderen Menschen gefüttert werden. Doch rätselhafterweise funktioniert einiges nach wie vor, zum Beispiel das Herz oder die Verdauung. Vieles funktioniert weiterhin, obwohl doch – wie man euch gesagt hat – euer Gehirn, das zentrale Nervensystem, also das Organ, welches alle Signale für alle Abläufe schickt, gar keine Signale mehr senden kann. Die Leitungsbahnen für die Signale im Rückenmark sind unterbrochen. Was also sorgt dafür, dass diese ganzen Organe unterhalb des Nackens weiterhin funktionieren?

Damit das Herz funktioniert, braucht es Signale vom Gehirn. Es müssen elektrische Impulse aus bestimmten Teilen des Gehirns geschickt werden, wodurch das Herz in einem synchronisierten Rhythmus schlagen kann. Doch das Gehirn ist abgeschnitten, und trotzdem schlägt das Herz rhythmisch weiter. Wie kann das sein?

Ich sage es euch: Das Angeborene übernimmt die Führung und sendet das Signal. Es ist immer da, denn die Merkaba ist nicht auf einen bestimmten Ort beschränkt wie das Gehirn, sondern deckt den gesamten Körper ab. Die Organe arbeiten weiterhin, doch die Leitung zu den Muskeln besteht nicht mehr. Sogar Fortpflanzung ist noch möglich! Das Herz schlägt weiter, die Verdauung funktioniert immer noch, und all das ohne Verbindung zum Gehirn.

Das Angeborene ist clever! Es ist ein zweites Gehirn. Für die medizinische Wissenschaft ist das immer wieder ein Rätsel, doch ich habe euch gerade die Lösung gegeben. Das Angeborene ist also die Intelligenz eures Körpers, die, was die Zellen angeht, klüger ist als das Gehirn. Und jetzt möchte ich das alles abschließend zusammenfassen.

Was sollt ihr mit all diesen Informationen anfangen? Ich möchte, dass ihr in Kontakt mit dem Angeborenen kommt! Es ist die *Herzverbindung*, meine Lieben. Das Höhere Selbst, das Angeborene und das menschliche Bewusstsein sind die drei Energien des Menschen, die miteinander verschmelzen müssen: das Höhere Selbst, das Angeborene und das menschliche Bewusstsein. Wenn die DNA mit einer höheren Effizienz arbeitet, entstehen Brücken zwischen diesen dreien. Ihr werdet sie spüren, wenn ihr die Wahrheit erkennt und spürt. Wenn ihr Urteilsvermögen und Einsicht entwickelt und die Dinge als das erkennt, was sie wirklich sind, sucht ihr nicht mehr im Außen nach Antworten. Dann seid ihr viel eigenständiger und unabhängiger, und eure Antworten entsprechen oft denjenigen derer, die dieselbe Einsicht haben. All das kommt jetzt von innen und nicht mehr von einer äußeren Quelle.

Viele Leute werden sagen, das sei Unsinn, erzählen euch was von Gott und dass ihr an ihn glauben sollt. Sie behaupten, ihr wäret unrein geboren worden oder es gäbe Gesellschaften, die euch kontrollieren wollen, oder überall um euch herum wäre eine Verschwörung gegen euch im Gange. Sie erzeugen Angst, und das führt zur Angst der Menschen, zu Verwirrung, Abgespaltenheit und sogar Krieg.

Und wenn ihr nun so nach und nach die Wahrheit über das Angeborene in euch verstehen würdet? Dann würdet ihr verstehen, dass ihr ein Teil Gottes auf diesem Planeten seid, und erkennen, was um euch herum passiert oder nicht. Der Mensch wird klüger, wenn die beiden Gehirne zusammenkommen; dann erkennt ihr selbst, wie es um eure Gesundheit bestellt ist, könnt etwas unternehmen, bevor die Situation aus dem Ruder läuft, und ihr könnt auch die Wahrheit Gottes im wunderschönen System eurer Akasha erspüren.

Wir sind schon im vorherigen Gespräch über die Akasha darauf eingegangen: Jeder einzelne Mensch hat eine individuelle Ernährungsweise, je nachdem, was für ihn funktioniert. Es gibt keine »erleuchtete Ernährungsform«, nur die Ernährung, die euch euer Urteilsvermögen und eure Einsicht eingeben. Das Angeborene ist intelligent. Es arbeitet mit der Akasha zusammen und weiß alles über eure Seelenaspekte. Es steht mit dem Höheren Selbst in Verbindung. Es weiß, welche Ernährung für euch aufgrund eurer unmittelbaren Vorleben gut ist. Das alles steht in eurer Akasha, und das Angeborene ist damit in Verbindung.

Jetzt seid ihr dabei, eine Brücke zum Angeborenen zu bauen, und damit verändert sich alles. Die Fragen, die ihr hier in diesem Raum stellt (und es sind immer dieselben), müssen nicht mehr gestellt werden: »*Lieber Kryon, wie kann ich in meiner Akasha schürfen? Ich möchte hierhin gehen und dieses und jenes wissen. Wie kann ich dies und das in meinem Leben erschaffen?*« Meine Lieben, es kommt der Tag, an dem ihr diese Fragen nicht mehr stellen müsst, so wie ihr niemanden auf der Straße fragen würdet, wie denn das Laufen geht. Eines Tages habt ihr nicht mehr das Gefühl, dass ihr esoterisch im Dunkeln tappt oder dass euch noch Teile fehlen. Wenn das Angeborene in eurem Bewusstsein präsent ist, kommen Konzepte zusammen, und die fehlenden Teile des Puzzles werden ergänzt. Ihr werdet viel mehr über euch selbst wissen – darüber, wer ihr seid; unter anderem werdet ihr erkennen, dass ihr nicht von hier seid! Ihr werdet das spüren! Ihr stammt von der großen Zentralsonne. Ihr kommt daher, wo auch ich herkomme, und ihr werdet wissen, dass ihr ewig seid! Ihr werdet wissen, dass ihr nicht nur ein Leben hattet, und ihr *wisst* das so, wie das Angeborene das *weiß,* was nichts mit dem intellektualisierenden Computer in eurem Kopf zu tun hat.

Es ist die Herzverbindung, meine Lieben. Das Angeborene erzeugt Emotionen. Ihr Lieben, ich sage euch, das Angeborene hilft euch, euch zu verlieben. Das Angeborene verleiht euch unerklärliche Energien. Das Angeborene macht euch ein bisschen irre (niemand kann dieses Gefühl des Verliebtseins erklären), aber das Angeborene weiß alles darüber, und seine Informationen und persönlichen Hilfestellungen klingen glaubhaft. Es verhilft zu mehr Urteilsvermögen und Einsicht, es erschafft einen weisen Menschen. Es gibt nichts Vergleichbares. Und was am wichtigsten ist: »Wahrheit ist Wahrheit«, und immer mehr Menschen werden sehen, was auch ihr seht. Seht ihr, wie das Angeborene der Menschheit dient, eurem Höheren Selbst die Hand schüttelt und über Gott Bescheid weiß?

Das war unsere Geschichte des heutigen Tages – über etwas Erstaunliches in euch, das für euch bereitsteht. Ihr habt vielleicht noch nicht gewusst, wie umfassend das ist oder was es ist? Wie es funktioniert oder wie wichtig es ist? Jetzt wisst ihr ein bisschen mehr darüber. Und das Schöne daran ist: Es ist keine Wesenheit in euch, meine Lieben. Das seid ihr – die Brücke vom physischen Körper zum Höheren Selbst, der intelligente Anteil eurer Zellen.

Und so ist es.

Kryon
(Live-Channeling »Das geheimnisvolle Angeborene«,
Gaithersburg/Maryland, 31. August 2013)

Das Angeborene ist dazu da, uns das zu geben, was wir brauchen. Das Angeborene hilft uns beim Schürfen in der Akasha. Je mehr wir üben und mit dem Angeborenen kommunizieren, desto besser werden wir darin. Dazu gehört auch, auf unsere Intuition zu hören. Wenn Sie wirklich die reine Absicht bekunden, Ihr Leben und Ihre Gewohnheiten zu verändern, wird Sie das Angeborene dabei immer voll unterstützen. Es ist eine Partnerschaft, die Sie eingehen können, wenn Sie diese Wahl treffen. Die Menschen, die mit dem Angeborenen kommunizieren, sind die Pioniere der Menschheit. Ich bin davon überzeugt, dass die moderne Medizin eines Tages das Angeborene anerkennen und bei jedem Schritt einer medizinischen Behandlung mit ihm kommunizieren wird. Es ist noch nicht so lange her, da glaubte die etablierte medizinische Wissenschaft nicht an Keime, weil sie nicht sichtbar waren. Doch heute kann man sie unter dem Mikroskop sehen.

Wenn es auf dem Planeten erst einmal eine Quantenerfindung gibt, die das Quantenfeld des Menschen (die Merkaba) sichtbar machen kann, wird das meiner Überzeugung nach unsere Sichtweise von Gesundheit und Heilung für immer verändern.[16] Bis es so weit ist, haben wir das große Glück, dass Kryon uns diese Informationen bereits vorab durchgibt, sodass wir sie jetzt schon nutzen können.

FRAGEN AN KRYON

In der neuen Energie wird vieles neu kalibriert: Gaia, das Universum, das Kristallgitter, die Menschheit, Weisheit, Wissen, Bewusstheit, Wahrnehmung und Liebe. Kannst du uns etwas über die Rekalibrierung der Beziehung zwischen Mensch und Höherem Selbst sagen?

Das ist eine sehr schlaue Frage, und indirekt wurde bereits darauf eine Antwort in den Channelings über die Rekalibrierung gegeben. Die Beziehung des Menschen zu seinem Höheren Selbst kann esoterisch insbesondere daran gemessen werden, *wie stark das Portal zur Zirbeldrüse ist.* Es geht dabei um die Kommunikation mit der Quelle, die unter anderem diese Beziehung verändert.

Im Laufe der letzten Jahre habt ihr begonnen, anhand von Klängen die Kommunikation auszubauen, und das funktioniert gut. Das ist nur ein Beispiel für einige sehr neue Möglichkeiten zur Stärkung der Quantenattribute der Zirbeldrüse, was gleichzeitig mehreren Zwecken dient: a) Durch die Erweiterung des Zirbeldrüsenportals entsteht eine viel engere Beziehung zum Höheren Selbst; b) ihr spürt das durch eine stärkere intuitive Kommunikation; c) euer Angeborenes baut eine bessere Brücke zu eurem dreidimensionalen Bewusstsein auf.

Strengt euch also mehr an, um zu erkennen, wann ihr intuitiv kommuniziert. Das ist einer der wichtigsten Schlüssel, denn die Intuition ist die einzige Möglichkeit für Spirit, direkt zu kommunizieren, und zwar über die dreidimensionalen Gehirnsynapsen, was euer Höheres Selbst und euer Angeborenes miteinbezieht.

Seht ihr, wie das alles zusammenpasst? Das ist eine Neuausrichtung eurer Wahrnehmung eures eigenen Denkprozesses.

Die Stärke eurer Verbindung zum Höheren Selbst wird also daran gemessen, wie gut ihr intuitives Denken erkennt. Wie gut funktioniert das bei euch?

Was kannst du Lichtarbeitern raten, die sich an Orten aufhalten, wo sich viele Menschen im Überlebensmodus befinden und das menschliche Bewusstsein eine sehr niedrige Schwingung hat?

Das Licht hochzuhalten, hängt nicht davon ab, wer um euch herum ist! Eine Glühbirne erhält ihr Licht vom Strom in der Streckdose, an die sie angeschlossen ist. Das hat nichts damit zu tun, wie viele Glühbirnen noch da sind. Auch wenn ihr euch also an Orten befindet, wo einfach keine Gleichgesinnten sind, seid ihr doch immer noch an die Quelle angeschlossen, und euch steht die ganze Energie eures Lichtwesens zur Verfügung, die ihr anzapfen könnt. Doch da es dort »dunkler« ist, müsst ihr euch ein bisschen mehr Mühe geben und alleine Licht verbreiten, damit andere euch besser sehen können. Das bedeutet, ihr müsst mehr im Gleichgewicht sein.

Bewusstsein mit einer niedrigen Schwingung ist nicht euer Feind, sondern einfach ein Platz, der mehr Licht braucht als andere Plätze. Eure Ausgeglichenheit in solchen Situationen zeigt anderen, was ihr habt, und das möchten vielleicht viele dieser Menschen ebenfalls haben, aber sie wissen einfach nicht, was zu tun ist. Eure Ausgeglichenheit ist deshalb euer Licht, und es wird sich zeigen! Wenn ihr mit Konflikten oder Dramen konfrontiert werdet, bleibt im Gleichgewicht! Reagiert nicht mit Wut und lasst nicht zu, dass eure emotionalen Knöpfe gedrückt werden. Das ist Arbeit! Habt keine Angst, in dunkle Gebiete zu gehen. Das ist der Zweck eurer Existenz!

Das ist die Antwort und wird immer die Antwort sein. Das definiert, was es heißt, »ein Licht in der Dunkelheit der normalen Welt« zu sein. Wenn die Menschen fragen: *»Was macht dich bloß so ausgewogen? Ich habe gemerkt, dass du nicht so reagierst wie die anderen. Wie machst du das?«*, dann könnt ihr ihnen von eurem inneren Gott erzählen und davon, wie ihr euer Leben neu ausgerichtet habt.

Viele Menschen können über Muskeltests mit dem Angeborenen kommunizieren. Werden wir irgendwann in der Lage sein, auch über andere Mittel, beispielsweise durch Telepathie, mit dem Angeborenen zu kommunizieren?

Nein. Eure spirituelle Weiterentwicklung im Hinblick auf das Angeborene wird folgendermaßen fortschreiten: Irgendwann werdet ihr einfach »wissen«, was das Angeborene weiß. Das geschieht phasenweise, und wiederum ist eure Intuition der Schlüssel, denn sie überbringt euch Botschaften darüber, was in eurem Körper vor sich geht.

Das ist für manche Menschen keine gute Nachricht, denn intuitives Denken ist etwas sehr Flüchtiges und schwer greifbar. Es ist flüchtig, weil es nicht aus euren normalen 3-D-Synapsen (dem Gehirn) kommt, wo ein Großteil des Denkens passiert. Intuition ist eine multidimensionale Kommunikation und deshalb schwer zu erkennen. Das ist die Arbeit, von der wir sprechen, denn es erfordert Übung, um sie zu empfangen und zu verstehen.

Wir haben euch ja schon gesagt: Wenn ihr die intuitive Kommunikation, wie sie eurem Bewusstsein übermittelt wird, besser begreift, könnt ihr damit loslegen, alles Mögliche für euch geschehen zu lassen. Unter anderem habt ihr dann eine viel bessere Vorstellung davon, was in eurem Körper abläuft. Das Angeborene ist dazu bereit! Es will das *hören!* Und schließlich werdet ihr zu eurem eigenen intuitiven Heiler.

Kapitel 8

DNA – mehr, als man meint

Was wissen Sie über die DNA? Vielleicht eine ganze Menge. Die meisten Leute, auch ich, wissen darüber eher nur die grundlegenden Dinge. Unsere DNA (*Deoxyribonucleic Acid,* Desoxyribonukleinsäure) ist die Blaupause des Menschen.

Es gibt vier verschiedene Arten an chemischen Nukleotid-Basenpaaren; sie bilden die Bausteine der DNA. Die Sequenz der DNA-Basen ergibt den genetischen Code. Der Gencode des Menschen umfasst etwa drei Milliarden Basenpaare und kommt im menschlichen Körper 100 Billionen Mal vor. Die Doppelhelix-Struktur der DNA wurde in den 1950er-Jahren entdeckt. Mitte der 1970er-Jahre wurden wissenschaftliche Methoden zur Bestimmung der Reihenfolge bzw. Sequenz der chemischen »Buchstaben« in der DNA entwickelt. 1990 startete das Humangenomprojekt; es sollte erforschen, welche Rolle Gene im menschlichen Körper spielen. Das Hauptziel bestand darin, die drei Milliarden Buchstaben der menschlichen DNA, das menschliche Genom, zu kartieren (also zu sequenzieren und zu verstehen). Man hoffte und erwartete, dadurch die Geheimnisse des Lebens lüften zu können. An diesem internationalen Humangenomprojekt waren Wissenschaftler aus vielen Ländern beteiligt. Es wurde von der US-amerikanischen Regierung finanziert; angeblich belief sich das Budget über die dreizehnjährige Dauer des Projekts auf um die drei Milliarden Dollar.

Wie die Wissenschaftler herausfanden, gibt es viel weniger Gene als ursprünglich angenommen. Der letzten Zählung gemäß umfasst der Gencode des Menschen ungefähr 23.000 menschliche Gene. Auch die chemische Grundstruktur der DNA wurde aufgedeckt; wie Lee Carroll gesagt hat, wurden sozusagen die »Buchstaben in einem riesigen Buch« entziffert. Doch das Problem dabei ist: Niemand hat die Sprache entdeckt, die uns die Bedeutung der

Wörter in diesem Riesenbuch enthüllen könnte! Außerdem ergeben nur drei Prozent dieser Buchstaben und chemischen Verbindungen des menschlichen Genoms einen erkennbaren Code. Nur die proteincodierte DNA-Chemie enthält einen klaren Code für die Genproduktion.

97 Prozent des menschlichen Genoms in der DNA verschlüsseln also keine Proteinsequenzen. Das ist die sogenannte »nicht codierende DNA«, denn die Wissenschaftler wissen nicht, welche Aufgaben sie hat; sie scheint gar nichts zu tun. Oft wird diese DNA auch als »Müll-DNA« bezeichnet. Aber eigentlich kann man kaum glauben, dass die Natur einen lebendigen Organismus erschafft, dessen DNA zu 97 Prozent aus Müll besteht, der scheinbar nichts tut, oder etwa nicht?

Vielleicht haben Sie ja das Kryon-Buch 10, »Die 12 Stränge der DNA«, gelesen – dann wissen Sie, worum es sich bei dieser »Müll-DNA« handelt und was ihre Aufgabe ist. Bislang konnten die Wissenschaftler die »Müll-DNA« nicht entschlüsseln, weil sie quantenhaft ist. Die Wissenschaft hat noch kein Verständnis der multidimensionalen Energien entwickelt, aber immerhin machen sie Fortschritte. Dieser quantenhafte Anteil unserer DNA gibt den drei Prozent der DNA, die unsere Biologie ausmachen, Anweisungen. »Die 12 Stränge der DNA« zeigt auf, worum es sich bei diesen Anweisungen handelt. Auch die persönliche Akasha-Chronik gehört zu dieser Quanten-DNA.

Im September 2012 verkündeten Wissenschaftler, sie hätten den Code der »Müll-DNA« geknackt. Ihre Forschung wurde als größter Durchbruch in der Genforschung sei zehn Jahren bejubelt. 80 Prozent des »Mülls«, so die Ergebnisse des Projekts »Encode«, geben an, wie und wo Proteine produziert werden. Große Teile dieser DNA, die angeblich keinen Sinn und Zweck hat, bilden in Wirklichkeit ein komplexes Steuersystem für die Gene. Diese DNA, so die Schlussfolgerung der Wissenschaftler, ist keineswegs Müll oder überflüssiger Krempel, sondern für die Funktion der Zellen absolut unerlässlich. Ein Fünftel dieser DNA-Kategorie besteht aus »Schaltern«, die manche Gene ein- und andere ausschalten. Inzwischen herrscht die Meinung vor, ein Verständnis dieser Steuerelemente ist für das Verständnis von genetisch bedingten Erkrankungen, wie beispielsweise ererbten Herzkrankheiten, manchen Formen von Diabetes und Morbus Crohn, genauso wichtig wie das Verständnis der eigentlichen Gene.[17]

Und das sagt Kryon zu diesem Thema:

Für euch und die Wissenschaft ist die DNA grundsätzlich biochemischer Natur. Das, was in eurem Körper und eurer Meinung nach für die Blaupause des Lebens verantwortlich ist, ist also durch Chemie und biologische Prozesse vollständig erklärbar. Doch die DNA weist noch andere Attribute auf, auf die ich nochmals eingehen möchte. Sie verfügt über multidimensionale, spirituelle Attribute, die quantenhafter Natur sind – ja, die im menschlichen Genom erkennbare Chemie ist sogar größtenteils quantenhaft. Eure Wissenschaft kann diese Quantenhaftigkeit und das Feld darum herum derzeit noch nicht messen, aber im Rätsel des menschlichen Genoms finden sich Belege dafür.

Wie wir euch gesagt haben, trägt die DNA in eurem Körper eine Riesenmenge an nicht sichtbaren Informationen und Energien in sich. Wir bezeichnen die DNA als Entität, nicht als chemische Doppelhelix. Das heißt, 100 Billionen DNA-Schleifen arbeiten als eine Energie zusammen; das ist »eure persönliche DNA«, eine einzigartige, eindeutige Gruppe. Und das muss so sein, denn diese DNA – das seid ihr zu 100 Prozent! Da die DNA quantenhaft ist, enthält sie den allergrößten Teil eurer Spiritualität. [Das wurde im Kryon-Buch 10, »Die 12 Stränge der DNA«, erklärt.] Sie enthält nicht nur die Chronik von allem, was ihr jemals auf dem Planeten wart, sondern auch die Chronik eurer Beziehung zu Gaia und alles, was ihr jemals getan habt und was ihr spirituell in jedem Leben gelernt habt. Diese Informationen sind der DNA buchstäblich eingeprägt.

Jetzt hört mir gut zu: Kein Mensch verliert im Laufe von Äonen jemals die spirituellen Offenbarungen, die er einmal gehabt hat! Versteht ihr? Mit seiner Intention kann jeder Mensch bis zu dem erwachen, was seine DNA an Gelerntem aus allen Lebenszeiten enthält. Ihr erweckt mit eurer Intention und der Manifestation eures inneren Gottes die DNA! Alles, was ihr an Spirituellem gelernt habt, kommt flugs zurück und gehört euch wieder. Wie auch nicht? Ihr habt ja ursprünglich diese Tür geöffnet, und das ist euer Eigentum. Für diejenigen, die sich fragen, wie es sein wird, wenn sie zurückkommen, dürften das gute Neuigkeiten sein. Müssen sie von vorne anfangen? Müssen sie erneut das durchleben, was sie in diesem Leben durchgemacht haben? Die Antwort lautet: Nein. Es bleibt eine Sache des freien Willens, und es könnten viele Leben ohne solche spirituellen Suchen vergehen, doch in dieser Zeit des Umbruchs »erinnern« sich viele daran, wer sie sind und was sie wissen.

Ein paar von euch haben sogar gesagt, sie würden sich nicht für eine erneute Rückkehr entscheiden, weil es diesmal so schwierig war. Manche von euch haben ein ihnen innewohnendes Gefühl, dieses Mal wäre das letzte Mal. Ich aber sage euch, ihr Lieben, das habt ihr auch das letzte Mal gesagt! Es ist so: Das Erste, was Meister und alte Seelen wollen, wenn sie auf der anderen Seite des Schleiers ankommen, ist zurückzukommen! ... Und da seid ihr! Die meisten von euch werden das auch wieder tun, und dann macht ihr da weiter, wo ihr aufgehört habt, und fangt nicht wieder von vorne an. Das steckt in der DNA. Es ist wunderschön. Die Weisheit aller Zeiten ist der DNA eingeprägt, quantenhaft und somit riesig. Der Kristall in der Höhle der Schöpfung bewahrt sie für euch auf und aktiviert eure DNA, wenn ihr in einem anderen menschlichen Körper zurückkommt.

Es ist interessant, dass jetzt, wo die Menschheit das menschliche Genom erkannt hat, sie auch dessen Einzigartigkeit erkennt. Interessant, oder nicht? Die DNA ist etwas komplett Einzigartiges. Keine zwei Menschen haben dieselbe DNA, nicht einmal eineiige Zwillinge. Bei Zwillingen ist nur ein Bruchteil identisch (nicht einmal fünf Prozent), nicht aber die nicht proteincodierten Quantenteile. Sie sind für jeden Menschen einzigartig.

Doch das ist nicht alles. In der DNA stecken die Attribute des *Gottesteilchens*, welches ihr seid. Sie enthält den Abdruck des Höheren Selbst. Sie enthält auch euren Engelnamen, mit dem ich euch anspreche. Das ist kein linearer Name, und er wird auch nicht ausgesprochen, indem die Luft in Schwingungen versetzt wird. Der Engelname ist ein Name, den wir aus Licht singen. Und wenn er ausgesprochen wird, schwingt er majestätisch. Das ist die Wahrheit! Fühlt es! In der DNA befindet sich der Abdruck eures wahren Selbst. Ihr tragt in euch Teile und Stückchen eurer Abstammung von einem anderen Planeten und anderen Gebieten des Universums. Auch die Energie derjenigen, die mit dazu beitrugen, euch den spirituellen Anteil des Menschen einzupflanzen [die Plejadier], ist in der DNA enthalten. Das ist stimmig, wunderschön und voller Liebe. All das sitzt in eurer DNA, und damit das möglich ist, muss es sich um eine Quantenenergie handeln.

Doch jetzt noch einmal zur 3-D-Biologie. Nach Abschluss des Humangenomprojekts waren alle chemischen Verbindungen in der Doppelhelix identifiziert. Zu diesem Zeitpunkt waren drei Milliarden chemische Teile bekannt und identifiziert – und das in dieser winzig kleinen Doppelhelix. Sie ist so klein, dass dieses DNA-Molekül nur unter dem Elektronenmikroskop sichtbar ist. Und doch so komplex, dass es aus drei Milliarden chemischen Teilen besteht. Nun machten sich die Wissenschaftler daran, herauszufinden, was diese Teile taten, und das war eine enorme Forschungsaufgabe. Man suchte nach dem, was die über 23.000 menschlichen Gene erzeugte, nach dem Code, dem linearen Proteincode, um zu verstehen, wie das alles funktionierte.

Seit Langem wollten die Wissenschaftler die »Blaupause in Aktion« sehen, und jetzt war es so weit. Doch was für ein Schock! Wie sich herausstellte, dienen nicht einmal fünf Prozent der DNA der Genproduktion. Sie sahen Linearität, den Code in den proteincodierten Teilen der DNA. Dieser kleine Anteil produzierte die Gene, doch der Rest schien regellos, ja chaotisch zu sein. Über 90 Prozent der DNA waren scheinbar zerhackte Informationen und zu nichts nütze. Davon (über einen scheinbar chaotischen Quantenzustand) hat mein Partner heute gesprochen [im Vortrag]. Das scheint willkürlich und regellos zu sein, weil eine echte Quantenrealität in keinster Weise linear ist. Eure linearen »Scheuklappen« in eurer 3-D-Realität halten euch unter anderem davon ab, einen Quantenzustand sehen zu können. Ihr starrt also auf etwas Quantenhaftes, doch das Konzept dahinter ist für euch unsichtbar. Diese Willkürlichkeit der DNA konnte nicht auf die leichte Schulter genommen werden, denn das war für die Wissenschaft etwas Unerklärliches. Man stelle sich vor:

90 Prozent der DNA schien zu nichts nütze zu sein, wider besseren Wissens der Biologen; doch es gab einfach keine Erklärung dafür.

Auf zu neuen Informationen

Das ist also der Ausgangspunkt für uns, um euch ein paar Informationen zu enthüllen, die ihr wissen müsst und von denen ein Großteil auch bestätigt werden wird. Wenn es so weit ist, dann denkt daran, wo ihr davon schon gehört habt. [Kryon lächelt.]

Die DNA ist viel umfassender und größer, als ihr meint; die Wissenschaft sieht bereits ein, dass die 90 Prozent der DNA, die scheinbar keinen Regeln folgen, womöglich gar keine Sprache bzw. kein Code sind, sondern so eine Art »wirkmächtige« Chemie, die irgendwie die fünf Prozent, die die Maschine der genetischen Blaupause bilden, abändert bzw. konfiguriert. Ironischerweise stimmt das ganz genau, aber nicht so, wie die Wissenschaft es betrachtet.

Die 90 Prozent der DNA spiegeln eure Spiritualität wider! Dort sitzt die Akasha-Chronik, das Höhere Selbst, das von euch gesuchte »Portal zur anderen Seite«. In einem Quantenzustand sind diese Dinge überhaupt nicht in den chemischen Stoffen enthalten.

Ihr könnt euch diese ganze Chemie zusammen wie eine Brücke vorstellen, eine Art Leitung, ein Portal oder einen Quantenzeiger auf alles. Denkt euch kein lineares Abteil oder eine Schublade, in der sich euer Höheres Selbst befindet, sondern eher etwas wie einen Eingang. Wenn ihr dorthin gehen und die Quantenhaftigkeit sehen könntet, würdet ihr eine Leitung betreten, die euch zu allem führt, was ist. Versteht also: Diese 3-D-/quantenhafte chemische Brücke ist ein heiliger Einflussnehmer auf das Genom, sie ist sehr groß und enthält den Großteil der Informationen der menschlichen Blaupause des Lebens.

Die DNA ist mehr, als ihr meint

Jetzt wollen wir bislang nie Gesagtes über die DNA mitteilen. Es ist an der Zeit, euch den Rest der Geschichte zu erzählen.

Die Wissenschaft betrachtet euer Gehirn als Zentrum des Bewusstseins, aber das stimmt nicht. Das Gehirn, die neurologische Gruppierung mit dem höchsten Grad an Ordnung, die sie sehen können, steckt voller komplexer Synapsen und muss demnach für das sogenannte menschliche Bewusstsein zuständig sein. Aber so ist es nicht. Das Gehirn ist nur die dreidimensionale Maschine, die auf die 90 Prozent Quanten-DNA reagiert. Es ist der Motor, der die Synapsen antreibt, und ist hoch komplex. Aber es ist nur der Empfänger von Informationen zur Erzeugung elektrischer Signale, die entsprechend den Anweisungen handeln, welche von der DNA beeinflusst werden. 100 Billionen DNA-Teilchen arbeiten zusammen und kommunizieren als eines. Ist euch das klar? Die Wissenschaft weiß nicht, wie das abläuft, und die Kommunikationsverbindung vom Kopf zu den Zehen hat irgendwie einen einzigen Zweck. Ist das euer Gehirn? Nein. Das ist die gesamte DNA, die den Menschen erschafft. Die DNA »weiß Bescheid«. Sie arbeitet zusammen. So etwas findet ihr nicht in den Medizinlehrbüchern, aber das ist das fehlende Glied, das die Wissenschaft nicht anerkennt. Die DNA kommuniziert mit sich selbst! Sie hat einen »Geist«, und sie »weiß«, was überall in eurem Körper vor sich geht.

Neu ist hier für euch: Die DNA schafft ein »Feld« um euch herum, und dieses Feld ist multidimensional. Das ist euer Bewusstsein, nicht das Gehirn. Euer Gehirn geht mit der DNA einher. Euer Gehirn träumt – oder etwa nicht? An den Synapsen zeigt sich das, und aus eurem tiefsten REM-Schlaf kommen so viele komplexe Dinge heraus, die alle in eurer DNA stecken und an das Gehirn geliefert werden. Die DNA gibt sogar Anweisungen und beeinflusst die Traumaktivität eures Gehirns für euch. All das ist schwer zu erklären, denn wir sprechen hier nicht von linearen Dingen, sondern von etwas Quantenhaftem.

Ihr alle träumt in einem Quantenzustand. Deshalb gibt es in euren Träumen keine Linearität, und sie ergeben nicht immer einen Sinn. Diejenigen, die verstorben sind, und diejenigen, die noch am Leben sind, kommen gemeinsam in euren Träumen vor und schauen sich an. Träume ergeben keinen Sinn, weil sie nicht in der euch vertrauten Realität spielen. In euren Träumen spricht eure DNA zu euch ..., die Akasha-Chronik spielt in eurem Gehirn ihre »Bänder« ab. Die Wissenschaft erkennt das nicht an, denn sie kann das Feld nicht sehen, doch die DNA ist menschliches Bewusstsein und das Gehirn lediglich der 3-D-Motor der Synapsen, die die Brücke zu eurer Realität bilden.

»Kryon, gibt es dafür Beweise?« Oh ja, jede Menge sogar. Wenn ein Mensch einen Unfall hat und das Rückenmark komplett durchtrennt wird, wird dadurch der Körper unbeweglich; die Person ist querschnittsgelähmt und kann nichts mehr bewegen – weder die Finger noch die Zehen. Und doch schlägt das Herz auch weiterhin, oder etwa nicht? Die Verdauung arbeitet noch immer, stimmt's? Die Nieren und anderen Organe funktionieren, nicht wahr? Sogar Fortpflanzung ist noch möglich! Alles macht weiter, und doch habt ihr in der Schule gelernt, dass das Gehirn elektrische Signale durch das Rückenmark sendet und dafür sorgt, dass euer Herz schlägt, oder? Doch wenn das Rückenmark durchtrennt ist – was hält dann das Herz am Schlagen? Ich sage es euch – es ist die Blaupause der DNA!

Wenn der Synapsenmotor seinen Geist aufgibt, dann findet die DNA andere Wege und weist den Körper an, die Lebenskraft aufrechtzuerhalten. Deshalb funktionieren die Organe auch weiterhin, obwohl die Muskelkontrolle nicht mehr funktioniert. Interessant, oder? Es gibt Beweise dafür, ihr müsst nur danach suchen. Die Wissenschaft findet das seltsam. Man könnte deshalb sagen, die DNA ist eigentlich ein esoterisches, ätherisches Gehirn und enthält Dinge, die euer normales Gehirn nicht hat. Das stimmt auch. Es gibt jede Menge sehr eindrucksvoller DNA-Attribute, die ihr euch anschauen könnt, die die Wissenschaft der Gegenwart aber noch nicht erkannt hat.

Die DNA »kennt sich aus«

Wir möchten vor allem über das wichtigste Attribut sprechen: Dieses multidimensionale DNA-Feld *kennt sich aus*. Das heißt, es ist darauf eingestellt, das Leben zu verlängern. Es weiß, wer ihr seid. Es enthält die Blaupause eurer Heiligkeit und ist eines der mächtigsten Werkzeuge für Gesundheit, Freude und für das Öffnen der Tür. Das sitzt alles in der DNA, nicht im Gehirn. Und diese Wahrheit ist ein Grund zum Feiern, denn damit seid ihr frei davon, etwas zu kreieren, was ihr zu brauchen meint.

Ich will es einmal so ausdrücken: Wenn ihr dieses Feld als Werkzeug nutzt (jetzt, wo ihr wisst, was es macht), arbeitet ihr an eurer Zellstruktur, um Dinge zu manifestieren. Normalerweise sammelt der Mensch Wissen über das *Wie*. »Wie kommuniziere ich? Worum sollte ich vor allem bitten? Wie präzisiere ich dies oder jenes, damit die DNA weiß, worum ich bitte? Muss ich das auf eine bestimmte Weise tun, oder muss ich dazu an einem bestimmten Ort sein? Befolge ich viele Schritte, die die Tür öffnen werden?« Nichts davon ist nötig! Wenn ihr eure Zellstruktur aufsucht, eure Akasha, eure heilige Lebenslektion, meint ihr nicht, dass sie weiß, was vor sich geht? Natürlich weiß sie Bescheid, vielleicht besser als ihr! Ihr müsst einfach nur zu eurem Quantenanteil sprechen, der weiß, was ihr braucht. Wir bitten euch also, Gott keine so linearen »Wunschlisten« zu geben. Denn dann ist da plötzlich eine Quantenenergie, euer *heiliges Ich,* welches weiß, was ihr braucht.

Deshalb könntet ihr, wenn ihr euch an eure eigene Zellstruktur, euer Höheres Selbst wendet, mit mehr Weisheit meditieren und beten und zum Beispiel sagen: *»Lieber Spirit, liebe DNA, schau dir mein Leben an und gib mir das, wodurch es besser wird.«* Vielleicht ist das die Heilung, wegen der ihr gekommen seid, ihr Lieben? Meint ihr, ich wüsste nicht, wer hier ist? Vielleicht ist dies das Wunder, welches angesichts eures derzeitigen Leids Freude auf euer Gesicht zaubert? Meint ihr, ich wüsste nicht, wer hier ist, was ihr in den letzten Tagen durchgemacht habt? Ich und das DNA-Feld haben die Tränen gezählt, als sie geflossen sind! Ihr fühlt euch so allein und versteht einfach nicht, dass ihr die ganze Zeit von einem Gefolge umringt seid, das so gerne dieses Feld eurer DNA berühren würde! Aber das geht erst, wenn ihr ihm sagt, dass das auch in Ordnung ist.

Ihr müsst verstehen: Die DNA ist mehr als bloße Chemie! Sie ist ein Feld und ein Portal. Das ist die Wirkweise von Spirit. Wir geben euch nach und nach sehr hoch entwickelte Informationen durch, und es gab Menschen, die wussten, wie das funktioniert, und dem eine heilige Geometrie zugewiesen haben, und das stimmt so auch und ist korrekt. Aber es ist ein Feld.

Aufstieg eines Meisters

Ich möchte nochmals auf etwas Uraltes und Weises eingehen, das eine sehr tiefgründige Geschichte erzählt. In den heiligen Schriften der westlichen Welt wird von einem Meister namens Elias berichtet. Als einziger Mensch in der Geschichte hat er den Zeitpunkt seines Aufstiegs selbst bestimmt, und zwar ohne dabei in den Tod zu gehen. Und er hat es von jemandem aufzeichnen lassen, der sein Nachfolger werden sollte. Ihr findet das also in den Schriften dieses Zeugen, und ich möchte darauf eingehen, denn sogar damals schon wurde ein Beweis für das Feld erbracht.

In der Schrift steht Folgendes: Elias schritt hinaus auf das offene Feld und bat Elisa, das, was gleich geschehen würde, aufzuzeichnen. Elias war ein Meister voller Weisheit und Wissen, heute ist er das, was ihr einen *Aufgestiegenen Meister* nennen würdet, und Elisa liebte ihn. Unter euch linearen Menschen gibt es welche, die seine Rückkehr erwarten. Ich habe eine Neuigkeit für sie. Gebt eure Linearität auf, denn er ist schon seit Langem zurück! Die Energie der Meister ist Teil der Energie des großen Umbruchs, den ihr gerade erlebt. Sie vermischen sich mit der Schwingung dieses Planeten. Sie sind alle zurück, und das fühlt ihr. Sie befinden sich quantenhaft in eurer DNA. Spürt ihr das nicht? Ihr erwartet so vieles auf dreidimensionale Weise, was nie 3-D sein sollte. So viele Informationen werden in Metaphern übermittelt, ihr solltet also verstehen können, dass die eigentliche Prophezeiung etwas außerhalb eurer linearen Realität bedeutet.

Elias ging also auf das offene Feld hinaus, und Elisa sah dabei zu, aber Elias *starb* nicht, sondern machte seine Heiligkeit geltend. Ja, er ging weg, aber nicht ohne ein bisschen »Feuerzauber«. Denn wie Elisa andeutete, stieg er in einen Feuerwagen und wurde von drei Wesenheiten begleitet. So gut er es in seiner Linearität sehen und beschreiben konnte, erzählte Elisa, wie das aussah und wie es sich anfühlte. Werft einmal einen Blick darauf, dann werdet ihr feststellen, dass Elias nicht unbedingt von Engeln aus dem Himmel geholt wurde. Vielmehr passierte etwas auf dem *Boden*, Elias verwandelte sich in Licht und verließ die Erde.

Ich sage euch, was da geschehen ist: Elias energetisierte sein DNA-Feld! Dieses Feld hat einen Namen, welcher ihm gegeben wurde, als Elias in einem Lichtwagen davonfuhr; es ist ein hebräischer Name: *Merkaba*. Und wie ich schon zweimal gesagt habe, offenbare ich euch jetzt erneut, dass euer DNA-Feld eure Merkaba ist. Und dieses multidimensionale Feld hat eine Struktur mit einer heiligen Geometrie. Wenn ihr es sehen könntet, würdet ihr die Struktur des doppelten Tetraeders sehen; es ist wunderschön, nicht einfach nur eine Lichtkugel. Wie der Name »Merkaba« andeutet, fährt etwas darin mit, es ist der Wagen eurer Göttlichkeit. Das hat jeder Mensch; es wurde von Elisa aufgezeichnet, der sah, wie der Meister aufstieg.

Im Wagen waren zudem drei Teile; das war die Wiedervereinigung der drei Teile, von der ich ja schon gesprochen habe. Diese Teile spalten sich von euch ab, wenn ihr auf die Erde kommt, und verbinden sich wieder, wenn ihr die Erde verlasst. Darüber werde ich im nächsten Channeling mehr erzählen. Das wollten wir euch heute mitteilen, denn das hat jeder von euch – genau wie Elias.

Biologie und Intention

Jetzt wollen wir noch einmal auf das Thema »Biologie« kommen, denn nun wird es ein bisschen komplizierter. 3-D und Quantenhaftigkeit vermischen sich, und das möchten wir euch jetzt beschreiben. Das ist etwas Neues, denn die Schwingung dieses Planeten und der Menschheit, insbesondere der Lichtarbeiter, erzeugt neue Werkzeuge. Ihr werdet das sehen; und es wird auch auf der 3-D-Ebene sichtbar, wenn ihr die 3-D-Chemie der DNA untersucht.

Die Wissenschaft erforscht inzwischen die sogenannten Marker in der proteincodierten DNA, die die menschlichen Gene erzeugt. Diese Marker, so die Beschreibung der Wissenschaftler, sind Stückchen und Teile, die auf bestimmte Veranlagungen hinweisen – Merkmale, die bestimmte Zellen schwächen und im Verlauf des Lebens zu Krankheiten, wie zum Beispiel Krebs, führen können. Solche Marker finden sich beispielsweise in bestimmten Familien, wo die Mutter, deren Töchter und wiederum deren Töchter alle unter derselben Krankheit litten. Es sind genetische Marker zu erkennen, die die Prädisposition oder Veranlagung für eine bestimmte Schwäche erzeugen.

Wir wollen über diese Marker sprechen, denn das ist das erste Mal, dass wir dazu Informationen übermitteln. Zunächst einmal die Prämisse: Wie wir euch schon seit Jahren erzählen, ist eure Intention, also eure willentliche Absicht, zu eurer Zellstruktur zu sprechen, voller Kraft! Über diese Intention kommuniziert ihr mit dem DNA-Feld, um etwas in der dreidimensionalen Zellstruktur zu verändern. Es ist sozusagen eure multidimensionale »Stimme«, die dem Quantenanteil der DNA Anweisungen erteilt, wodurch sich die Codes in eurem 3-D-Genom tatsächlich chemisch verändern. Doch nun werden die Ergebnisse sichtbar, und ihr könnt damit anfangen, die Marker zu entfernen. Wenn ihr das tut, dann bleiben sie auch verschwunden, und das heißt: Etwas Quantenhaftes, was ihr heute macht, kann die Chemie eurer genproduzierenden DNA so stark verändern, dass diese Marker *nicht* mehr an eure Kinder weitergegeben werden. Ihr könnt die Kette unterbrechen.

Gesegnet sind die Menschen, die erkennen, dass sie mit dem Bereinigen ihres Lebens durch das Licht des Schöpfers auf die Biologie der proteincodierten Teile Einfluss nehmen. Ihr könnt die Marker auslöschen. Das ist mit das erste Mal, dass sich Dreidimensionalität und Quantenhaftigkeit vermischen, sodass die Wissenschaft eines Tages ein und denselben Menschen über eine Zeit hinweg untersuchen kann, in dem Wissen, dass sich die DNA niemals verändert – und doch hat sie sich verändert! Es ist eure DNA, sie ist einzigartig, und ihr habt sie verändert! Die Wissenschaft hat keine Erklärung dafür, aber ihr habt den Marker gelöscht, und das wird mit dreidimensionalen Fakten belegt. Das Freudvolle und Schöne daran ist: Bei den jungen Frauen, die das machen, zeigt sich das in ihrer Abstammungslinie, denn ihre Töchter werden die Krankheit nicht haben, und auch die Töchter der Töchter nicht. Das ist eine neue Gabe, und sie spiegelt die Macht dieser Zeiten wider. Könnt ihr wirklich eure zukünftigen Kinder verändern? Das könnt ihr tatsächlich!

Ich weiß, was ihr denkt. Die ganzen Leute, die hier sitzen, sagen: »Nun ja, Kryon, das kommt für mich ein bisschen zu spät. Ich habe meine Kinder ja schon bekommen. Warum also erzählst du mir das alles?« Versteht ihr nicht, in welche Richtung diese Botschaft geht? Versteht ihr nicht, welche tief greifenden Dinge geschehen, wenn alte Seelen uns erlauben, diese Informationen der Erde zu übermitteln? Versteht ihr denn nicht, dass eure Energie uns die Erlaubnis erteilt hat, heute hierherzukommen und euch diese Informationen durchzugeben, damit junge Frauen und junge Männer, die Lichtarbeiter sind, das hören und wissen, was es für sie bedeutet? Versteht ihr, dass ihr eure eigenen Ahnen seid? Ist euch das in den Sinn gekommen? Ich sehe euch, die ihr hier auf dem Stuhl sitzt und aus aller Welt kommt, tatsächlich als Geschichte! Das wollte ich euch heute sagen.

Ihr habt für mich nicht alle einen Namen. Ich sehe nicht einmal euer Geschlecht. Ich sehe euch in einem Quantenzustand, und darum ist die Tatsache, dass ihr uns erlaubt, zu kommen und euch auf diese Weise zu besuchen, etwas so Profundes. Die Frau vor mir auf dem Stuhl hat keine Ahnung, was für ein Krieger sie war oder wie groß sie war, als sie ein Mann war. Und doch trägt sie in sich das Gefühl des Kriegers, und sie weiß, dass sie stark ist. Ich sehe den großen, kräftigen Mann und zugleich die Mutter, die sich mit all diesen Kindern herumplagt, und der Mann weiß das. Er kann es fühlen. Er ist sensibel und kann tatsächlich die Liebe einer Mutter empfinden. Wer war er? Und wie wirkt sich das heute auf ihn aus?

Ihr alten Seelen, es wirkt sich heute auf euch aus, weil jede einzelne Lebenszeit eurer Weisheit eine weitere Schicht hinzugefügt hat und weiterhin hinzufügt. Dies hat euch heute hierhergeführt oder dazu gebracht, heute diese Zeilen zu lesen. Denn dies ist die Lebenszeit, in der ihr erwacht seid und erkannt habt, dass da mehr ist, viel mehr. In diesem Leben kommt ihr als Suchende an einen Punkt, wo ihr sagen könnt: »*Was kann ich für mich und die Erde tun?*«

Ich sage euch, was ihr tun könnt. Ihr könnt auf diesem Planeten Mitgefühl entwickeln, auf diesem Planeten wandeln und euer Licht scheinen lassen. Ihr könnt die Marker in eurer DNA verändern! Überlegt einmal, wer diese Botschaft hört und was das für deren Kinder und Enkel bedeuten mag! Das sind die Werkzeuge, von denen wir schon vor so langer Zeit gesprochen haben, und der Nachweis dafür, dass diese Botschaft der Realität entspricht, wird in Zukunft erbracht werden.

Alles, was ich euch heute gesagt habe, stimmt und ist wahr und wird auf natürliche Weise erkannt werden. Doch ich wollte euch wissen lassen, wie heilig diese Struktur ist, von der ihr meintet, sie hätte nur etwas mit Chemie zu tun. Die DNA ist viel umfassender und heiliger, als sich ein Mensch jemals vorgestellt hat.

Was macht ihr nun also mit diesen Informationen? Warum nicht von diesem Ort anders weggehen, als ihr gekommen seid? Mit dem Gefühl stärkerer Befähigung? Vielleicht mit einem besseren Gefühl im Hinblick auf die Möglichkeiten, die vor euch liegen? Und vielleicht sogar mit dem Wissen, dass das, was heute geschehen ist, real ist.

Kryon
(Live-Channeling »DNA enthüllt«,
Melbourne/Australien, 13. März 2010)

Wie schon gesagt, bezeichnet Lee Carroll unsere Gene als »Buchstaben in einem Buch«. Um diese Buchstaben bzw. Codes zu verstehen, müssen wir die Sprache verstehen. Was hilft Ihnen dabei, die Buchstaben und Wörter beim Lesen dieses Buches zu verstehen? Sie müssen die Sprache erlernen und wissen, wie Sie mit Satzzeichen und Leerzeichen umzugehen haben. Ohne diese Hilfsmittel fällt das Lesen schwer. Hier ein Beispiel eines Satzes ohne Leerzeichen und Satzzeichen:

LehrersagendieSchülerhabenesgut

Haben Sie diesen Satz verstanden? Haben Sie selbst Leerzeichen und Satzzeichen eingesetzt? Die Bedeutung verändert sich, je nachdem, welche Satzzeichen gesetzt werden:

Lehrer sagen, die Schüler haben es gut.
Lehrer, sagen die Schüler, haben es gut.

Sehen Sie, wie wichtig Leerzeichen und Zeichensetzung sind? Doch zurück zur DNA. Es werden aufregende Entdeckungen gemacht. Vor allem ein Artikel mit dem Titel »Scientist Proves DNA Can Be Reprogrammed by Words and Frequencies« von Grazyna Fosar und Franz Bludorf ist sehr aufschlussreich. Hier ein Auszug:

Wissenschaftliche Forschungsarbeiten aus Russland erklären direkt oder indirekt Phänomene wie Hellseherei, Intuition, Spontan- und Fernheilungen, Selbstheilung, Affirmationstechniken, ungewöhnliches Licht (Auras) um Menschen herum (nämlich spiritueller Meister), den Einfluss des Geistes auf Wettermuster und vieles mehr.

Des Weiteren wird eine völlig neue Art der Medizin vorgestellt, die darauf beruht, die DNA durch Wörter und Frequenzen zu beeinflussen und umzuprogrammieren, ohne dabei einzelne Gene herauszuschneiden und zu ersetzen.

Nur 10 % unserer DNA werden zum Aufbau von Proteinen verwendet, und das Interesse der westlichen Forscher fokussiert sich genau auf diesen Teil der DNA, der somit entsprechend untersucht und kategorisiert wird. Die restlichen 90% werden als »DNA-Müll« betrachtet. In der Überzeugung, dass die Natur ja nicht dumm ist, haben sich die russischen Forscher in Zusammenarbeit mit Sprach- und Genwissenschaftlern der Aufgabe gestellt, diese 90% »DNA-Müll« zu erforschen. Und das, was sie herausgefunden und abgeleitet haben, ist schlichtweg revolutionär! Ihren Erkenntnissen nach ist unsere DNA nicht nur für den Aufbau des Körpers zuständig, sondern dient auch als Datenspeicher und Kommunikationsmittel. Die russischen Linguisten fanden heraus, dass der genetische Code, insbesondere die scheinbar nutzlosen 90%, denselben Regeln wie alle menschlichen Sprachen folgt. Zu diesem Zweck verglichen sie Syntaxregeln (die Art und Weise, wie Wörter zu Phrasen und Sätzen zusammengesetzt werden) und grundsätzliche Grammatikregeln. Wie sie feststellen konnten, folgen die Basen der DNA einer festen Grammatik und anderen klaren Regeln – genau wie unsere Sprachen. Die menschlichen Sprachen sind also nicht zufällig entstanden, sondern spiegeln unsere DNA wider [...].

Esoterische und spirituelle Lehrer wissen seit ewigen Zeiten, dass unser Körper programmiert werden kann ..., durch Sprache, Worte und Gedanken ...

[...] Natürlich muss die Frequenz stimmen. Genau deshalb sind nicht alle Menschen gleich erfolgreich oder können alles immer gleich gut. Jeder Einzelne muss an seinen inneren Prozessen und an seiner eignen inneren Reife arbeiten, um in bewusste Kommunikation mit seiner DNA treten zu können. Die russischen Forscher arbeiten an einer Methode, die nicht von diesen Faktoren abhängt, sondern immer funktioniert, vorausgesetzt, es wird mit der richtigen Frequenz gearbeitet [...].[18]

Inzwischen werden die multidimensionalen Teile unserer DNA wissenschaftlich gemessen und erforscht. Wie viele Ärzte feststellen, sind die Körperzellen für Umwelt- und andere äußere Reize empfänglich. Bruce Lipton, ein Stammzellenbiologe und international anerkannter Vortragsredner, schlägt eine Brücke zwischen Wissenschaft und Spiritualität. Er hat drei Bestseller geschrieben: »Intelligente Zellen: Wie Erfahrungen unsere Gene steuern«, »Spontane Evolution: Unsere positive Zukunft und wie wir sie erreichen« und »Der Honeymoon-Effekt: Liebe geht durch die Zellen«. Liptons Forschungsarbeit hat unser Verständnis der zellulären Informationsaufnahme radikal verändert. Unsere Biologie, so die Ergebnisse, wird nicht durch unsere Gene und die DNA gesteuert. Vielmehr wird die DNA von Signalen außerhalb der Zelle gesteuert.

Bruce Lipton betont gerne, dass wir keine Einzelwesen sind, sondern aus 50 Billionen Zellen bestehen. Der Mensch ist also eine Zellengemeinschaft, und jede Zelle ist eine Miniversion unserer selbst. Im Wesentlichen kann man sagen: Was uns antreibt, wird von unseren Zellen angetrieben. Zellen reagieren auf ein Signal aus ihrer Umgebung.

Laut Lipton gibt es zwei Arten von Signalen, auf die eine Zelle reagiert: einerseits physisch-chemische Signale, beispielsweise Hormone, Neuropeptide und Medikamente; und andererseits ein Energiefeld, das aus Schwingungen besteht. Wie neueste Forschungsarbeiten aus der Biophysik aufzeigen, reagieren Zellen lieber und besser auf Schwingungsenergie. Die allopathische Medizin konzentriert sich auf die physisch-chemischen Signale; Physiker dagegen sind eher der Meinung, Energiefelder spielten für die Steuerung des Lebens eine größere Rolle.

Bruce Lipton experimentierte mit Zellen in einer Petrischale und machte eine bemerkenswerte Entdeckung: Zellen, die einer schlechten Umwelt ausgesetzt waren, wurden krank. Normalerweise wird Zellen, um Krankheiten zu »behandeln«, ein chemischer Stoff injiziert. Lipton platzierte die Zellen einfach wieder in einer gesunden Umgebung. Daraufhin heilten die Zellen ohne chemische Intervention. Wir sind also ein Gegenstück zu der Umwelt, die wir unseren Zellen bieten.

Welches Umfeld bieten Sie Ihren Zellen? Fördert es Ihre Gesundheit und füllt sie mit Lebenskraft? Das kann sowohl ein physisches als auch ein mentales Umfeld sein. Zur physischen Umgebung gehören beispielsweise Lebensmittel, chemische Stoffe,

Umweltverschmutzung, Sport und Gymnastik etc. Zur mentalen Umgebung zählen Stresspegel und emotionale Befindlichkeiten. Wie viel davon können Sie steuern? Die Antwort auf diese Frage hängt davon ab, welches Bild Sie von sich selbst haben. Jemand, der sich als Opfer betrachtet, wird meinen, er kann nichts davon kontrollieren. Ein erleuchteter Mitschöpfer dagegen denkt, er könne alles kontrollieren. Nun gut, die meisten Menschen befinden sich irgendwo dazwischen. Die Antwort sollte Sie nicht vom Zweck dieser Frage ablenken. Sie wird nur gestellt, um Ihnen aufzuzeigen, wie unsere Zellstruktur funktioniert. Was wir denken und glauben, wirkt sich direkt auf unsere Biologie aus.

Bruce Lipton hat herausgefunden, dass es nur zwei Grundkomponenten gibt, die Leben ermöglichen: Unsere *Zellen* und die von ihnen empfangenen *Signale*. Es gibt damit auch nur zwei Möglichkeiten, krank zu werden. Entweder stimmt bereits etwas mit der Zelle nicht oder eben mit dem Signal. Statistisch betrachtet, leiden nicht einmal fünf Prozent der Bevölkerung unter einer Krankheit aufgrund eines Geburtsfehlers, was vermuten lässt, dass unsere Grundüberzeugungen sich verheerend auswirken können! Wenn wir also unsere DNA verändern möchten, dann sollten wir logischerweise unsere Überzeugungen verändern.

Jeder von uns ist einzigartig. Wir verfügen alle über ein individuelles chemisches Erbe und über ein Akasha-Erbe. Wissen Sie noch, was Kryon über unser Akasha-Erbe gesagt hat? Für den einen ist vielleicht eine vegetarische Ernährung förderlich, jemand anderes stärkt seine Gesundheit durch den Verzehr von Fleisch. Wichtig dabei ist: Ein und dieselbe Vorlage passt nicht für alle Menschen. Deshalb reagieren wir unterschiedlich auf verschiedene Heilmethoden. Wenn Sie lernen, mit Ihrem Angeborenen zu kommunizieren, werden Sie viel besser erkennen können, was gut für Sie ist. Doch wie geht das? Kryon spornt uns an, auf unsere Intuition zu hören. Er rät uns, zu üben, zu üben und nochmals zu üben, damit wir den Punkt erreichen, an dem das automatisch passiert.

Ich wünsche Ihnen stetige Liebe, Freude und Erfolg auf Ihrer Reise der Selbsterkenntnis und erneuten Bekanntschaft mit dem Angeborenen!

FRAGEN AN KRYON

Wie können wir die Effizienz unserer DNA erhöhen?

1. Verändert eure Wahrnehmung! Macht euch das gesamte Bewusstheitspotenzial eurer DNA zu eigen, damit sie besser funktioniert, als es derzeit der Fall ist. Ein Großteil des Planeten hat kein Konzept, das dazu passen würde. Ihr müsst das, was euch gesagt wurde und was ihr gelernt habt, neu ausrichten. Ihr könnt eure DNA verändern!
2. Ihr müsst Folgendes verstehen: »Wie« die DNA funktioniert, ist ein Prozess, der von den »Daten« in der DNA erzeugt wird, die in den 90 Prozent der Quantenchemie in jedem DNA-Molekül sitzen. Ihr könnt diese Daten verändern, denn sie reagieren auf menschliches Bewusstsein. Eure Zellstruktur »hört« auf eure Gedanken und verändert die Daten in der DNA.
3. Achtet auf das, was eure persönliche Akasha womöglich Hilfreiches enthält! Eure DNA hat unter Umständen in anderen Lebenszeiten besser funktioniert als in eurem derzeitigen Leben. Wie wir euch lehren, könnt ihr die Daten in eurer DNA »durchforsten« und sie in euer derzeitiges Leben bringen – das ist die Schnellstraße zu Gesundheit und Langlebigkeit.

Wie hoch muss die DNA-Effizienz sein, damit Menschen Gliedmaßen nachwachsen lassen können?

Das kann man nicht mit einer Mengenangabe oder einem Prozentsatz beantworten, denn der prozentuale Anteil an funktionierender DNA ist relativ zum Katalysator des menschlichen Bewusstseins und der Realität dessen, was auf dem Planeten geschieht.

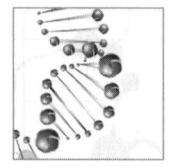

Ein schnittiges Flugzeug steht auf der Startbahn. Es ist perfekt. Es ist ein Privatflugzeug und mit den neuesten Maschinen und Navigationshilfen ausgestattet. Der Name des Piloten ist darauf eingraviert, und das Design ist wunderschön. Aber das Flugzeug kann nirgendwo hinfliegen, denn die Startbahn ist zu kurz.

Wie lange die Startbahn ist, hängt von den Arbeitern ab, die sie verlängern. Doch es muss ein Bewusstsein geben, das den Wunsch hat, sie zu verlängern, sowie eine Vereinbarung mit anderen, dass das ausgeführt werden soll. Das menschliche Bewusstsein ist also die Startbahn, die es euch ermöglicht, im Laufe eures zellulären Fortschritts neue Höhen zu erklimmen, egal, wie viel von eurer DNA aktiviert ist. Das Nachwachsen von Gliedmaßen ist in der Vorlage bereits enthalten. Andere Lebewesen auf dem Planeten können das bereits, es gibt also schon einen Präzedenzfall, den ihr euch anschauen könnt. Das wird passieren!

Kapitel 9
Heilung durch Rückführungstherapie

Wir suchen intuitiv von Geburt an nach dem inneren Gott bzw. dem inneren Schöpfer; deshalb glauben über 85 Prozent der Menschen an ein Leben nach dem Tod. Doch nur ein Bruchteil glaubt an frühere Leben. So langsam verändert sich das allerdings. Die Erfolge der sogenannten Rückführungs- oder Reinkarnationstherapie haben zu einer steigenden Bewusstheit über frühere Leben geführt; immer mehr Menschen glauben an Reinkarnation. Rückführungen haben Tausende von Leben verändert und geheilt.

Heutzutage werden solche Rückführungen überall auf der Welt angeboten. Brian L. Weiss ist einer der Pioniere dieser Arbeit. Weiss hat einen Abschluss der Columbia University und der Yale Medical School und war früher Vorsitzender der Abteilung »Psychiatrie« am Mount Sinai Medical Center in Miami. Wie fast alle traditionellen Psychotherapeuten gründete Brian Weiss seine Arbeit auf nachweisbare empirische Wissenschaft. Man stelle sich sein Erstaunen vor, als sich eine seiner Patientinnen an traumatische Erlebnisse aus früheren Leben erinnerte. Im Laufe mehrerer Sitzungen mit dieser Patientin gab er seine skeptische Haltung auf. Mithilfe einer Rückführung konnte Weiss seine Patientin von ihrem Leiden kurieren und sich auf eine neue Reise des Heilens begeben. Einzelheiten zu dieser bemerkenswerten Geschichte finden sich in seinem Bestseller »Die zahlreichen Leben der Seele: Chronik einer Reinkarnationstherapie«. In diesem Buch berichtet Weiss von seinen Erfahrungen bei der Behandlung dieser Patientin. Sie war 1980 zu ihm gekommen und wollte ihre Ängste, Panikattacken und Phobien loswerden. Sie war emotional paralysiert, voller Angst und litt unter Depressionen. Achtzehn Monate lang behandelte Weiss sie mit konventionellen Therapiemethoden, um ihr bei der Überwindung ihrer Symptome zu helfen. Schließlich probierte er es aus Verzweiflung mit Hypnose. In Trance erinnerte sich die Patientin an »frühere Leben« und auch an Informationen von spirituellen Wesenheiten. Innerhalb weniger Monate verschwanden ihre Symptome, und sie konnte wieder ein glückliches und friedvolles Leben führen. Weiss konnte dieses Geschehen zwar nicht wissenschaftlich erklären, aber er konnte das, was er mit angesehen und erlebt hatte, auch nicht abstreiten.

Seitdem hat Brian Weiss weitere Bücher zu diesem Thema geschrieben; er leitet nationale und internationale Seminare und Workshops sowie Aus- und Fortbildungen und wurde von Millionen Fernsehzuschauern gehört.

Viele Menschen konnten ihre erinnerten Erfahrungen aus vergangenen Leben auch konkret belegen. Ein wunderbares Beispiel dafür findet sich in Weiss' Bestseller »Miracles Happen« (HarperCollins 2013; engl.). Während einer Rückführung erinnerte sich die Britin Jenny Cockell an eine frühere Inkarnation als Mary Sutton, die Anfang des 20. Jahrhunderts in Irland lebte. Sie erinnerte sich auch an die Kinder, die sie als Mary auf die Welt gebracht hatte; wie sie in den 1990er-Jahren herausfand, lebten fünf dieser Kinder noch. Bei einem sehr emotionalen Wiedersehen nahm Jenny erneut Verbindung zu ihren Kindern auf – als ihre reinkarnierte Mutter! Jenny erinnerte sich an Erlebnisse mit ihren Kindern, die über siebzig Jahre vorher passiert waren. Und alle Kinder bestätigten, dass Jennys Berichte stimmten.

Dank kontinuierlicher Forschung und sorgfältiger Dokumentation von Rückführungssitzungen konnten Behauptungen von Menschen, sie seien wiedergeboren worden, anhand klinischer Daten überprüft und bestätigt werden, anstatt daraus eine Glaubenssache machen zu müssen. Inzwischen gibt es umfangreiche und sorgsam zusammengestellte Erkenntnisse, die den wissenschaftlichen Beweis für die Reinkarnation liefern.

Ein weiterer Pionier der Rückführungstherapie ist Michael Newton, Begründer von »The Newton Institute for Life Between Lives Hypnotherapy«. Newton hat eine ganze Reihe Bestseller geschrieben, unter anderem »Die Reisen der Seele: Karmische Fallstudien«, »Die Abenteuer der Seelen: Neue Fallstudien zum Leben zwischen den Leben«, »Leben zwischen den Leben: Die Hypnotherapie zur spirituellen Rückführung«. Michael Newton ist zudem Herausgeber von »Erinnerungen aus dem Zwischenreich: Leben zwischen den Leben. Erzählungen persönlicher Transformation«.

Ein wesentliches Charakteristikum von Newtons Arbeit ist sein Fokus auf das »Leben zwischen den Leben«, wie er es nennt. Aufgrund der von Patienten gewonnenen Informationen wollte er herauszufinden versuchen, was mit unserer Seele passiert, wenn wir den letzten Atemzug auf dem Planeten tun. Meiner Meinung nach ist die detaillierte Beschreibung von Patienten, die eine Rückführung gemacht und davon berichtet haben, was mit unserer Seele geschieht, durch unsere menschlichen »singulären Scheuklappen« etwas begrenzt.

Wie Kryon sagt, erinnern wir uns drei Tage lang nach dem Sterben daran, wer wir waren, allerdings durch den Filter unseres Menschseins und nicht mit dem Geist Gottes. In dieser Zeit, so Kryon, verbinden wir uns mit unseren Geistführern und den Mitgliedern unserer Seelengruppe auf beiden Seiten des Schleiers. Wir sehen allerdings nur einen Teil davon. Trotz dieser Einschränkungen haben Menschen, die eine »Life Between Lives«-Rückführung gemacht haben, profunde Ergebnisse erzielt. Ich habe großen Respekt vor diesen Rückführungstherapeuten. Tausende von Menschen konnten dank ihrer Hilfe ihre ewige »Seele« erfahren und Einsichten im Hinblick auf die Herausforderungen ihres derzeitigen Lebens gewinnen.

In Newtons Buch »Erinnerungen aus dem Zwischenreich: Leben zwischen den Leben. Erzählungen persönlicher Transformation« werden 32 persönliche Geschichten von ganz gewöhnlichen Menschen erzählt, die eine spirituelle Rückführung gemacht haben. Eine dieser Geschichten dreht sich um eine Energiearbeiterin namens Samantha. Ihre Geschichte weist einige der Merkmale auf, über die Kryon spricht, wenn von unseren Lebenslektionen und Seelenerfahrungen die Rede ist, die wir auf der anderen Seite des Schleiers für uns selbst aussuchen. In Kurzform lautet Samanthas Geschichte folgendermaßen:

Samantha machte einen Termin mit Trish Casimira, einer Hypnosetherapeutin, die eine Ausbildung bei Michael Newton gemacht und sich auf Rückführungen spezialisiert hat. Trish Casimira war

Samanthas letzte Hoffnung. Samanthas Leben war ruiniert, und sie hatte aufgegeben. Sie wollte Antworten haben, um herauszufinden, was passiert war. Drei Jahre zuvor war sie ein glücklicher und zufriedener Mensch gewesen, hatte eine erfolgreiche Praxis als Energiearbeiterin geführt. Ihre Beziehung zu Spirit war stark und tief und half ihr bei ihrer machtvollen Heilarbeit.

All das veränderte sich, als sie beschloss, sich wieder mit Männern zu treffen. Sie lernte einen Mann kennen, und ihre Geistführer sagten ihr auf der Stelle, sie sollte mit ihm zusammenkommen. Samantha reagierte darauf genau umgekehrt. Er sei nicht »ihr Typ« und habe außerdem kein Verständnis für Samanthas spirituellen Weg. Als Samantha kurz davor war, zu gehen, und sie ihre Absage schon formuliert hatte, sagte Spirit erneut zu ihr, sie solle bei diesem Mann bleiben. Sie hatte Spirit immer vertraut, also gab sie dem Mann ihre Telefonnummer und verabredete sich mit ihm zum Abendessen. Samantha hatte Spirit gegenüber viele Einwände, aber immer wieder erhielt sie die gleiche Antwort. Also gab sie ihren Versuch, mit Spirit herumzuargumentieren, auf und traf sich einen Monat lang mit diesem Mann. Schließlich verliebte sie sich sehr in ihn. Innerhalb von sechs Monaten war von Heirat die Rede. Er war fasziniert von Samanthas spirituellem Wesen und öffnete sich ihren Unterweisungen. Neun Monate später waren sie gemeinsam auf Haussuche und schmiedeten Zukunftspläne. Und dann verkündete er aus heiterem Himmel, er würde sie nicht mehr lieben, und verließ sie.

Samantha war am Boden zerstört. Monatelang versuchte sie durch Beten zu verstehen, wie das geschehen konnte. Sie war sich so sicher gewesen, dass Spirit ihre Verbindung guthieß, und so konnte sie nicht verstehen, warum es nicht geklappt hatte. Samantha wurde immer depressiver und verlor dadurch ihre Klienten. Sie war wütend auf Spirit. Diese Wut wandelte sich in Apathie, und sie konnte kein Mitgefühl und keine Fürsorge mehr aufbringen. Sie gab ihre Praxis auf, zog in eine andere Stadt und versuchte einen Neuanfang.

Obwohl inzwischen drei Jahre vergangen waren, weinte sie sich noch immer jede Nacht in den Schlaf und fühlte sich von ihren Geistführern im Stich gelassen und verraten.

Während der »Life Between Lives«-Sitzung erkannte Samantha nach und nach die wunderschön inszenierte Lektion, die sie selbst mitgeplant und aufgesetzt hatte. Unter anderem wird in Newtons Buch von folgenden Erfahrungen während der Rückführung berichtet:

- Sie traf ihren Exmann und weinte in Erinnerung daran, dass sie beide zwar eine Vereinbarung getroffen hatten, gemeinsam Kinder zu haben, aber keine Vereinbarung, sich zu lieben. Sie verzieh ihm und sich für all die Jahre, die sie versucht hatte, eine funktionierende Ehe zu führen.
- Sie traf einen früheren Liebhaber und verstand, dass ihr »Vertrag« darin bestanden hatte, sich gegenseitig dabei zu helfen, ein höheres Bewusstsein zu entwickeln.
- Sie traf sich mit mehreren Leuten, die in ihrem Leben wichtig gewesen waren, und erinnerte sich an ihre gemeinsamen Vereinbarungen.
- Sie machte sich auf die Suche nach dem Mann, der ihr das Herz gebrochen hatte, fand ihn aber nicht. Als sie sich umschaute, erblickte sie ihn in der Ferne. Als sie sich trafen, fragte sie ihn, was passiert war. In seiner Antwort erinnerte er sie an ihre Vereinbarung. Er gehörte zu einer Gruppe sehr junger Seelen, von denen keine bereit für das spirituelle Erwachen war, er aber wollte es versuchen. Sie war einverstanden gewesen, ihm zu helfen, denn sie würde eine Lichtarbeiterin sein, und das würde ihrer Aufgabe dienen, Hilfestellung zu leisten.
Sie fragte ihn, was in ihrer Beziehung schiefgelaufen war, denn sie hatte gedacht, sie liebten sich und würden zusammen alt werden. Sanft antwortete er, das sei nicht Bestandteil ihrer Vereinbarung gewesen. Die hätte den Zweck gehabt, seinen Versuch des spirituellen Erwachens zu unterstützen, und es hätte die Möglichkeit bestanden, dass er das nicht schaffte. Sie war einverstanden gewesen, ihm zu helfen, sein göttliches Selbst zu verstehen.
Sie erinnerte sich an diese Vereinbarung, sagte aber auch, ihr Leben sei in Chaos versunken, sie würde ihren Geistführern und auch sich selbst nicht mehr vertrauen, weil sie ihr gesagt

hätten, sie solle mit ihm zusammen sein. Sie hatte auf ihre Geistführer gehört, hatte aber nun das Gefühl, sie hätten sie im Stich gelassen. Sie war sich so sicher gewesen, dass sie eine Beziehung hätte eingehen sollen. Sie hatte zugelassen, dass sie sich verliebte, weil sie meinte, das sei Teil eines größeren Plans. Als er sie verließ, war ihr Leben ein Scherbenhaufen, denn sie hatte ihr ganzes Leben verändert, um bei ihm sein zu können. Sie verstand nicht, wie er seine Emotionen so abschneiden und einfach hatte gehen können.

Er bat sie, sich noch einmal ins Gedächtnis zu rufen, was ihre Geistführer ihr genau gesagt hatten, als sie sich kennenlernten. Sie hatten, wie ihr klar wurde, gesagt: »Sei bei ihm.« Sie hatten nichts darüber gesagt, wie lange sie bei ihm bleiben sollte. Als sie wirklich einsah, dass sie niemals vereinbart hatten, sich zu verlieben, löste sich ihr Schmerz auf, und sie konnte dem Mann verzeihen.

In dieser Sitzung ging Samantha das Herz auf, und sie erkannte, dass die Energie des Verzeihens eine wichtige Lebenslektion war. Wie sie zudem sagte, war ihre letzte Erfahrung vielleicht die schwierigste. Sie ließ zu, dass ihr das Herz gebrochen wurde, und lernte dadurch mehr über Verzeihen als mit irgendetwas anderem. Und wie sie auch erfuhr, hatte sie die Wahl. Sie konnte sich entscheiden, zu verurteilen und in einer niedrigeren Schwingung zu bleiben, oder sie konnte diesem Mann verzeihen, dass er sie sitzen gelassen hatte, konnte Spirit seine vermeintlich irreführenden Botschaften verzeihen, konnte sich selbst ihre Blindheit verzeihen und ihre Unfähigkeit, den höheren Weg nicht gleich von Anfang an gesehen zu haben. Als Samantha diese Lektion aus ihrer Seele heraus betrachten konnte, erkannte sie sofort die Genialität dieses Plans, und noch mehr von ihrem Schmerz schmolz dahin. Ihre Sitzung war zu Ende, und sie hatte schließlich die Antworten und den Frieden gefunden, nach denen sie gesucht hatte.

Ein Jahr darauf lief Samanthas Praxis wieder gut, und ihre Arbeit war besser als je zuvor. Inzwischen hat sie ein ganz anderes Gespür für Urteile, Schuldzuweisungen und Vergebung und kann aus dieser neuen Sicht heraus anderen helfen. Ihr Herz bleibt offen, und sie kann sich auch wieder mit Männern verabreden. Samantha lebt im »Jetzt« und hat erkannt, dass sie die Wahl hat, glücklich zu sein oder nicht.

Wie ging es Ihnen mit Samanthas Geschichte? Haben Sie eine neue Sichtweise gewonnen? Steckte für Sie eine Botschaft darin? Samanthas Geschichte kann man mit dem Satz zusammenfassen: *Es ist nicht immer so, wie es den Anschein hat. Verlass dich drauf, alles ist gut!*

Wie ich schon erwähnt habe, wird das Verständnis unseres spirituellen »Überzugs« durch unsere menschlichen »Scheuklappen« eingeschränkt. Das ist für uns äußerst schwer verständlich. Selbst Menschen, die eine Nahtoderfahrung oder eine Rückführung hatten, sind im Hinblick auf das, was sie sehen, fühlen und erleben, immer noch voreingenommen und befangen. 2013 hat Kryon in einer Durchgabe weitere Erklärungen zu unserer äußeren Existenz geliefert; dieses Channeling wurde im Kryon-Buch 11, »Recalibration: Eine Neuausrichtung der Menschheit«, veröffentlicht und steckt voller Informationen über unsere Akasha und unsere Seelenerfahrung; deshalb ist es ein wesentlicher Beitrag zu diesem Buch über die menschliche Akasha. Oft treten Dinge (die zunächst verborgen blieben) beim zweiten oder dritten »Durchgang« zutage.

Die menschliche Seele

Zunächst einmal betrachten wir den Menschen und die Seele des Menschen als eins; in unserer Realität ist das niemals voneinander abgespalten und ist an vielen Orten gleichzeitig. Doch für euer Verständnis und zum Zwecke dieser Lektion lassen wir die Seele nur an vier Orten gleichzeitig sein. Die drei Winde sind drei dieser vier Plätze, und der andere Ort, an dem eure Seele sitzt, ist das *Zuhause*. Und dort bin ich, meine Lieben, und wir nennen das nicht *Wind*, weil es keinen Wind gibt, wenn ihr zu Hause seid. Es wird nichts für oder gegen etwas getan, es gibt kein Ziehen und Stoßen. Es ist so schwierig, wenn nicht gar unmöglich, euch etwas zu beschreiben, was euch so nahe ist und doch so verborgen. Das *Zuhause* ist keiner der Winde, denn das ist dort, wo ihr immer seid.

Ein Stück Gottes ist in euch, doch wie das ist, auf meiner Seite des Schleiers zu sein, bleibt euch verborgen, solange ihr Menschen seid. Das muss so sein, denn der Energietest, an dem ihr als Menschen arbeitet, muss für euch in einer bestimmten Art von Realität und Bewusstsein bleiben, damit ihr auf dem Planeten existieren und das Rätsel lösen könnt. Doch zu Hause gibt es keinen Wind. Zu Hause – das ist der Ort, an dem ihr seid, wenn ihr euch in keinem der Winde befindet. Zu Hause – das ist euer natürlicher »Gotteszustand«.

Wie die Menschen Gott »sehen«

Ihr seid ein Stück der *Gottessuppe,* die unzählige Teile misst und doch eins ist. Das Wesen der Verschränkung [ein Ausdruck aus der Physik, der ein Quantenattribut beschreibt, bei dem Dinge in einer Realität fixiert sind, unabhängig von der räumlichen Entfernung] sind Gottesattribute. Wenn ihr mit eurem Höheren Selbst in Verbindung steht, seid ihr mit all euren Teilen verbunden. Manchmal meinen die Menschen, sie empfangen Botschaften von Engeln, und diese Engel bekommen Botschaften von anderen Engeln und so weiter und so fort. Die Menschen sehen in allem eine hierarchische Autorität, weil es das in ihrer Realität gibt. Doch Gott kennt so etwas nicht, denn die Weisheit Gottes ist eine einzige Weisheit, die immer dieselbe und jederzeit da ist, überall. Die Wahrheit ist die Wahrheit, und weil ihr in euch ein Stück Gottes tragt, werdet ihr, wenn ihr spirituell erwacht, euch einer absoluten Wahrheit bewusst. Aus diesem Grund kann ein erwachter Mensch aus einem anderen Teil der Welt, der euch fremd ist und eine andere Sprache spricht, zur selben Wahrheit wie ihr gelangen. Der Gott in euch ist derselbe wie der Gott in ihnen.

Respektiert deshalb, während wir euch diese Lektion übermitteln, den Teil eures Geistes, der dank spiritueller Logik Unterscheidungsvermögen besitzt. Manchen von euch wird vielleicht tatsächlich eine Offenbarung dessen zuteil, von dem wir sprechen, während wir die drei Winde abhandeln.

Die drei Winde

Ihr Menschen, nichts im Szenario des Menschenlebens wird so sehr geachtet wie die drei Winde. Sie stehen jeweils für einen der drei Zustände, in denen sich ein Mensch immer befindet. Zwei sind nur von kurzer Dauer, und einer dauert lange. Es gibt den Wind der Geburt, den Wind der Existenz und den Wind des Übergangs. In euren Worten würdet ihr sie *Geburt, Leben und Tod* nennen. Wir verwenden diese Wörter nicht, denn sie sind auf eine 3-D-Realität ausgerichtet, die oft eure einzige Sicht der Wahrheit ist.

Der Wind der Geburt

Der Wind der Geburt unterscheidet sich von dem eigentlichen physischen Geschehen, das ihr »Geburt« nennt. Ihr seid für uns der Wind der Geburt, direkt bevor ihr eintretet (euren ersten Atemzug tut). Bei jedem Wind lösen wir zunächst die Täuschungen auf und geben euch die Wahrheit. Wir wollen so viel, wie wir können, darüber sagen und mit der Energie anfangen, die beim Wind der Geburt herrscht.

Stellt euch vor, ihr seid ein Teil des Ganzen, ein Teil des Liebeselements des Universums und ein Teil der Weisheit Gottes. Ihr seid bereit, wieder auf euren Planeten zurückzukehren, aber ihr verfügt nicht über den Geist eines Menschen. Was gehört dazu? Welche Energien kreisen darum und bringen euch an diesen Platz? Wer kann im Wind der Geburt sein, und gibt es ein System?

Das ist schwer zu beschreiben, denn es ist nicht linear. Ihr müsst verstehen, dass ihr euch nur linearer Dinge bewusst seid, denn das ist eure Realität. Während ihr hier sitzt und lest, ist sich eure 3-D-Realität nur eines einzelnen Lebens auf der Erde bewusst. Aber in diesem Quantenwind der Geburt *sehen* wir euch am Abhang einer anderen Realität stehen und nach vielen Leben auf den Planeten zurückkehren [das ist an die alten Seelen gerichtet]. Während ihr dort steht, seid ihr dabei, euch als Mensch auf bestimmte Art und Weise mit der Energie des Planeten rückzuverbinden. Der »Wind« der 3-D-Realität, in die ihr gerade eintreten wollt, bläst euch mit großer Kraft entgegen. Ihr scheint euch in ihn »hineinzulehnen«, während wir euch unsere letzten Worte der Liebe sagen. Ihr steht davor, euch von der Realität von Spirit abzutrennen, willentlich eure Erinnerung an alles, was war, wegzugeben und erneut auf die Erde zurückzukehren. Welch eine wunderschöne Zeit!

Die Macht der Akasha

Die Akasha-Chronik enthält Potenziale enormer Energie, je nachdem, was der jeweilige Mensch in seinen Vorleben getan hat. Ist der Mensch schon früher spirituell erwacht, ist da mehr Energie, als wenn das nicht der Fall ist. Deshalb steht beim Wind der Geburt potenziell die Erschaffung einer erleuchteten Seele an, denn es geht um früheres Wissen und frühere Erfahrungen und darum, was ihr früher auf dem Planeten gemacht habt. Es geht darum, wer ihr seid, was ihr erreicht habt, ob ihr jemals zuvor für das Wirken des Lichträtsels erwacht seid oder nicht, ob ihr zurückkommt oder ob es das erste Mal ist.

Die Akasha-Chronik ist also nicht nur eine »Akte« darüber, wie oft ihr hier gewesen seid, sondern es ist vielmehr verzeichnet, wie viel spirituelles Wissen und Lebenserfahrung ihr im Laufe all eurer Erfahrungen auf dem Planeten erweckt habt. Die Akasha ist eine heilige Bibliothek, die ihr mitnehmt, in jedem Leben dabeihabt und auch ins nächste Leben mitnehmt. Sooft ihr auf den Planeten kommt und geht, kommen weitere »Einträge« dazu; die Akasha hilft dabei mit, das zu entwickeln und zu verändern, wie euer nächstes Leben sein könnte.

Denkt an das Axiom, das wir euch schon früher gegeben haben: *Ihr müsst niemals in einen weniger bewussten Zustand zurückkehren.* Wenn ihr, metaphorisch gesprochen, erst einmal das »spirituelle Akasha-Gefäß« geöffnet habt, steht euch alles spirituelle Lernen und alles erreichte Lernen aus allen Leben zur Verfügung.

Das spirituelle System des Menschen

Die Rätselfrage eures Lebens dreht sich darum, wie viel ihr von dieser Wahrheit (nämlich Teil des Schöpfers zu sein) akzeptieren könnt. Wie weit könnt ihr die Quantentür aufstoßen, um diese Wahrheit noch im Leben zu erkennen? Dieses einzelne Attribut entscheidet darüber, welchen Grad der Erleuchtung ihr im Leben erlangt. Hört mir gut zu: Es geht nicht darum, wie viel Wissen und Erfahrung in eurer Akasha ist, sondern wie viel davon ihr annehmen und glauben könnt. Viele alte Seelen auf dem Planeten haben bereits erstaunlich viel Spirituelles gelernt, doch sie wollen zu diesem Zeitpunkt ihres Lebens nicht an ihr inneres »spirituelles Gefäß« rühren. Das ist der freie Wille des Menschen, von dem wir sprechen.

Hinter dem Wind der Geburt steht eine immense Planung. Was habt ihr in euren vorigen Leben erreicht, wenn überhaupt? Wer wart ihr und was habt ihr gemacht? Welche Energien habt ihr in Gang gesetzt, die noch nicht zu Ende gebracht wurden und mit denen ihr weitermachen möchtet? In welcher Seelengruppe wart ihr? Wer waren eure Eltern? Habt ihr gewisse Seelenvereinbarungen abgeschlossen, ihre Enkel zu werden? Das kommt häufiger vor, als ihr meint. In die Planung der »Einstiegsenergie« eures Lebens fließt so vieles ein, und jedes Lebenspotenzial ist anders und einzigartig. Die Planung übernehmt ihr, wenn ihr auf meiner Seite des Schleiers »den Geist Gottes« habt.

Die Menschen mögen es überhaupt nicht, dass es kein allgemein gültiges spirituelles Handbuch gibt, welches besagt: »Das und das geschieht, und das und das müsst ihr tun.« Hört, ihr Lieben, der Respekt gegenüber der Menschheit geht weit über so etwas hinaus! Sind alle Kinder gleich? Funktionieren Erziehungshandbücher immer für euer Kind? Nein, denn jede Seele ist vollkommen einzigartig. Und doch wollen die Menschen eine Liste dessen, was sie zu tun und zu lassen haben, als ob jede Seele irgendwie aus einer spirituellen Maschine herauskäme, die lauter gleiche Seelen produziert. Oh nein! Vielmehr achtet Spirit jede Seele mit ihren ganz individuellen, einmaligen Wahlmöglichkeiten und einer ungeheuren Auswahl an unterschiedlichen Energien.

Die großen Künstler

Manche Menschen erhalten auf dem Planeten bestimmte Attribute; wir nennen sie schöpferische Attribute. Das sind fast so etwas wie Quantenattribute, für die ein Mensch unter Umständen mehrere Leben braucht, um sie zur Vollendung zu bringen. Oft durchlaufen diese *Kreativen* mehrere Leben, *als ob sie nur ein Leben wären,* um ihren schöpferischen Zyklus zu Ende führen zu können. Berühmte Künstler kehren zurück und wollen gleich einen Pinsel in die Hand nehmen und mit dem weitermachen, was sie vorher gemacht haben. Berühmte Komponisten, berühmte Dichter und Bildhauer kommen zurück und machen einfach damit weiter! Das ist so offensichtlich, aber ihr mit eurem wissenschaftlichen Ansatz leugnet das.

Die Kreativen sind also anders, und für sie besteht die Aufgabe darin, die größten Kunstschätze durch eine ganze Reihe von vereinigten Lebenszeiten auf den Planeten zu bringen; persönlich versuchen sie dagegen, das Rätsel zu klären, »was sie da Wertvolles in sich tragen, wovon aber niemand etwas weiß«. Vielleicht habt ihr bemerkt, dass die meisten der großen Künstler, die jemals gelebt haben und auch heute auf der Erde weilen, eine Bürde tragen, die man schnell als »Mangel an Selbstwert« identifizieren kann. Erkennt ihr, wie das konstruiert ist? Es ist reif für die persönliche Entdeckung, oder? Seht ihr den Menschen, der im Wind der Geburt steht, bereit, mit dem weiterzumachen, was er erst im letzten Leben begonnen hat? Der »Geist Gottes«, der bei ihm ist, zaubert ein Lächeln auf sein Gesicht, wenn er die Musik *hört*, die er komponieren wird, denn diese Musik bringt er bereits bei seiner Ankunft auf dem Planeten mit.

Wenn ihr im Wind der Geburt steht, seid ihr also ein total einzigartiges Wesen mit unvollständigen Energien. Ihr braucht länger als ein kurzes Erdenleben, um menschliche Attribute zu kreieren, die zur Reife gelangen. Auch Nichtkreative (die meisten von euch) bringen als Erbe etwas mit sich, das sie begonnen, aber nie ganz zu Ende gebracht haben. Manchmal geht es dabei um Beziehungen, manchmal um Lernen und Lehren. Alte Seelen können das gut, dieses Kommen und Gehen, und oft machen sie genau da weiter, wo sie das letzte Mal aufgehört haben, und verändern dabei langsam den Planeten alleine durch ihr Dasein. Die alte Seele »sät die Samen des Lichts auf dem Teppich der linearen Zeit und weiß nicht einmal, dass sie genau diese reifen Pflanzen der Weisheit ernten wird, wenn sie in einem späteren Leben zurückkommt.«

Deshalb, ihr Lieben, kommt ihr also nicht mit einer leeren Tafel an, aber das wisst ihr, nicht wahr? Die alten Seelen spüren das. Nur die Neulinge [die zum ersten Mal auf die Erde kommen] kommen mit einer komplett leeren Tafel an; darum geht es im nächsten Wind. Doch dieser Raum ist voller alter Seelen, die das gerade hören oder lesen. Ihr alle seid mit einem spirituellen Gefäß voller Erfahrungen des Erdenlebens gekommen, und manchmal tragt ihr sogar das Attribut des »Erwachens zur eigenen Meisterschaft« in euch.

Ihr steht gerade im Wind der Geburt und seid dabei, auf den Planeten zurückzukehren. Auf euch liegen all die Potenziale und Möglichkeiten, basierend auf euren vergangenen Erfahrungen und der Prägung dessen, »wer ihr seid«. Ihr kommt zurück als Mitglied der spirituellen Familie auf der Erde; das ist das, was eure Seelengruppe macht. Wo werdet ihr sein? Welches Geschlecht werdet ihr haben? Für mich ist es am schwierigsten, euch zu beschreiben, dass die Planung nicht linear ist und nichts, was ihr auf einer logikbasierten Kalkulationstabelle sehen würdet. Es ist energiebasiert und wird sehr oft von anderen beeinflusst.

Deshalb ist es auch familienbasiert. Wenn ihr in einem Vorleben zur spirituellen Wahrheit erwacht seid, dann besteht ein starkes Potenzial, dass dies das nächste Leben sehr verändern wird. Eine alte Seele geht also an einen Platz, an den eine junge Seele nicht gehen würde. All das wird vor dem Wind der Geburt geplant, und ihr seid dazu bereit. Ihr seid wirklich bereit. Hört mir gut zu: *Keine menschliche Seele kommt auf den Planeten gegen ihren Willen oder als Bestrafung.* Diesen Satz solltet ihr vielleicht am besten auswendig lernen!

Der Wind der Existenz

Jetzt kommen wir zum Wind der Existenz, das, was ihr »Leben« nennt. Wir wollen euch seine Attribute aufzeigen. Zunächst einmal: Egal, was euch spirituelle Autoritäten gesagt haben: Euer Hiersein ist keine Bestrafung. Ihr seid auch nicht hier, um geprüft zu werden. Wir nennen euer Leben zwar manchmal eine »Prüfung«, aber damit ist gemeint, dass die Energie geprüft wird, nicht ihr! Dann misst Gaia die Energie des Planeten und gibt die Resultate an das Gewebe der Zeit und der Existenz, an die große Zentralsonne, weiter. Das sind die Messungen der Schwingung der Erde über das Kristallgitter, welches in einem viel umfassenderen Szenario eine Rolle spielt, von dem wir noch nicht viel gesprochen haben.

Die »Prüfung« besteht also darin, herauszufinden, ob die Menschen diesen Messwert der Erde durch ihr Bewusstsein verändern können. Das ist die Prüfung. Ich sage es noch einmal: Die Menschen sind nicht hier, um einer Prüfung unterzogen zu werden, sondern sie sind als Familie hier.

Die Brücke zwischen dem Wind der Geburt und dem Wind der Existenz ist nicht raffiniert; auf dieser Brücke blendet ihr alles, was ihr über die Wahrheit wisst, aus und kommt ohne diese Wahrheit auf die Erde. Wenn ihr in den Wind der Geburt eintretet, seid ihr euch nicht mehr bewusst, dass ihr ein Teil des Universums seid. Die Verbindung zum Bewusstsein Gottes existiert nicht mehr. Ihr erinnert euch nicht mehr, woher ihr kamt oder was ihr mitgemacht habt.

Dank der neueren Energie könnt ihr jetzt zu intuitiven Potenzialen der Erinnerung an diese Wahrheiten erwachen. Sie sind in eurer Akasha, aber nur durch willentliche Absicht zugänglich. Wie wir angedeutet haben, gibt es auch alte Seelen, die nicht unbedingt erwachen. Eine alte Seele, deren Vorleben sehr schwierig war, segelt vielleicht durch ihr jetziges Leben, um einmal »Urlaub« von spirituellen Dingen zu machen, und meldet kein Interesse an. Aber, ihr Lieben, ihr wisst, wer das ist, wenn ihr sie trefft, ihr könnt das an ihren Augen erkennen. Womöglich sind ein paar von euch sogar mit einer solchen Seele verheiratet! Sie sind vielleicht auch nicht auf einem Treffen wie diesem zu finden, doch genau diese Energie hat euch ursprünglich angezogen.

Die Aufgabe der alten Seele

Ihr Lieben, ihr müsst die Einzigartigkeit des Lebens verstehen. Deshalb sagen wir: Es gibt keine Regeln, welche besagen, dass ihr irgendwie erwachen müsst, um dem Planeten zu helfen, oder dass ihr Licht ausstrahlen müsst, während ihr hier seid. Es gibt einfach kein Muss, denn das System ist komplex und vielfältig. Manche Menschen sind dieses Mal einfach hier, um die Energie zu bewahren – egal, wer sie sind und wo sie sind. Das nächste Mal tun sie die Arbeit, aber diesmal »halten sie einfach nur die Stellung«. Einige von euch hatten genau diese Attribute, und das braucht der Planet. So wie bei einem spirituellen Staffellauf tragen manche den Stab schnell voran, während andere einfach dasitzen und zuschauen, aber alle sind an dem Geschehen beteiligt.

Manche alten Seelen halten einfach die Energie und sind sich überhaupt keiner metaphysischen Reise bewusst; das wäre so etwas wie die Rekalibrierung bzw. Verjüngung der alten Seele. Doch manche von euch sagen da vielleicht: *»Ich weiß nicht, ob* *mir das gefällt. Das scheint eine Verschwendung eines Lebens einer alten Seele zu sein – 80 Jahre oder noch mehr!«* Ihr Lieben, sind drei Wochen Urlaub eine Verschwendung? Nein. Oft kommt ihr ausgeruht zurück und seid wieder bereit zu arbeiten. Das ist komplex, und ihr betrachtet die Dinge im Licht »einer Lebenszeit«. Doch für uns ist das einfach ein Tag, der vorbeigeht. Es hat alles mit dem richtigen Zeitpunkt zu tun. Also beschließt nicht auf Basis eurer »Lebenszeit-Uhr«, was funktioniert und was nicht.

Alte Seelen werden in der neuen Energie auf dem Planeten am meisten bewirken können. Diejenigen, die am häufigsten hier waren, wissen, wenn sie hier ankommen, besser als jemals zuvor, was sie angesichts der Zustände und Umstände zu tun haben.

Die Kategorien des Windes der Existenz: Neulinge und Lernende

NEULINGE: Es kommen immer wieder Neulinge an; das muss so sein, denn der Planet dehnt sich geometrisch aus [Bevölkerungszuwachsrate]. Logischerweise kommen also die ganze Zeit neue Seelen an, versteht ihr? Das liegt auf der Hand. Ihr könnt Neulinge sofort erkennen, wenn ihr ein Gespräch mit ihnen anfangt. Ihr sagt A, und sie hören B. Ihr bittet sie, nach links abzubiegen, und sie gehen nach rechts. Sie haben von nichts eine Ahnung, keine Vorstellung davon, wie es zwischen Menschen so läuft. Sie verstehen nicht wirklich, ob etwas gut oder schlecht ist. Stimmiges, angemessenes Verhalten ist für sie ein Mysterium – und das ist auch oft offensichtlich.

Sie wissen nicht, wie das Leben im Allgemeinen funktioniert. Ihr schlagt erstaunt die Hände über dem Kopf zusammen, weil ihr einfach nicht glauben könnt, dass jemand so ist. Sie sind neu. Sie wissen nichts über die menschliche Natur. Und sie lassen sich leicht von einem anderen Menschen hinters Licht führen. Wieder schüttelt ihr verwundert den Kopf und sagt: *»Sind sie gerade erst* *angekommen?*« Genauso ist es. Sie sind über die Maßen und in allen Bereichen naiv, und ihr habt solche Menschen schon gesehen. Sie alle müssen ein paarmal zurückkehren, bevor sie die Funktionsweise des Lebens ganz verstehen; es sind also immer ziemlich viele dieser Neulinge hier. Man kann mit ihnen nicht in einem Treffen wie diesem rechnen; sie gehören eher in ein Treffen, das ihnen beibringt, »wie die Menschen funktionieren«.

Viele von ihnen landen auf der Couch eines Psychologen, um mehr über sich herauszufinden, und seltsamerweise werden viele von ihnen sogar selbst Psychologen! Denn für sie ist die menschliche Natur ein so riesengroßes mysteriöses Rätsel, welches sie lösen müssen, dass sie sich voll darüber im Klaren sind, wie viel Hilfe sie benötigen. Und so helfen sie dann anderen Neulingen.

LERNENDE: Innerhalb weniger Lebenszeiten erreichen viele einen Zustand, in dem sie sich intuitiv bewusst sind, wie die Dinge auf dem Planeten funktionieren. Es herrscht ein besseres emotionales Gleichgewicht, und dann ist der Mensch ein *Lernender*. Jetzt kann er damit beginnen, spirituelles Wissen zu sammeln.

Es ist offensichtlich, wer in die Kategorie der Lernenden fällt. Das sind diejenigen, die das Potenzial haben zu erwachen, denn sie kommen potenziell zu einem Ort wie diesem, hören die Wahrheit, erkennen sie oder auch nicht, und gehen. Wenn sie nicht das Gefühl haben, das würde sie betreffen, bedeutet das einfach, dass es nicht der richtige Zeitpunkt ist.

Erinnert ihr euch an das Axiom, demzufolge man in einen weniger bewussten Zustand zurückfällt? Das geht nicht. Wenn ihr also heute etwas nicht für euch annehmen oder entsprechend handeln könnt, heißt das nicht, dass ihr das vergesst. Die Dummheit von heute kann zur Weisheit von morgen werden. Es hängt einfach von eurer Wahrnehmung ab.

Es dreht sich alles um den richtigen Zeitpunkt. Mein Partner hat mich schon oft gefragt: »*Kryon, warum musste ich über vierzig Jahre alt werden, bis ich zur Wahrheit erwacht bin? Es wäre so viel effizienter gewesen, wenn das schon in meinen Dreißigern passiert wäre.*« Und meine Antwort hat immer mit dem richtigen Zeitpunkt zu tun. Es geht darum, jeden so alt werden zu lassen, wie es für ihn nötig ist, damit er das tun kann, was er jetzt tut, und auch das, was er als Nächstes tun wird. Darauf komme ich noch zurück.

Und so, meine Lieben, die ihr hier vor mir auf den Stühlen sitzt und die ihr diese Zeilen lest, gehören alle in die Kategorie der Lernenden. Das sind oft ältere Seelen, die für spirituelle Fragen erwacht sind. Sie spüren, was auf dem Planeten vor sich geht, und möchten mehr darüber wissen. Sie haben eine neue Bewusstheit dahingehend, dass sich die Energie verändert und dass die Erde sie braucht. Sie wissen auch, dass jeder Weg anders ist, und das bedenken sie, während sie jetzt hier in diesem Raum sitzen oder dieses Transkript lesen. So funktioniert das, ihr alten Seelen.

Manche von euch sind für die spirituelle Wahrheit des »inneren Schöpfers« schon viele Male erwacht. Eure Bibliothek steckt voller spirituellem Sinn. Manche von euch sind erst in diesem Leben erwacht und haben erkannt, dass sie alte Seelen sind. Und da ihr gerade alle zuhört und lest, schweife ich jetzt mal ein bisschen ab. Es ist etwas Komplexes über die neue Energie, was ihr nicht erwartet habt.

Karma

Und wie passt Karma in all das hinein? Der Lernende – also derjenige, der über den Status, einfach nur »auf der Erde anzukommen«, hinausgeht – hat jetzt etwas, was *Karma* genannt wird. Es ist eine starke Energie, mit der ihr arbeiten könnt. Wir wollen also erklären, was das ist.

Karma ist »unerledigte Familiengruppenenergie«, die von einem Leben zum nächsten weitergeht. Sie schiebt und zerrt euch im Leben herum und hat nichts mit Vorbestimmung zu tun, dafür aber alles mit Veranlagung. Wenn du von viel karmischer Energie umgeben bist, dann bist du dazu veranlagt, nach links oder rechts zu gehen, wenn bestimmte Umstände herrschen. Das gründet in den Energien der Vergangenheit und entsteht hauptsächlich im menschlichen Miteinander.

Damals im Jahr 1993, als »Das Zeiten-Ende« (Kryon-Buch 1) herauskam, sagten wir euch, es sei alten Seelen jetzt gestattet, die Energie des Karmas aufzugeben und im Leben ihren eigenen Kurs einzuschlagen, als Mitschöpfer der Energie dessen, was sie möchten, anstatt gegen die Vergangenheit ankämpfen zu müssen. Immer wieder sagen wir euch: Karma ist ein altes Lernsystem, und ihr seid jetzt darüber hinausgewachsen.

Für die Lernenden, welche noch nicht bereit sind, die karmische Energie aufzugeben, und welche die darauf basierenden Lektionen lernen müssen, ist Karma nach wie vor notwendig. Karma steht dem Neuling [der zum ersten Mal auf die Erde kommt] nicht zur Verfügung, denn die neue Seele, die da kommt, verfügt noch nicht über Energie der Vergangenheit, aus der sie schöpfen könnte. Übrigens, deshalb sind sie so ahnungslos! Doch wenn sie dann das zweite oder dritte Mal hier sind, erzeugen sie ihr eigenes Karma aus der Energie des gewöhnlichen Lebens heraus, was sie dazu bringt, im nächsten Leben bestimmte Dinge zu tun.

Wenn die alte Seele das Karma erst einmal aufgegeben hat, bedeutet das, sie hat es komplett aufgelöst; und wenn sie das nächste Mal hier ist, gibt es auch kein Karma mehr.

Hier haben wir wieder ein Quantenattribut, das besagt: »Das, was du im Muster deiner spirituellen DNA erzeugst, bleibt für immer. Es muss im nächsten Leben nicht noch einmal getan werden.« Auch das hat nichts mit Vorbestimmung zu tun, aber wisst: Was ihr in diesem Leben tut, gestaltet euer nächstes Leben, und in dieser neuen Energie ist das sehr tief greifend, ihr alten Seelen!

Verträge – eine Klarstellung

Ich möchte über Verträge sprechen. Das Wort an sich wird schon missverstanden. Habt ihr das Gefühl, ihr hättet einen spirituellen Vertrag geschlossen, auf der Erde etwas zu tun? Manche von euch kommen auf dem Planeten an und denken: »*Ich bin hier und tue, was ich in dieser Stadt tun soll, denn so lautet mein Vertrag.*« Während ihr also scheinbar euren Vertrag erfüllt – was macht ihr, wenn jemand anderes daherkommt und euch ein besseres Angebot unterbreitet, ihr dazu aber in eine andere Stadt umziehen müsst? Es könnte sich um ein spirituelles Angebot handeln, wodurch ihr an einen viel besseren Platz gelangt, um den Menschen helfen zu können. Oh, das ist eine große Rätselfrage! Was geschieht mit eurem spirituellen Vertrag?

Ein Teil von euch tendiert in die Richtung: *»Ich muss hierbleiben und das tun, wozu ich hierhergekommen bin.«* Der andere Teil ist unentschieden, hin- und hergerissen. Und schließlich richtet ihr euch auf und sagt: *»Mein Vertrag besagt, dass ich hierbleiben und meine Arbeit tun muss. Ganz egal, was passiert, ich werde meinen Vertrag mit Gott erfüllen.«*

Ich sage dazu ein Wort, an das ihr euch erinnern sollt: Unsinn! Euer Vertrag ist mit unsichtbarer Tinte geschrieben! Hört gut zu, ihr alten Seelen: An jedem einzelnen Tag eures Lebens könnt ihr euren spirituellen Weg umschreiben! Habt ihr das gewusst? Das ist das Wesen des Mitschöpfertums! Euer einziger Vertrag besteht darin, *hier* zu sein, und ihr erfüllt ihn, während ihr diese Zeilen lest. Also nehmt den spirituellen Stift in die Hand und schreibt jeden Tag auf, was ihr braucht. Wenn es zu Synchronizitäten kommt und ihr in eine andere Gegend hinweggefegt werdet, seht es als das an, was es ist – es ist das, worum ihr gebeten habt! Fühlt diese Wahrheit, während sie euch geschieht. Bleibt bei eurem intuitiven Gefühl und schreibt einen Vertrag für den heutigen Tag nieder, der morgen wieder verschwinden kann, wenn ihr ihn in etwas umschreibt, was noch besser ist.

Ihr alten Seelen, niemals zuvor hattet ihr so eine Chance! In dieser neuen Energie könnt ihr den Wind der Existenz an eure Bedürfnisse anpassen. Im Laufe der nächsten paar Jahre werdet ihr gemeinsam als Kollektiv eine Entscheidung über ein paar Dinge treffen. Die alte Energie nimmt sehr langsam ab und stirbt aus; dadurch gewinnt ihr die Oberhand.

Der Wind der Existenz, das seid ihr, alte Seelen, die das Rätsel lösen, und ihr unterliegt nicht dem Karma und seid durch keinen Vertrag gebunden. Ihr befindet euch vielmehr im *Manifestationsmodus*. Das scheint vielleicht nicht so, aber gebt dem eine Chance! Wie wir schon früher gesagt haben: Wenn ihr den

Überlebensmodus verlasst und euch nicht mehr um jedes einzelne Ding Sorgen macht, dann erreicht ihr schließlich den *Manifestationsmodus*. Der *Sorgenmodus* ist das, was euren Eltern beigebracht wurde. Ihr habt das geerbt – aber erleuchtete Wesen tun das nicht. Vielmehr manifestieren sie das, was sie brauchen, und sorgen sich nicht um das, was sie nicht haben, denn es kommt durch den Prozess der Synchronizität zu ihnen, wenn sie es brauchen. Es ist ein erleuchtetes Konzept, welches die innere göttliche Weisheit anerkennt.

Der Wind des Übergangs

Der letzte Wind ist der Wind des Übergangs. Ihr nennt ihn *Tod*. Was kann ich euch darüber sagen, was ihr noch nicht wisst? Nun ja, ich meine, eine ganze Menge. Zunächst einmal: die Regeln. Ihr wisst nicht, was ihr nicht wisst. Ihr wisst nicht, wann es passieren wird. Wusstet ihr, dass wir einige von euch sehr lange hier behalten müssen? Und zwar, weil ihr das, was ihr begonnen habt, noch nicht abgeschlossen habt. Bei anderen wiederum ist es für uns wichtig, dass sie den Übergang eher früher als später vollziehen, um ihrem eigenen Plan zu folgen. Wir brauchen sie schon bald, wenn sie noch jung sind, an einem anderen Platz auf dem Planeten. Ihr Akasha-Wissen muss frühzeitig erwachen und das weiterentfalten, was sie gerade entwickeln, denn sie haben die Energie der Jugend.

Es ist für uns nötig, dass ihr ein bestimmtes Alter habt, damit ihr – wie ihr es geplant habt – für ein Amt kandidieren könnt. Wir brauchen euch in jungen Jahren auch aus anderen Gründen, die für euch ganz offensichtlich sein sollten, wenn ihr einmal unseren Standpunkt einnehmt. Ihr wisst also nicht, wann ihr geht. Werft die Angst vor diesem Übergang über Bord, damit ihr die wichtigen Gründe versteht, die ihr mitgeschaffen habt, als ihr auf meiner Seite wart. Der Erweckungsprozess entscheidet mit darüber, wann ihr die Energie übertragt und erneut den Übergang vollzieht. Im Augenblick des Übergangs, wenn euer

Herz zu schlagen aufhört und ihr den letzten Atemzug tut, sind wir da. Auch alle Engel der großen Zentralsonne sind da, und sie zünden ein Licht an, das euch Frieden schenkt – einen Frieden, der so groß ist, dass es keine Angst geben kann. Im Bruchteil einer Sekunde wisst ihr, dass alles in Ordnung ist. Ihr mögt es vielleicht eine »spirituelle Narkose« nennen, doch wir nennen es *das Geschenk des Schöpfers«*.

Von unserem Standpunkt, einem Quantenstandpunkt, aus betrachtet, ist der Wind des Übergangs also etwas Schönes. Er steht für den Augenblick, in dem ihr erkennt, dass dieses Leben für euch zu Ende ist. Das dauert nur eine Sekunde, dann ist es vorbei. Dann beginnt für euch ein dreitägiger Prozess, in dem ihr euch erinnert, wer ihr seid. Ein Teil von euch ist nach wie vor auf dem Planeten, und ein Teil ist bei uns. All das ist wunderschön.

Manche Menschen haben eine Nahtoderfahrung erlebt und sie bestmöglich erklärt; alle sagten, sie seien als anderer Mensch zurückgekommen. Oh, ihr Menschen, sie sahen ein Stück davon; sie sahen ein Stück des Schöpfers, und als sie zurückkehrten, riefen sie aus: *»Ihr werdet es nicht glauben! Ich war einen Augenblick lang tot, und ich habe Gesang gehört und Licht gesehen.«* Fragt sie einfach, dann werden sie euch das sagen. Das ist das Geschenk des Übergangs, über das wir noch nie gesprochen haben. Der Tod hat keinen Stachel, du Mensch. Der einzige Stachel trifft diejenigen, die zurückbleiben und nicht wissen, wo ihr seid. Sie haben das Gefühl, ihr seid für immer von ihnen gegangen, doch das seid ihr nicht, und ebenso wenig die Seelen derjenigen, die ihr im Laufe der Jahre verloren habt, liebe Zuhörer und liebe Leser. Habt ihr gewusst, dass die Eltern, die ihr vielleicht schon verloren habt, bis zu eurem letzten Atemzug bei euch sind? Sie halten euch die ganze Zeit an der Hand. Das ist sehr komplex, aber Teil eines wunderschönen, multidimensionalen Systems der Seelengruppierung. Ein paar von euch wissen, dass das, was ich sage, stimmt, denn ihr habt sie gespürt.

Ihr Menschen, wisst, dass eure Seelengruppe gleichzeitig an mehreren Orten sein kann. Das haben wir euch schon früher gesagt. Seelen können sich in einem menschlichen Körper anderswo auf dem Planeten reinkarnieren und doch gleichzeitig bei euch sein, als jemand, den ihr als Führer wahrnehmt. Fragt nicht, »wie« das geht, weil das in eurer Realität keinen Sinn ergeben würde. Es ist ein wunderschönes System. Der Tod hat keinen Stachel!

Und wenn ihr einen geliebten Menschen verliert, dann denkt daran: Dieser Mensch mag still und kalt erscheinen und auf ewig von euch gegangen, aber das ist nur in 3-D so und entspricht nicht der Wahrheit. Er lebt, und es geht ihm gut, und er blickt auf euch mit der Bitte, ihr möget doch die Energie der Liebe sehen, für die er steht. Er ist nicht von euch gegangen.

So viel zu den drei Winden heute. Ich spreche sehr gerne über diese Dinge, denn sie sind mir die ganze Zeit nah. Ich arbeite mit allen dreien, auch jetzt in diesem Moment. Die Energie Kryon ist eine Gruppe, und sie ist so, wie auch ihr alle seid, denn auch ihr verfügt über diese Attribute. Derzeit bin ich Teil einer Gruppe, die mit denjenigen beim Wind der Geburt arbeitet. Ich heiße auch diejenigen willkommen, die jetzt gerade den Übergang vollziehen. Das ist die Rolle von Spirit durch das Höhere Selbst, das ihr seid. Ihr Lieben, entdeckt Gott in euch, dann werdet ihr auch sehen, wie schön der Plan ist!

Kryon
(Live-Channeling »Die drei Winde«,
Saskatoon und Calgary/Kanada, 23.–24. Februar 2013)

Zum Abschluss dieses Kapitels möchte ich von zwei weiteren Fällen aus Newtons Buch »Erinnerungen aus dem Zwischenreich: Leben zwischen den Leben. Erzählungen persönlicher Transformation« erzählen, die uns – wie ich meine – eine andere Sichtweise von traurigen und tragischen Ereignissen vermitteln können.

Fall eins: Eine Frau, die sehr unter dem Verlust von zwei nahestehenden Familienmitgliedern litt, entschloss sich zu einer »Life Between Lives«-Rückführung. Bei den beiden Todesfällen handelte es sich um Suizid. Nichts, was die Frau versuchte, half ihr, gar nichts, bis sie schließlich mehrere Rückführungssitzungen hatte – mit spektakulären Ergebnissen.

Ihre Seele erinnerte sich daran, wie die beiden schrecklichen Selbsttötungen sorgsam geplant wurden, um ihren Mut und ihre innere Stärke herauszufordern und zu erhöhen. Und sie erkannte, dass ihr derzeitiges Leben nur eines in einer ganzen Reihe von Leben ist, die ihr zu mehr Stärke und Mut verhelfen sollen. In diesen Sitzungen konnte die leidgeprüfte Frau die dramatischen Ereignisse aus einer anderen Perspektive betrachten. Die gewonnenen Einsichten dienten als perfekter Katalysator für die Wandlung vom Opfer zu einem bewussten und selbstbestimmten menschlichen Wesen.

Fall zwei: Dank einer »Life Between Lives«-Sitzung konnte eine Frau ein neues Verständnis und neue Einsichten bezüglich eines tragischen Vorfalls in ihrem derzeitigen Leben gewinnen. Ihr Sohn, ein Taxifahrer, wurde im Alter von 26 Jahren brutal von einem Fremden ermordet. In der Sitzung wurden ihr zwei Erkenntnisse zuteil: Zum einen war sie selbst in einem Vorleben vergewaltigt und ermordet worden. Trotz dieses brutalen Todes spürte sie in diesen letzten Augenblicken, bevor sie starb, nicht den Stachel dieser schrecklichen Ereignisse. Dadurch fand sie zu mehr Frieden bezüglich der Art des Todes, die ihr Sohn erlitten hatte. Und zweitens hatte ihr Sohn den Platz von jemand anderem eingenommen, der an diesem Tag sterben sollte. Ihr Sohn hatte das Leben von fünf Menschen gerettet. Der Mörder war eigentlich auf dem Weg zu einem Ladeninhaber, dessen Frau und drei Kindern gewesen, mit denen er Streit gehabt hatte. Die Frau fand heraus, dass ihr Sohn die Mordabsichten des Fahrgastes gespürt hatte und daraufhin nicht weitergefahren war, und so wurde er erstochen und nicht die fünfköpfige Familie.

Dieses Heilen durch die Rückführung in frühere Leben zeigt auf, wie ungeheuer viel Liebe hinter einem tragischen Ereignis steckt. Und es zeigt auch, wie sich unsere Potenziale ständig verändern, je nachdem, was wir im *Jetzt* tun.

Sehen Sie, wie sich die Energie, die vergangene Geschehnisse umgibt, verändert, wenn wir unseren Blickwinkel und unsere Emotionen verändern? Und wie sieht es mit vergangenen Ereignissen in Ihrem Leben aus? Haben sich Ihre Gefühle angesichts Ihres neuen Wissens verändert? Kryon hat auf eine Frage hin erklärt, was passiert, wenn wir die Emotionen und Energien, die mit bestimmten Ereignissen einhergehen, mit einem erleuchteten Geist *um*schreiben:

Der Vater, der euch misshandelt hat, ist jetzt der »karmische Partner« und hat seine Aufgabe, euer Leben aufzuwühlen, gut erledigt. Der Bruder, der sich selbst tötete und Schande über die Familie brachte, ist jetzt jemand, der euch ein Geschenk machte: einen Tritt in den Hintern, damit ihr mehr über spirituelle Dinge lernt. Das ist ein machtvolles neues Attribut, welches den Menschen neue Möglichkeiten an die Hand gibt und für Kryons Lehren und diejenigen von anderen Channel-Medien des Neuen Zeitalters von grundlegender Bedeutung ist. Mit dem Umschreiben eurer Emotionen verändert ihr eure Zeitlinie an diesem Ort namens Erde.

FRAGE AN KRYON

Es gibt zunehmend Beweise, dass die Menschen reinkarnieren. Wie wird das die Organisationen verändern, deren Glaubenssystem und Doktrin besagen, dass wir nur *einen* Lebensausdruck auf dem Planeten haben?

Es wird niemals dreidimensionale »Beweise« für die Reinkarnation der Menschen geben, genauso wenig, wie es Beweise dafür geben wird, dass Gott tatsächlich existiert. Doch eines Tages wird es offensichtlich sein und nicht mehr infrage gestellt werden, dass das der *Weg der Dinge* ist. Wenn man das beweisen könnte, wäre die freie Entscheidung der Menschheit, die Wahrheit des inneren Gottes zu »finden«, weniger frei. Diese Dinge müssen für den Menschen ein »Aha-Erlebnis« des Glaubens sein. Jeder Mensch muss innerlich »wissen«, was für ihn die Wahrheit ist.

Das klingt nicht sehr greifbar, doch das passiert mit manchen Dingen auch schon jetzt. Wie »beweist« ihr, dass ihr eure Mutter liebt? Liebe ist eine Emotion, aber auch ein Konzept. »Sich gegenseitig zu lieben«, ist eine *konzeptuelle Realität* und kein Prozess. Eine solche konzeptuelle Realität kann nicht bewiesen werden, und doch können sich Menschen ihrer gegenseitigen Liebe absolut sicher sein. Wie? Das ist intuitive Kraft vom

Feinsten und unterscheidet sich so sehr von den Synapsen des Gehirns, dass das Gehirn dadurch durcheinandergerät.

»Sich verlieben« bringt oft die Logik des Gehirns durcheinander und führt dazu, dass der Mensch zeitweise nicht mehr richtig funktioniert. Welche Energie kann das wohl bei einem hoch strukturierten Gehirn bewirken? Die Antwort lautet: Eine dynamische, multidimensionale Energie, die Wahrheit besser definiert als alles andere in euch. Wenn ihr euch in Gott verliebt, erhaltet ihr auf eben diese Weise die Vorlage der Wahrheit an die Hand. »Die Art und Weise, wie die Dinge funktionieren«, wird für diejenigen, die die Brücke zu ihrer Seele bzw. ihrem Höheren Selbst erbauen wollen, offensichtlich.

Mit zunehmendem Erwachen der Menschen treten vernünftige Lösungen an die Stelle der Mythologie der Vergangenheit, und dadurch verändern sich auch die Doktrinen – zwar langsam, aber sie verändern sich. Und wenn sie sich manchmal doch nicht verändern, dann geraten die betreffenden Organisationen langsam in den Hintergrund, weil das Interesse an ihnen schwindet. Überwältigende Wahrheit kann so gut wie alles verändern. Es gibt beispielsweise auf eurem Planeten eine sehr verbreitete Doktrin, die besagt, die Menschen seien die einzige Spezies im Universum und ein bestimmter Prophet sei hier, um ausschließlich mit ihnen zu arbeiten. Doch stellt euch vor, eines Tages landen andere Wesen aus eurer Galaxie, begrüßen euch und sehen aus wie ihr, und das wird überall verbreitet. Das verändert die Spielregeln, nicht wahr? Alles, was ihr in euren religiösen Traditionen für die Wahrheit hieltet, muss dann umgeschrieben werden. Wenn ihr das richtig macht, wird Gott zu etwas viel Größerem, und der Plan des Universums umfasst viel mehr Menschen, als es eurer bisherigen Meinung nach gibt. Liebt Gott sie genauso? Welchen Platz nimmt der »eine Prophet« nun ein? Kann sich die Organisation ausdehnen oder leugnet sie die Wahrheit, die sich direkt vor ihrer Nase befindet, und versucht weiterhin, in der Mythologie der Vergangenheit zu existieren?

Die Menschheit wird kein Interesse daran haben, einen Gott anzubeten, der die Realität des Lebens nicht widerspiegelt.

Kapitel 10

Mit der Akasha kommunizieren

Im vorigen Kapitel ging es darum, wie Tausende von Menschen während einer Rückführung Zugang zu ihren Akasha-Erinnerungen gewannen. Doch kann man sich auch an Dinge aus früheren Leben erinnern, ohne eine solche Reinkarnationstherapie zu machen? Die Antwort lautet: Ja – doch das passiert meistens nur bei Kindern.

Vielleicht hat auch Ihr Kind Ihnen schon einmal von seiner anderen Familie erzählt? Oder Sie selbst haben als Kind versucht, Ihren Eltern diese Erinnerungen zu erklären, doch sie wurden nicht ernst genommen?

Der verstorbene Ian Stevenson, Vorsitzender der Abteilung für Psychiatrie des Fachbereichs Medizin der Universität von Virginia, hat vierzig Jahre seines Lebens der wissenschaftlichen Dokumentation von Erinnerungen an frühere Leben von Kindern aus aller Welt gewidmet. Er interviewte ungefähr 2500 Kinder aus den USA, England, Thailand, Burma, der Türkei, dem Libanon, aus Kanada, Indien und weiteren Ländern. Diese Kinder konnten sich nach eigenen Aussagen an Vorfälle aus einem vergangenen Leben erinnern. Er überprüfte Unterlagen, Briefe, Autopsieberichte, Geburts- und Sterbeurkunden, Krankenhausunterlagen, Fotografien und Zeitungsberichte. In mindestens 1200 Fällen gab es Tatsachenbeweise, die die Korrektheit dieser Erinnerungen belegten.

Wie Stevenson herausfand, treffen die folgenden Aussagen auf die meisten der von ihm untersuchten Kinder und deren Erinnerungen zu:

❤ *Sobald das betreffende Kind in der Lage war zu kommunizieren, beschrieb es Ereignisse aus einem Vorleben.* Oft sagte das Kind, es habe einen anderen Namen als den, den ihm seine derzeitigen Eltern gegeben haben. Das Kind erinnerte sich an diverse

Familienmitglieder sowie an physische Merkmale des Hauses, des Dorfes bzw. der Stadt, wo es in einem Vorleben gelebt hatte.

- *Das Kind erinnerte sich auch an Einzelheiten zu seinem Tod in einem früheren Leben.* Kinder, die an traumatischen Wunden (beispielsweise Schuss- oder Messerverletzungen) gestorben waren, wurden – wie Ian Stevensons Forschungen aufzeigten – oft mit entsprechenden Geburtsmalen geboren, die diese Verletzungen widerspiegelten.
- *Es gelang, die frühere Familie des Kindes zu identifizieren.* Wenn das Kind diese Familie aus der früheren Inkarnation kennenlernen konnte, war es in der Lage, Familienmitglieder zu identifizieren, und sprach auch über Familiengeheimnisse, die nur Familienmitgliedern bekannt waren.
- *Oft wurden Persönlichkeitsmerkmale, persönliche Vorlieben und Gewohnheiten von einer Inkarnation in eine andere mitgenommen.*
- *Meistens blieb das Geschlecht dasselbe.* In nur zehn Prozent der von Stevenson untersuchten Fälle hatte das Kind im betreffenden Vorleben ein anderes Geschlecht (das entspricht auch den von Kryon gemachten Angaben zum Geschlechterwechsel).
- *Die physische Erscheinung blieb von einem zum nächsten Leben ähnlich.*
- *Beziehungen wurden durch Reinkarnation erneuert,* was auch durch eine Studie mit 31 Zwillingspärchen bestätigt wurde (laut Kryon inkarnieren wir oft in derselben karmischen Gruppe).
- *In fast allen Fällen verblasste die Erinnerung an das frühere Leben zwischen dem fünften und dem achten Lebensjahr.*[19]

Können sich Erwachsene auch ohne eine Rückführung an Vorleben erinnern? Ja, aber nicht sehr oft.

Ich möchte Ihnen an dieser Stelle eine unglaubliche, wahre Liebesgeschichte erzählen. Um ihre Privatsphäre zu schützen, nenne ich den Helden dieser Liebesgeschichte Lance und die Heldin Liberty. In seinem letzten (Vor-)Leben war Lance eine Berühmtheit. Er trat in TV-Shows und Filmen sowie viele Male in Las Vegas auf. Als Unterhaltungskünstler war er zwischen den 1950er-Jahren bis zu seinem Tod Ende der 1980er-Jahre aktiv. Wahrscheinlich haben auch Sie ihn schon mal gesehen … Lance war sich seiner vielen Vorleben sehr bewusst. Er entwarf sogar eine spezielle Jacke mit Bildern und Symbolen zu den von ihm gelebten und wahrgenommenen Inkarnationen!

Diese beiden Menschen hatten keine typische Romanze nach dem Motto »Junge trifft Mädchen«, sondern fanden sich (wir inkarnieren ja, wie Sie wissen, in karmischen Seelengruppen) Ende der 1950er-Jahre. Trotz eines Altersunterschieds von 21 Jahren fühlten sich Lance und Liberty auf der Stelle voneinander angezogen. Die Fäden aus früheren Leben als Liebespaar wurden weitergewebt. Wegen Lance' Berühmtheit wollte das Paar heimlich heiraten. Doch leider wurde nichts daraus, denn Liberty starb auf tragische Weise bei einem Autounfall, nur wenige Tage vor der Hochzeit. Liberty inkarnierte erneut, und sie lernten sich wieder kennen, doch diesmal betrug der Altersunterschied ironischerweise 42 Jahre. Als sie sich also das nächste Mal trafen, war Liberty fünf Jahre alt und Lance war 47. Und wieder konnten sie trotz des Altersunterschieds tiefe Akasha-Erinnerungen wachrufen. Lance wusste instinktiv, wer sie war. Und obwohl sie noch so jung war, hegte Liberty Lance gegenüber sofort ganz besondere Gefühle. Sie verfolgte während ihrer Kindheit und Jugend seine Karriere und erhielt jedes Jahr immer ein Geburtstagsgeschenk von einem anonymen Absender, und sie wusste intuitiv: Es war von Lance. Als Liberty 24 Jahre alt war, traf sie den (66-jährigen) Lance wieder, und die beiden gingen erneut eine Beziehung ein. Ihre Liebesaffäre wurde noch verstärkt durch die gemeinsame Erinnerung an die vielen gemeinsam verbrachten Vorleben.

Stellen Sie sich nur vor, wie sich das auf Ihre Beziehung auswirken würde! Man erhält einen neuen Blickwinkel und eine Erklärung für Unerledigtes, das vor Tausenden von Leben seinen Anfang nahm und nun fortgeführt wird.

Beide konnten sich also als Erwachsene an ihre Verbindungen aus früheren Leben erinnern, und das alleine ist schon außergewöhnlich und höchst erstaunlich. Doch das ist noch lange nicht alles! Während einer tiefen Meditation ging Lance zu dem schicksalhaften Tag zurück, als Liberty wenige Tage vor der geplanten Hochzeit bei dem Autounfall starb, und erkannte ein anderes Potenzial. Einen Teil davon beschrieb er Liberty und ermutigte sie, auch selbst dieses Potenzial zu sehen. Beim Meditieren erkannte Liberty hinsichtlich ihres Todes in diesem Vorleben mehrere Potenziale, unter anderem, dass der Autounfall sich gar nicht ereignete, weil Lance fuhr. In diesem Szenario heirateten sie, hatten vier Kinder, und Lance gab seine Karriere als berühmter Unterhaltungskünstler auf, widmete sich seiner Familie und arbeitete als Tonmeister. Im selben Szenario starb Liberty, obwohl sie dem Tod durch den Autounfall entronnen war, in jungen Jahren an Krebs. Und so unglaublich es klingt: Das war genau dasselbe Potenzial, das Lance gesehen hatte. Dies ist ein großartiges Beispiel für Kryons Aussage, unsere Potenziale würden sich ständig verändern, je nachdem, was wir im »Jetzt« tun.

Manchmal, so sagt Kryon, erkennen wir uns auch nicht. Oft lernen wir Menschen kennen, mit denen wir ein Vorleben verbracht haben, und doch erkennen wir sie nicht! Das ist Teil unserer Dualität. Warum also können die meisten Menschen sich nicht an ihre Vorleben erinnern, so wie sie Erinnerungen an ihr derzeitiges Leben haben? Kryon gab darauf eine Antwort in einem Channeling über die flüchtige Akasha; sie findet sich im Kryon-Buch 11, »Recalibration: Eine Neuausrichtung der Menschheit«, und offenbart, warum wir uns nicht an unsere Vorleben erinnern können: Dieses Erinnern ist keine Funktion des Gehirns. Die Akasha befindet sich in der DNA, nicht im Gehirn, und damit ist die Akasha-Kommunikation etwas völlig anderes.

Die Akasha des Menschen ist eine Geschichte von allen menschlichen Erfahrungen auf dem Planeten Erde. Ihr tragt in euch weitere Akasha-Attribute, die über das Menschsein hinausgehen, aber diese sind sehr gut verborgen und nicht das Thema des heutigen Abends. Man könnte sagen: Fast alles, was ihr habt und was wir als die menschliche Akasha definieren, sind eure unmittelbaren Erfahrungen auf der Erde. Auch diese Akasha ist gut versteckt und flüchtig, zeigt sich aber ständig auf Arten, die ihr nicht erkennt.

Wir wollen also zunächst einmal beschreiben, wie sie sich überhaupt in euch befinden kann, ihr euch dessen aber gar nicht bewusst seid.

Das Rätsel der Akasha

Die meisten Menschen begreifen nicht, dass sie tagtäglich mit der Akasha zu tun haben. Fast alle Menschen werden davon getrieben, und doch wissen sie davon nichts. Deshalb sage ich jetzt gleich zu Beginn: Die Akasha kommuniziert nicht auf traditionelle Weise mit euch. Es funktioniert nicht so, wie ihr das erwarten würdet. Wir wollen uns kurz den Überblick anschauen: Die Akasha ist ein System, ihr Lieben, und sie ist wunderschön. Ich sitze vor euch und weiß, wer hier im Raum ist; ich kenne eure Leben – alle eure Leben. Ich kenne die Rätsel, mit denen ihr euch heute herumschlagt. Ich sitze hier als ein Berater, der nie ein Mensch war, und sehe euch zu, wie ihr an einem menschlichen Rätsel arbeitet, das für mich ganz erstaunlich ist.

Ihr seid, was man eine *Seelengruppe* nennen könnte, Spezialisten des Ausdrucks biologischen Seins [Kryons Beschreibung einer Gruppe, die darauf spezialisiert ist, mehrere Menschenleben gemeinsam zu durchlaufen]. Die schöpferische Quelle, also Gott, der das Universum, die Galaxien und alles, was ist, gemacht hat, hat eine Elite-Expertengruppe, und das seid ihr! Ihr seid Teil der »Suppe«, die *Gott* ist, darauf spezialisiert, das zu tun, was ihr tut. Das ist eine schwierige Aufgabe, nur wenige Billionen sind dazu auserwählt.

Wollt ihr wissen, was den Kern eurer Spezialistenseele ausmacht? Liebe und Mitgefühl. Das ist der Kern. Das wird nicht immer so gesehen, aber es ist da, und wenn ihr auf die Erde kommt, besteht eure Mission darin, das wegzugeben – es mit der Energie des Planeten zu teilen. Das System der Akasha hilft dabei, die Menschen in Situationen des Lernens und der Lösungsfindung hineinzutreiben.

Ihr seid ein *Teil Gottes,* doch dieses Attribut verbleibt auf meiner Seite des Schleiers. Ihr kommt auf den Planeten als ein biologisches Wesen. Wer ihr wirklich seid, bleibt euch verborgen, während ihr versucht, euren Weg auf einer dunklen Erde zu gehen. Es bleibt euch verborgen, wie ihr versucht, das Licht zu finden, welches sich in eurer eigenen Zellstruktur in euch befindet. Ihr habt die schwere Arbeit zu tun. Alle Meister, die auf dieser Erde wandelten, haben versucht, euch diesen Gottesanteil im Menschen zu zeigen, und haben euch gesagt, dass er sich dort befindet. Aber er muss entdeckt werden.

Kryon ist seit langer Zeit hier. Ich war hier bei euch, als wir zusahen, wie die Gitter aufgesetzt wurden, als sich die Erde bildete. Es war wie zuvor, als wir zusahen, wie sich andere Planeten an anderen Orten bildeten, und wir wussten, eines Tages würdet ihr tun, was ihr jetzt tut, immer und immer wieder. Manche Gruppen von euch kommen als Erste an, und andere dann später. Das ist das System. In diesem System gibt es eine echte Struktur, die Bewusstsein, den freien Willen und die Konzepte, über die wir gleich sprechen werden, ehrt und respektiert. All das soll heißen, dass die Akasha kein Fehler oder ein Geheimnis oder ein Zufallssystem ist. Sie ist ein Design, und dieses Design wurde entwickelt, um euch zu helfen.

Die Akasha ist etwas Wesenhaftes, etwas euch Innewohnendes. Sie ist von Anfang an dabei, und sie wurde eurer Biologie während eurer »Bewusstheitsschöpfung« mitgegeben. Sie ist ein Teil von euch, welcher niemals weggehen kann, niemals ausgelöscht werden kann, und ihr lebt damit von Tag zu Tag. Sie ist Teil des Systems, mit dem ihr geboren wurdet, aber sie kann ausgebaut, verstanden und verändert werden, um euren Weiterentwicklungsprozess zu gestalten.

Die flüchtige Akasha

Jetzt sage ich euch, was diese Akasha so flüchtig macht, ihr Lieben. Dieses System, dieses wunderschöne System, möchte euch zeit eures Lebens und die ganze Zeit als »Helfer in eurer Hosentasche« begleiten. Aber es reagiert fast vollständig auf das Attribut des freien menschlichen Willens auf dem Planeten. Wenn die Menschen beschließen, der Planet solle zurück in die Dunkelheit verfallen, verhält sich die Akasha dementsprechend. Wenn die Menschen beschließen, das Bewusstsein der Menschheit solle sich erhöhen, wird das Licht übernehmen, und die Akasha verhält sich dementsprechend. Ihr seht also, dass es etwas Dynamisches ist und nicht »bei der Geburt endgültig festgelegt« wird. Die Akasha verändert sich, wenn ihr euch verändert. Zunächst also müsst ihr wissen, dass sie ständig in Bewegung ist.

Sie ist so flüchtig! Wenn ich einen von euch fragen würde: »Erzähl mir von deinen vergangenen Leben!«, dann würden wahrscheinlich sogar die Allererleuchtetsten von euch sagen: *»Ich bin mir nicht ganz sicher. Vielleicht war ich da oder dort. Anscheinend kann ich aus dieser Suppe meines Bewusstseins keine einzelnen Leben herauspicken. Ich habe ein paar seltsame Erinnerungen, aber ich kann nicht genau sagen, ob ich dieser oder jene war.«* Und damit hättet ihr recht! Warum also ist die Akasha so flüchtig?

Hier ist der Grund – hört gut zu, denn das sind neue Informationen! Die Akasha ist keine Funktion des Gehirns. In ihr kommt es zu keinen Gedächtnissynapsen. Wenn ihr also versucht, die obige Akasha-Frage zu beantworten, sucht ihr in einer Bewusstseinsstruktur, die im normalen Gedächtnis und den Synapsen des Gehirns arbeitet. Die Akasha ist aber nicht in eurem Gehirn, ihr erhaltet also nicht die gesuchten Erinnerungen. Vielmehr befindet sich die Akasha in eurer DNA. Wir haben also auf einmal die Situation einer ganz anderen, nicht linearen Akasha-Kommunikation, und die Erinnerung daran läuft nicht wie das Erinnerungsvermögen des Gehirns ab. Die Akasha gibt euch keine Informationen. Sie ist flüchtig! Wie also erreicht sie euch?

Die DNA kommuniziert mit euch und eurem Bewusstsein anders als euer Gehirn. Das haben wir früher schon beschrieben; es ist sehr komplex. Aber ich erzähle es trotzdem: Die in eurer DNA befindlichen Informationen müssen irgendwann ins Gehirn gelangen, damit ihr sie kognitiv erkennen könnt [damit ihr sie euch bewusst machen und sie glauben könnt]. Dann gelangen sie ins Bewusstsein und funktionieren auf eine bestimmte Weise, die wir als Nächstes erklären. Es funktioniert anhand dessen, was wir *überlappende multidimensionale Felder* nennen. Das ist wissenschaftlich keineswegs mysteriös, denn diese Art der Kommunikation findet in eurer Elektronik ständig Verwendung. Die DNA spricht nicht über Gedächtnis, Synapsen, Struktur oder Linearität zu euch, sondern über *emotionale Konzepte*. Dieser Prozess sich überlappender multidimensionaler Felder wird in der Elektronik *Induktanz* genannt. Auch die Sonne sendet anhand überlappender multidimensionaler Felder durch ihre Heliosphäre Informationen und auch astrologische Attribute in das Magnetgitter des Planeten. Es ist also etwas ganz Natürliches, geschieht ständig und beruht auf Fraktalen [ein Fraktal hat viele sich wiederholende Teile]. Aber es läuft auf der grundlegenden DNA-Ebene ab. Eure DNA ist von einem Feld umgeben, das mit eurem Bewusstsein durch das interagiert, was wir den »klugen Körper« bzw. *das Angeborene* (die angeborene Intelligenz) nennen. Macht das nicht gar zu kompliziert! Ihr müsst nur wissen, dass die Akasha flüchtig ist, weil sie euch nicht so erinnern lässt, wie ihr das normalerweise tut; es ist nicht wie das Übliche, sondern Teil der DNA-Kommunikation.

Wie wirkt sich das Akasha-System auf den Menschen aus?

Wir wollen nun darüber sprechen, wie die Akasha funktioniert, welche Energie sie heute hat und wohin es geht. Die Akasha verfügt über etwas, das wir *Treiber* nennen; diese kommunizieren bestimmte Gefühle über die Akasha ins Gehirn, sodass ihr etwas spüren könnt. Das kommt nicht als Erinnerung, wie wir ja gesagt haben, und das Akasha-System kommuniziert auch nicht unbedingt Informationen über ein einzelnes früheres Leben [das kommt eventuell später, mit der DNA-Erweckung und DNA-Verarbeitung]. Die normalen Akasha-Treiber senden dem Gehirn keine Informationen dahingehend, wer ihr einmal wart, wo ihr wart oder wann ihr wart. Es werden weder Name noch Geschlecht übermittelt, auch wenn ihr vielleicht meint, ihr wüsstet diese Dinge. Vielmehr übermittelt die Akasha empirische, emotionale Konzepte.

Die derzeitigen Akasha-Treiber für die Menschheit sind seit Äonen dieselben. Das, was ihr aus eurer Akasha als Erstes spürt und was sich in euer Bewusstsein drängt, sind Überlebens-instinkte. Sie haben mit Erfahrungen der Vergangenheit zu tun, welche Angst, Drama und Unerledigtes erzeugten. Ihr wisst, dass das stimmt. Was spürt ihr, alte Seelen? Das, wovor ihr Angst habt. Die Akasha übermittelt das eurem Bewusstsein nicht als Erinnerung an das Geschehene, sondern als Überlebensemotion des Geschehenen. Diese Akasha-Attribute werden als Treiber bezeichnet, weil sie euch dazu treiben, zu handeln bzw. – in vielen Fällen – nicht zu handeln. Ihr fühlt etwas, und wegen dieses Gefühls geht ihr nicht dorthin oder tut dies und jenes nicht. Ist das nun Intuition oder eine Akasha-Erinnerung? Die Vorstellungen werden auch auf der DNA-Ebene übermittelt, und sie strahlen ins Gehirn aus und treiben euch durch diese Offenlegung zum emotionalen Teil eures Denkens. Warum haben diese Dinge so niedrige Energie? Warum Angst und Drama? Warum Unerledigtes und – wir wollen die Dinge beim Namen nennen – warum Schuld? Warum? Ihr seid alte Seelen! Habt ihr nichts Besseres verdient als das? Wir haben euch diese Informationen schon früher über-mittelt. Die Energie dessen, was ihr auf dem Planeten erzeugt habt, ist die treibende Kraft hinter dem Gaia-Bewusstsein, der Effizienz eurer DNA und der Zukunft der Menschheit. Sie steht für euren freien Willen, wie er bis jetzt war. Und das verändert sich.

Die Rekalibrierung der persönlichen Akasha

Stellt euch eine Akasha vor, die ihre Treiber neu ausrichtet. Was wäre, wenn die Akasha anstelle von Angst, Drama und Unerle-digtem euch etwas anderes präsentieren würde? Genau das wird passieren, ihr Lieben, denn das kommt mit der neuen Energie und der derzeit stattfindenden Rekalibrierung. Es steht für eine Veränderung der Akasha-Kommunikation, weil ihr eure Schwin-gung erhöht. Alle Zellen eures Körpers wissen, was in dieser neuen Zeit vor sich geht. Ihr fragt jetzt vielleicht: *»Also, Kryon, heißt das, dass die Akasha eines jeden Menschen das weiß?«* Und die Antwort lautet: Ja! Der Unterschied besteht darin, ob das

Gehirn euch das fühlen lässt oder nicht. Und da kommt die Zirbeldrüse ins Spiel.

Auch das Gehirn hat seine Treiber, manche davon sind spirituelle Treiber. Ihr nennt sie *Filter* oder auch *Glaubensfilter*. Das Gehirn lässt zu, dass ihr etwas erkennt [glaubt] oder auch nicht, entsprechend den vergangenen Erfahrungen und eurem Einlassen darauf, »wie die Dinge nun mal laufen«. Ihr erzeugt ein neues Bewusstsein, und dazu gehört auch die Erlaubnis an die Akasha, zum Bewusstsein zu sprechen. Diejenigen hier im Raum, die dieser Botschaft lauschen, und diejenigen, die sie später hören oder lesen, verstehen dann vielleicht, dass sie mit dem zunehmenden Licht ihrer Bewusstheit der Wahrheit Einlass gewähren, und das verändert die Kommunikation der Akasha. Die Zirbeldrüse arbeitet besser, die Filter sind klarer, und die Akasha-Treiber verändern sich.

Die Filter vieler Menschen lassen kein neues spirituelles Denken zu; diese Menschen lassen sich nur auf ihre eigene Glaubensschublade ein; ihre DNA mag neue Informationen senden, aber sie sind nicht auf den »Sender eingestellt«. Doch die Menschheit ist jetzt für den Wandel bereit, auch wenn sie ihn vielleicht noch nicht empfangen kann. Das ist die Schönheit des Systems der alten Seelen, denn ihr habt die Menschen weltweit befähigt, und jeder Mensch kann das »sehen«, wenn er das will. So ist das mit dem freien Willen.

Gleich sprechen wir über einen der stärksten und häufigsten Treiber und seine Funktionsweise. Doch zunächst möchte ich darauf hinweisen, dass es immer Ausnahmen zur Regel gibt, denn das, was ich euch sage, gilt nicht absolut für jeden Menschen. Es gibt immer Menschen, die anders sind, und zwar, weil jeder Mensch seinen individuellen, einzigartigen Lebensweg geht, warum er auf die Erde kommt und was er im Dienste der Menschheit auf dem Planeten tut. Das ist nichts Allgemeingültiges für alle Seelen. Ich gebe euch diese Informationen also als Übersicht, und das ist alles. Jetzt wollen wir über eine der wichtigen Ausnahmen zu den üblichen Akasha-Treibern sprechen, und da werdet ihr erkennen, dass das, was ich sage, korrekt ist, denn ihr könnt das tatsächlich beobachten.

Ein Wunderkind wird nicht von Angst, Drama oder Unerledigtem getrieben. Das Wunderkind, welches bereits im Alter von vier Jahren meisterhaft Klavier spielt, wird ausschließlich von seiner *Kunstfertigkeit* getrieben. Die Malerin, die mit acht wie ein großer Meister malt, wird von ihrer *Kunstfertigkeit* getrieben, und das ist alles! Das Wunderkind hat mit Überleben überhaupt nichts am Hut, solange es seine Kunst hat. Sie ist allesverzehrend, sehr linear und das Einzige, an das diese Wunderkinder denken können.

Für die Psychologie ist das ein Rätsel: Ein Mensch, der sich keinesfalls an ein komplexes Talent erinnern kann, mit dem er in diesem Leben keinesfalls Erfahrungen sammeln konnte, und doch besitzt er dieses Talent. Die Rätselfrage für die Psychologen lautet: Wie kann das sein, wenn dies nicht Teil des Erinnerungsvermögens des Gehirns ist? Die DNA treibt es so schnell ins Gehirn, wie das Gehirn es empfängt. Es handelt sich hier um die Kunstfertigkeit vieler Leben. Wohin gehen deine Hände? Wie hältst du den Pinsel? Welche Noten sind das auf der Tastatur? Erinnerst du dich an die Musik?

Das sind Ausnahmefälle, ihr Lieben, aber ihr seht so etwas oft genug, um zu wissen, dass es nichts mit Synapsen und Gedächtnis zu tun haben kann. Das ist die Akasha auf einer multidimensionalen Ebene, die dem Kind etwas Konzeptuelles eingibt – Kunst, Musik, Poesie, Skulptur. Es braucht mehrere Leben, um einen Meisterkünstler hervorzubringen; sie werden immer wieder geboren und machen mit der Kunst aus den früheren Leben weiter. Damit weiterzumachen ist alles, was sie wollen.

Das ist etwas ganz anderes als euer Prozess; für diese Menschen werden die Möglichkeiten all dessen, wovon ich gesprochen habe, auf *eine Sache* reduziert, auf die sie sich konzentrieren, und das seht ihr an den Wunderkindern. Übrigens sind genau deswegen so viele Künstler funktionsgestört, denn sie machen weiter und sind sich der Überlebensrealität und ihrer Mitmenschen nicht bewusst; sie sind nur an sich selbst und ihrer Kunst interessiert.

Karma

Das, was die meisten Menschen antreibt, ist der Treiber namens Karma. Karma ist weit mehr als nur Unerledigtes. Karma ist keine Bestrafung für die Taten der Vergangenheit, ihr Lieben. Es hat etwas mit Be- und Verurteilen zu tun, und das ist kein Attribut Gottes. Karma spürt vergangene Erfahrungen und reagiert emotional darauf; entweder tust du das dann wieder oder lässt die Finger davon. Karma ist etwas Mächtiges, was die meisten Menschen fühlen; sie haben aber keine Ahnung, dass dies ein bestimmter Treiber aus der Akasha der DNA ist, den sie da empfangen. Bei Karma geht es oft auch nicht darum, etwas zu Ende zu bringen. Manchmal wird ein Polizist wieder Polizist, ein Soldat wieder Soldat, eine Mutter wieder Mutter. Dieser Treiber lässt euch sowohl Positives als auch Negatives erinnern, manchmal auch einfach Emotionen. Und manchmal wird man davon in eine klassische Geisteshaltung getrieben, die problematisch ist.

Wollt ihr wissen, was das für ein »Klassiker« ist? Es geht dabei um ein klassisches Problem, mit dem die Psychologen wirklich viel Arbeit haben. Es ist schwer zu beschreiben, aber ihr werdet anhand meiner Beschreibung wissen, dass es das gibt. Manchmal spürt ihr über die DNA auch Unangenehmes, erinnert das aber als »wer ihr seid« – und ohne das könnt ihr nicht leben. Das ist Karma. Manche Menschen kommen ins Leben und sind davon überzeugt, dass sie es nicht verdienen, hier zu sein. Bei einer solchen Bewusstseinshaltung versucht die DNA zu kooperieren. Das habt ihr schon gewusst, oder? Die Zellstruktur erhält Hinweise aus dem menschlichen Denken. Ein Mangel an Selbstwert manifestiert sich in Problemen, die – ihr werdet es euch schon gedacht haben – diesen Mangel an Selbstwert weiter verstärken. Und es wird auch Drama erzeugt, und manche Menschen können das anscheinend einfach nicht lassen.

Ein Mensch, der früh im Leben missbraucht wird, hat viele Wahlmöglichkeiten. Wahrscheinlich hat er ein Rätsel aufgestellt, um zu sehen, ob er das Muster durchbrechen kann (Karma in Bestform). Doch manchmal ist das nur eine Bestätigung der Gefühle dieses Menschen, nämlich dass er eigentlich nicht da sein sollte. Und so gibt er oft eine Missbrauchsbeziehung auf, nur um in die nächste hineinzugehen und wieder in die nächste ... Die Freunde schauen sich das an und sagen: *»Was stimmt mit dir denn nicht? Du machst immer wieder denselben Fehler!«* Auf der Akasha-Ebene reagieren diese Menschen immer wieder auf dieselben Anweisungen. Das ist die Komfortzone des Opfers. Seht ihr das?

Das also macht die Akasha: Sie präsentiert euch Existenzkonzepte. Wenn ihr früher Angst hattet, dann jagt sie euch Angst ein. Wenn ich euch sagen würde, ihr Lieben, ihr seid wegen eurer Überzeugungen getötet worden, dann würdet ihr mir das wahrscheinlich glauben. Das ist den meisten alten Seelen passiert. Würde ich euch fragen, wie oft und wo das passiert ist, würdet ihr raten.

Seht ihr, was ich sage? Die Akasha handelt mit Konzepten, nicht mit Erinnerungen an Tatsachen. Und sie gibt euch auch Konzepte an die Hand, die euch zu Veränderungen einladen.

Frühere Leben in der Akasha

Die Akasha überträgt ein paar interessante Konzepte. Wir wollen über frühere Leben sprechen. Frühere Leben tragen Konzepte in die Akasha, die dann weitervererbt werden [das Akasha-Erbe]. Wenn ihr Krieger gewesen und auf dem Schlachtfeld gestorben seid, dann mögt ihr den Geruch von Pulverdampf womöglich nicht. Solche Sachen werden auf ungewöhnliche Weise an euch weitergegeben. Manche von euch können es riechen, wenn sie auf einem Schlachtfeld stehen! Manche mögen es, denn es ist der Geruch von Sieg und Befreiung – weitere emotionale Konzepte. Aber ihr wisst, da ist etwas, ihr Lieben, und das ist ein Konzept. Es gelangt in eure zentrale Sinneswahrnehmung. Das ist die Akasha in Bestform. Ihr erinnert nicht, sondern fühlt vielmehr etwas, das bis heute in euch existiert.

Medien, die etwas über frühere Leben herausfinden, müssen das alles auseinandersortieren, etwas linearisieren, was nicht linear ist. Das ist flüchtig. Sie können das Quantenfeld um euch herum spüren, das die DNA erschaffen hat [die Merkaba]. Ein gutes Medium kann dabei helfen, einzelne Leben aus der »Konzeptsuppe« herauszuziehen, was ihr selbst niemals tun könntet. Das erklärt, wie ein gutes Medium euch mit Blockaden und Erfahrungen aus der Vergangenheit helfen kann, die ihr selbst anscheinend nicht greifen könnt.

Die alten Seelen, die definitionsgemäß seit Jahrtausenden hier sind und in einem Leben nach dem anderen praktisch alles erlebt haben, was es zu erleben gibt, verfügen über ein weiteres Akasha-Attribut. Ihr alten Seelen, was meint ihr wohl, was in eurer Akasha ist? Ich werde es euch sagen: Dasselbe wie bei allen anderen: Drama, Angst und Unerledigtes! Bis jetzt. Die alte Seele hat ein Lagerhaus voller Lebenszeiten, die jetzt aufwachen, und das ist der Unterschied. In der neuen Energie erinnert sich die alte Seele daran. Eine alte Seele zu sein hat bisher lange nicht so viel Gewicht in Bezug auf die Akasha gehabt wie jetzt.

Die Dinge rekalibrieren sich, auch die Akasha. Dabei geht es darum, wie ihr fühlt, was ihr damit macht und wie sie euch dazu treibt, etwas zu tun. Das interessanteste Attribut der alten Seelen ist ihr Gefühl, sie hätten alles verstanden. Sie waren dort dabei, haben dies und jenes gemacht. Es gibt nichts Neues, und sie haben eine Lebensweise auf dem Planeten Erde erkannt und sich auf sie eingelassen bzw. auf das, was sie dafür halten. So interessant – und oft so komplett falsch.

Die neuen Treiber der Akasha

Jetzt wollen wir einmal kurz gemeinsam eine Seite umblättern. Ich möchte euch etwas über die neuen Treiber der Akasha erzählen, die da sind: mitfühlendes Handeln, Liebe und Erledigtes. Diese Treiber werden von der DNA der alten Seelen an die Gehirne der alten Seelen gesendet; der dadurch in Gang gesetzte Prozess hilft ihnen, über das traditionelle Denken hinauszudenken. Die alten Seelen werden nach und nach erkennen, dass sie keine

Opfer des Lebens sind. Sie gehören hierher! Ihr Selbstwertgefühl wird steigen, denn es weiß, dass die Menschen es verdienen, hier zu sein. Es ist an der Zeit!

Über diesen Prozess kann die Akasha zum Gehirn und zur angeborenen Körperintelligenz in höheren Konzepten, nämlich denen des Mitgefühls, sprechen.

Fragt einmal einen Chirurgen: Er wird euch erzählen, wie Menschen sich im Krankenhaus oft monatelang am Leben erhalten, nur um noch zu erleben, wie ihr Enkel die Schule abschließt. Oder fragt einen Arzt, ob er schon einmal erlebt hat, wie der Geist über die Materie gesiegt hat. Ärzte, die viel mit Tod und Sterben zu tun haben, können erstaunliche Geschichten darüber erzählen, wie manche Menschen von ihrem Sterbelager aufgestanden sind, wenn sie zu dem Schluss gekommen waren, dass sie würdig sind, hier zu sein.

Und was denkt ihr über spontane Remissionen? Das ist ein Mensch, der einen Kurswechsel vornimmt.

Die Resultate eines neuen Bewusstseins und einer sich wandelnden Akasha

Die Akasha spricht zu euch durch Konzepte. Die neue Energie ist Trägerin anderer Überlebenstreiber für die alten Seelen und von Konzepten, bei denen es nicht mehr um Karma geht, welches ans Gehirn geliefert wird. Es hat seinen Wert verloren, wie wir euch schon vor über zwanzig Jahren gesagt haben [Kryon-Buch 1]. Wir sagten euch, ihr solltet das Karma aufgeben, denn es würde nicht mehr benötigt werden. Schreitet voran mit der Akasha-Energie, die ihr selbst für eure Zukunft erzeugt, anstatt an einem Konzept der Vergangenheit festzuhalten!

Manche von euch sind verwirrt und fühlen sich komisch, weil sie sich ohne den Karma-Treiber leer fühlen. Nun ja, ich sage euch: Es ist an der Zeit, zu verstehen, was dieses Gefühl ist. Es bedeutet, ihr habt euer Leben unter Kontrolle. Es bedeutet, ihr seid keine Opfer der Umstände, die euch hin- und herstoßen. Ihr habt den alten Energietreiber namens Karma aufgegeben, und jetzt ist es an der Zeit, schöpferisch tätig zu werden! Das ist ein Konzept, und die Menschen, die die Botschaft nicht verstehen, meinen, etwas liefe schief. Manche Menschen mochten das andere Gefühl und setzten es mit »Normalsein« gleich. Es handelt sich um eine Rekalibrierung. Kein Karma mehr.

Eure Vorleben haben keinen so großen Einfluss mehr wie früher, und das, was ihr früher aus eurer Vergangenheit erinnert habt, rekalibriert sich. Jetzt werdet ihr euch an Erfolg, Liebe, Mitgefühl und die Resultate erinnern, die sich aus hohem Denken ergeben haben. Ihr werdet diese Dinge wiederhaben wollen. Seht ihr, wohin das geht?

Stellt euch einen Menschen vor, der nur von Positivem getrieben wird, einen Menschen, der so vollständig von Positivem getrieben wird, dass er Bücher und Fernsehsendungen und Filme über Positives entwickelt. Stellt euch vor, wie sich dadurch das verändert, was andere sehen und fühlen. Stellt euch vor, wie diese paar wenigen Menschen vielen Menschen etwas zeigen können, wodurch sich der Planet verändern könnte! Stellt euch vor, es wäre ganz einfach, solche Dinge zu finanzieren, weil vermögende alte Seelen mit Geld das auch erkennen!

Ihr Lieben, ihr werdet euch nicht an die alte Mythologie, sondern an die Realität Gottes erinnern. Ihr seid Teil des Rätsels, und jetzt tragt ihr die Lösung in euch. Ihr verdient es, hier zu sein, und je mehr ihr erwacht, desto länger werdet ihr leben. Die bewusste Wahrnehmung eines mitfühlenden Geistes wird euer Leben verlängern. In eurer mitfühlenden Geisteshaltung werdet ihr nie einen wütenden Gott sehen, werdet nie einen mythologischen Schöpfer sehen, der verurteilt. Der hat nie existiert! Das ist ein menschlicher Gedanke, mit dem Gott belegt wurde. Gaia wird eure Partnerin auf der Erde werden und keine Furcht einflößende Kraft mehr sein, der ihr Opfergaben darbringen müsst, sicher nicht mehr als einem menschlichen Partner. Ihr werdet euch in Gaia verlieben.

Seht ihr den Unterschied? Das ist die flüchtige Akasha, die sich neu kalibriert und weit weniger flüchtig wird. Das stößt den

Menschen in ein ganz neues Seinsbewusstsein. Dann werdet ihr erkennen, dass die Meister des Planeten dies alles in sich hatten.

Zum Abschluss fragen wir euch erneut: Wer ist euer Lieblingsmeister? Wer? Bringt euch mit ihr oder ihm jetzt und hier zusammen. Wie fühlt ihr euch? Ihr werdet antworten: *»Entspannt, friedlich, sicher, so gut!«* Ich frage euch also nochmals: Was hatten sie, was auch euch dieses Gefühl geben würde? Und die Antwort lautet: Das, was ihr gerade lernt, selbst zu haben: Frieden, wo es in 3-D keinen Grund zum Frieden gibt; Ruhe, wo es in 3-D keinen Grund für Ruhe gibt; eine Bewusstheit des Schönen, Esoterischen, nicht sichtbar für diejenigen, die nur dem trauen, was sie mit den Augen erblicken können. Es ist die Liebe Gottes, die in eurem Leben hervortritt und wodurch die Lügen des Opferseins und der Angst ihren Wert verlieren. Ihr seid entspannt und behandelt andere Menschen anders. Die Akasha-Konzepte der Meisterschaft manifestieren sich in eurem täglichen Leben, und das, was früher ein Problem war, wird zum Teil der Herausforderung des menschlichen Lebens und ist kein Überlebensproblem mehr, welches ihr tief in eurem Kern spürt oder welches eure »Angstknöpfe« drückt.

Das Gehirn ist der große Zentralbahnhof, an dem die Bewusstseinsenergie auf der Durchfahrt ist. Ihr kontrolliert, was ihr ins Gehirn hereinlasst und was nicht. Es ist an der Zeit, zuzulassen, dass eine neue Akasha zu euch über die Großartigkeit und Herrlichkeit des Systems spricht, das ihr miterschaffen habt.

Kryon
(Live-Channeling »Die flüchtige Akasha«,
Minneapolis/Minnesota, 10. August 2013)

FRAGEN AN KRYON

Viele Kinder erinnern sich lebhaft an frühere Inkarnationen, aber diese Erinnerungen verblassen dann im Alter von fünf bis acht Jahren. Kannst du das näher erklären?

Das passiert durch den menschlichen Entwicklungsprozess. Wenn Kinder ein bestimmtes Alter erreichen, verändert sich vieles mit zunehmendem Bewusstsein. Das, wovon du da sprichst, ist nicht vergessen, sondern durch etwas ersetzt worden, was wir die »Überlebenssynapse« nennen wollen. Langsam werden sich Kinder immer stärker ihrer Umwelt bewusst, auch gleichaltriger Kinder und Themen, die mit dem Überleben als Kind zu tun haben. Dann entsteht ein Selbstbild, und Kinder weiten ihr Leben auf andere, komplexere persönliche Themen aus. Ihr Gehirn ist noch in der Entwicklung begriffen; auch die Chemie spielt eine Rolle.

Solange das Leben noch neu, einfach und unkompliziert ist, können die Erinnerungen aus der Vergangenheit frei hereinfließen. Doch der Überlebensinstinkt und die chemischen Veränderungen, die etwa im Alter von sieben Jahren einsetzen, übernehmen dann zunehmend die Kontrolle und überschreiben die meisten dieser Erinnerungen so weit, dass das Kind sich irgendwann nicht einmal mehr daran erinnern kann, das jemals gesagt zu haben.

Achtet auf die kleinen Kinder, denn sie können euch Botschaften der Unschuld und Einfachheit vermitteln, die euch viel darüber lehren, wer sie sind und wer ihr seid.

Warum können manche Leute sich (ohne therapeutische Hilfe) an bestimmte Details aus früheren Inkarnationen erinnern, die meisten Menschen aber nicht?

Das Akasha-System, von dem hier in diesem Buch die Rede ist, ist sehr komplex. Manche Menschen stehen ihm viel näher als andere. Das hat nichts damit zu tun, wie erleuchtet jemand ist oder ob es sich um eine alte Seele handelt. Wenn ein Mensch mit einem sehr starken Vorleben auf die Erde kommt, welches ihn tagtäglich beeinflusst, dann ist das so jemand, wie du in deiner Frage ansprichst. Es ist womöglich ein Überbleibsel einer Akasha-Energie des »mangelnden Selbstwertgefühls« oder der »Angst vor anderen« oder des »Halt dich vom Wasser fern!« vorhanden. Das könnten Energien aus unmittelbar vorhergehenden Lebenserfahrungen sein – manche davon so mächtig, dass sie die betreffende Person auffressen und sie Hilfe bei einem Arzt suchen muss.

Wer also sagt, wie man sich an die Akasha »erinnert« oder nicht? Die Antwort lautet: Es gibt ein System, dessen ihr euch alle bewusst seid, wenn ihr euch auf der anderen Seite des Schleiers befindet. Ihr entscheidet euch aktiv für eine »sensible Akasha« oder nicht. Mein Partner [Lee Carroll] hat beispielsweise eine sehr starke Restenergie von einem Leben als Marineoffizier, der in einer berühmten Schlacht des Zweiten Weltkriegs getötet wurde. Das hat seine Ausrichtung im Leben verändert und sich auf seine Entscheidungen ausgewirkt. Anderweitige Erinnerungen an vergangene Leben hat er nicht.

Manche Menschen erinnern sich an mehrere Vorleben, denn das erweist sich später als hilfreich, wenn sie sich entschließen, diese Erinnerungen als Selbsthilfeinstrument zu betrachten.

Andere dagegen leiden womöglich ihr ganzes Leben unter diesen Restenergien und erkennen nie, dass ihnen diese Dinge entsprechend ihrem eigenen Plan mitgegeben wurden, um herauszufinden, ob sie das »Rätsel des Lebens« lösen können.

Die Antwort ist also: Jeder Mensch entwirft sein eigenes System und arbeitet dann damit, wenn er sich dazu entschließt. Ist es nicht wunderbar zu wissen, wie sehr ihr bei eurer eigenen Inkarnation mitwirkt? Ihr seid keine Opfer des Lebens, sondern vielmehr Gestalter des Lebens!

Zum Abschluss

Ich hoffe, Ihr Herz ist nun offen und Sie können sich daran erinnern, wie großartig Sie sind! Es gibt einen Kreislauf des Lebens, und er ist Teil eines wunderschönen und eleganten Systems. Jedes göttliche Menschenwesen, das auf dem Planeten wandelt, wird über die Maßen geliebt. Sie sind viel größer, als Sie jemals begreifen können. Die multidimensionalen Teile und Stücke Ihrer selbst sind im ganzen Universum bekannt. Tief in Ihrer Akasha befindet sich ein unendlicher Speicher an Weisheit und Erfahrung. Sie sind eingeladen, hinzugehen und ihn für sich geltend zu machen!

Wenn Sie üben, ein Meister oder eine Meisterin zu sein, werden Sie feststellen, dass Sie in Frieden sind, egal, wie die äußeren Umstände sein mögen. Achten Sie, wenn Sie Ihr Karma aufgeben, auf Synchronizitäten, die Ihnen auf Ihrem Weg begegnen. Wundern Sie sich nicht, wenn Sie beim Schürfen in Ihrer Akasha auf neue Gedanken und Talente stoßen! Seien Sie bereit, alte Ängste und Phobien loszulassen, die Ihnen nun nicht mehr nützlich sind. Das kann eine große Herausforderung sein, denn sie sind wie gute alte Freunde, die Sie schon immer kennen, und Sie haben zunächst vielleicht das Gefühl, Sie hätten etwas verloren, auch dann, wenn Sie sie wirklich loslassen wollen. Seien Sie sanft, gütig und geduldig mit sich selbst.

Ich möchte dieses zweite Buch der Kryon-Trilogie gerne mit ein paar weiteren tiefgründigen Worten Kryons über die menschliche Akasha beenden:

Nun habt ihr diese ganzen Informationen. Interessant, nicht wahr? Die menschliche Energie existiert an drei Orten zugleich:

1) *Die Höhle der Schöpfung:* Sie zeichnet auf, wer ihr seid, während ihr kommt und geht, und prägt eure Lebenszeit mit ihren Erfahrungen in die Schwingung des Planten ein, wenn ihr gegangen seid. Das ist das multidimensionale System, welches die menschliche Erfahrung für Gaia erfasst, und es verbleibt bei Gaia.

2) *Die menschliche DNA:* Die DNA im menschlichen Körper hilft euch, während ihr euer jeweiliges Leben lebt. Denn alles, was ihr jemals wart, ist Energie und Information, die in der Doppelhelix gespeichert ist. Wenn ihr tausend Leben lebt, dann sind sie alle dort gespeichert und zugänglich. Spirituell müsst ihr nichts von Neuem lernen, denn das Wissen häuft sich an, bleibt bei euch, von einem Leben zum nächsten. Ihr müsst einfach das spirituelle Gefäß mit der Intention öffnen, euch zu erinnern, und die Weisheit der Ahnen wird daraus hervorquellen. Das sollte euch etwas sagen. Ihr seid eure eigenen Ahnen.

3) *Das Kristallgitter:* Ein spirituelles Gitter, das über der Oberfläche des Planeten liegt und sich an alles erinnert, was die Menschen tun und wo sie es tun. Dieses Gitter wird reaktiviert, wenn ihr euch der Schwelle des Jahres 2012 nähert, denn es wird quantenhafter – insofern, als das, was ihr in der Jetzt-Zeit tut, über dieses Gitter in der Jetzt-Zeit an Gaia übermittelt wird. Die Energie der Menschheit wirkt sich auf die Schwingungsebene des Planeten in der Jetzt-Zeit aus; Ihr müsst also nicht warten, bis ihr Energie empfangt, wenn ihr zur Höhle der Schöpfung geht, sondern könnt diese Energie jetzt empfangen. Das fühlt sich für euch so an, als würde die Zeit schneller verstreichen ...

Zu guter Letzt gibt es ein redundantes Sicherungssystem, aber nicht so, wie ihr euch das vorstellt – denn für euch ist so ein Sicherungssystem etwas Lineares, für den Fall, dass ihr das erste verliert. Dieses »Sicherungssystem« steht den anderen immer und jederzeit als Hilfe zur Verfügung.

Die Informationen aus diesen drei Akasha-Systemen zusammen werden in einem auf diesem Planeten lebenden Säugetier gespeichert. So muss es sein, denn das ist die finale Schicht, die euch nicht nur mit Gaia verbindet, sondern auch mit allem anderen Leben auf der Erde, und zwar auf sehr profunde Weise. Das System wird in den Walen und Delfinen der Erde gespeichert ... Sie tragen die Aufzeichnungen in sich. Das ist der Zyklus. Die Wale sind in Gaia, sie sind unter Wasser. Sie sind Säugetiere wie ihr. Sie enthalten die Informationen. Der Akasha-Zyklus ist vollendet. Die Gewässer der Erde leuchten mit all dem, was ihr getan habt, wer ihr seid und wer ihr sein könntet [...].

Gaia existiert für das heilige Menschenwesen, welches auf diesem Planeten ist, um zu lernen. Ich sage euch das heute in Liebe. Ich möchte, dass ihr darüber nachdenkt. Überall, wo ihr geht, kennt euch die Erde. Was für ein System!

Warum sage ich euch das heute? Damit ihr euch auch weiterhin geliebt und umsorgt fühlt. Damit ihr wisst, dass Spirit, ihr und Gaia euch an den Händen haltet, wenn ihr das wollt. Es gibt hier so vieles, wenn ihr das wollt.

Alte Seele, du sitzt hier aus einem bestimmten Grund. Vielleicht musstest du das heute hören. Du bist wichtig, du bist kostbar, und du bist ein Meister. Jetzt geh hin und mach das geltend. Lebe lange. Sei dabei voller Freude. Beschließ nicht, was angeblich geschehen soll. Im Vorfeld festlegen, was Gott für dich bereithält, ausgehend von dem, was gerade passiert, ist das Schlimmste, was du tun kannst. Entspanne dich lieber, hab Freude an allem, und verliebe dich in dich selbst!

Verlasst den Ort in einem anderen Zustand, als ihr ihn betreten habt. Ich bin Kryon, der die Menschen liebt – und das aus gutem Grund.

Und so ist es.

Kryon
(Live-Channeling »Das Akasha-System«,
Syracuse/New York, 11. September 2010)

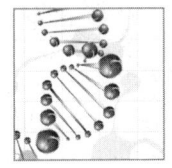

Anmerkungen

1 Lee Carrolls Vortrag über die menschliche Akasha kann online gegen eine geringe Gebühr angeschaut werden unter www.kryon.com/lectures.

2 Die Kryon-Channelings, die in diesem Buch Verwendung finden, können unter www.kryon.com/freeaudio als Audiodateien von Lee Carrolls Website heruntergeladen werden.

3 Zusätzliche (englischsprachige) Kapitel finden Sie auf meiner Website www.monikamuranyi.com unter dem Reiter »Extras«.

4 Auch viele andere Medien geben dieselben liebevollen Botschaften wie die von Kryon durch. Lassen Sie sich von Ihrer Intuition sagen, welche der Informationen, die Sie lesen oder hören, wirklich integer sind. Enge Freunde von mir, Allen Stacker und Debbie Morris in Australien, betreiben eine Website für Lichtarbeiter, die in der neuen Energie erwachen. Viele erwachte Menschen haben durch die Informationen auf dieser Seite wertvolle Einsichten erfahren. Insbesondere Allens Beiträge über Krebs in der neuen Energie bietet allen Betroffenen, die sich mit dieser Herausforderung auseinandersetzen müssen, eine Unmenge an Informationen. Die Web-Adresse lautet: www.pointsofpower.com.au.

5 Zitat aus Lee Carrolls Vortrag über die menschliche Akasha: http://www.kryon.com/cartprodimages/MAIN%20PROMO-code.html.

6 Weitere Informationen dazu finden sich unter dem Reiter »Extras« auf meiner Website: www.monikamuranyi.com.

7 Die Zitate des *Sirius Institute* stammen von der folgenden Seite: www.dolphinspiritofhawaii.com. Auf YouTube ist ein Video mit den Blauwalen verfügbar: www.youtube.com/watch?v=ugLN8w5T2mA. Weitere Informationen über Laurie Reyon Anderson und ihre Wal- und Delfin-Ausflüge finden sich auf ihrer Website: www.lauriereyon.com.

8 Bruce Lipton, *Intelligente Zellen: Wie Erfahrungen unsere Gene steuern*, KOHA-Verlag 2006.

9   Discover Magazine (September 2008), Artikel *DNA is Not Your Destiny*, in: www.discovermagazine.com/2006/nov/cover.

10 Wenn Sie möchten, können Sie mit Kahuna Kalei'iliahi über ihre Website Verbindung aufnehmen: www.kaleiiliahi.com.

11 Quelle: http://lemuriansisterhood.com/kryon/

12 *Binaurale Beats* sind eine akustische Täuschung, die wahrgenommen wird, wenn beiden Ohren jeweils Schall mit leicht unterschiedlicher Frequenz zugeführt wird. Anders als Schwebungen entstehen Binaurale Beats nicht durch Überlagerung von Schallwellen im Ohr, sondern im Gehirn. (Quelle: Wikipedia.org)

13 Auf folgenden Webseiten können Sie mehr über die Lemurische Schwesternschaft und Amber Wolf erfahren, außerdem eine ihrer CDs mit den göttlich inspirierten Meditationen erwerben: www.lemuriansisterhood.com; www.sacredenergyalchemy.com.

14 Weitere Informationen über *The Lattice* finden sich auf meiner Website unter www.monikamuranyi.com unter dem Reiter »Extras«. Für weitere Informationen über die EMF Balancing Technique oder zur Vereinbarung einer Energiebehandlung von Peggy Phoenix Dubro können Sie die folgende Website besuchen: www.emfbalancingtechnique.com.

15 Weitere Informationen finden sich auf den folgenden Seiten: www.jennyjohnston.com.au und www.quantumeft.com.au.

16 Unter dem Reiter »Extras« auf meiner Website www.monika muranyi.com finden Sie weitere Informationen über das Angeborene.

17 Quellen: http://www.telegraph.co.uk/science/science-news/952 4165/Worldwide-army-of-scientists-cracks-the-junk-DNA-code.html; http://www.telegraph.co.uk/science/9534185/Junk-DNA-and-the-mystery-of-mankinds-missing-genes.html.

18 Quelle: www.collective-evolution.com/2011/09/02/scientist-prove-dna-can-be-reprogrammed-by-words-and-frequencies.

19 Quelle: http://www.iisis.net/index.php?page=semkiw-ian-stevenson-reincarnation-past-lives-research.

Danksagung

Dies ist das zweite Buch der Kryon-Trilogie mit themenorientierten Botschaften, die Kryon über Lee Carroll durchgegeben hat. Lees Partnerschaft mit Kryon hat viele Leben zutiefst bereichert und transformiert. Danke, Lee, für dein Ja zu Kryon vor vierundzwanzig Jahren und für deine Bereitschaft, die Weitergabe dieser Botschaften an die Welt zu deiner Lebensaufgabe zu machen!

Zu diesem Buch haben auch weitere schöne Seelen beigetragen. Sie haben mein Leben auf vielerlei Weise bereichert. Dank geht an Kahuna Kalei'iliahi (Kalei). Kalei trägt in sich die hawaiianische und lemurische Abstammungslinie. Ihre Kommunikation mit den Ahnen, ihre Weisheit und ihr Wissen als hawaiianische Hohepriesterin sind für uns alle ein Geschenk. Früher wurde dieses Wissen nur von männlichen Kahunas bewahrt und weitergegeben. In unserer neuen Energie übermittelt zum ersten Mal eine Frau diese uralten Wege an Menschen, die nicht zu den indigenen Völkern gehören. Ich wünsche Ihnen viel Freude mit den von Kalei gechannelten Botschaften!

Amber Wolf hat mir freundlicherweise während meiner Arbeit an diesem Buch ihr Zuhause zur Verfügung gestellt, mir Unterstützung gewährt und mir mit ihren kenntnisreichen Hinweisen sehr geholfen. Danke, Amber, für die wunderbare gemeinsame Zeit und für die Chance, deine geführte Meditation zum »Schürfen« in der Akasha zu erleben!

Ein Dankeschön geht auch an Peggy Phoenix Dubro. Ihre Energiearbeit hat mein Leben verwandelt. Danke, Laurie Reyon Anderson. Deine liebevollen Botschaften von den Walen und Delfinen sind nach wie vor eine Inspiration für alle, die sie lesen.

Zur elften Stunde lernte ich durch Synchronizität (über eine E-Mail) eine geniale Lektorin kennen; sie bot mir an, mein Manuskript zu edieren. Danke, Lourana Howard, für das Buchlektorat [der englischsprachigen Ausgabe] und deine beständige Unterstützung der Kryon-Arbeit.

Auch bei meinem Verlag *Ariane Editions* möchte ich mich bedanken. Es ist für mich ein Segen, von einem Unternehmen vertreten zu werden, das einen solch hohen Bewusstseinsstand hat und den Wunsch verspürt, den großen Wandel, der auf dem Planeten vor sich geht, zu beschleunigen.

Zum Schluss möchte ich mich bei Ihnen, liebe Leserinnen und Leser, bedanken. Lassen Sie Ihre Augen über diese Seite wandern und spüren Sie meine energetische Umarmung – dies ist auch eine Umarmung des gesamten Kryon-Gefolges und der Kryon-Familie!

Die App »Nutze das Potenzial deiner Akasha«

In dieser App sind Channelings und Anleitungen enthalten, mit deren Hilfe Sie das Potenzial und das Wissen Ihrer Akasha in Ihrem jetzigen Leben nutzen und integrieren können. Mit speziellen Channelings für die Bereiche Gesundheit, Beziehungen, Beruf und Geld, Innerer Frieden, Lebensaufgabe sowie einem Channeling, um unerwünschte Muster loszulassen, können Sie das Potenzial Ihrer Akasha in Ihrem Jetzt aktivieren.

Ebenso befinden sich in der App ein Morgen- und ein Abendchanneling, um mit der Akasha in Ihrem Alltag verbunden zu sein.

Diese App unterstützt Sie auf Ihrem Smartphone oder Tablet, um Ihr volles Potenzial als göttlicher Mensch auf Erden zu leben.

Ihre Wünsche, die Veränderungen in Ihrem Leben sowie Ihre Erfahrungen können in der App notiert werden. Dies unterstützt Sie, Ihr Leben in einem Zustand von höchster Schwingung und in großer Freude und voller Kraft zu leben.

Die App, die Meditationen separat als MP3-Dateien sowie eine Community zum Austausch mit Gleichgesinnten finden Sie unter www.leecarroll.momanda.de

Die Autorin

Monika Muranyi hatte schon immer eine tiefe Affinität und Verbindung zu unserem Planeten Erde. Sie hat einen Abschluss als Bachelor (Honors) of Applied Science der Southern Cross University, New South Wales/Australien. Sie hat über fünfzehn Jahre lang in verschiedenen australischen und neuseeländischen Nationalparks gearbeitet. Sie ist anerkannter EMF (Electro Magnetic Field) Balancing Technique™ Practitioner (Phasen I–XIII) und interessiert sich auch leidenschaftlich für Fotografie. Viele ihrer Fotografien sind auf ihrer eigenen und auf Lee Carrolls Website zu finden: www.kryon.com und www.monikamuranyi.com.

Monika hat die in diesem Buch zusammengetragenen Informationen sorgfältig recherchiert und viele Orte bereist, um ihre persönliche Akasha zu erforschen und zu verstehen – unter anderem Australien, Neuseeland, USA inklusive Hawaii, Chile, Argentinien, Brasilien, Uruguay, Bolivien, Peru, Ecuador, Kolumbien, Venezuela, Mexiko, Russland, Ukraine, Polen, Bulgarien, Ungarn, Schweiz, Spanien und Portugal.

Die Inspiration zum Schreiben dieses Buches geht auf Monikas Wunsch zurück, die Weisheit und die Lehren von Kryon auch anderen Menschen zugänglich zu machen, damit sie ihre Akasha durchforsten und ihr höchstes Potenzial verwirklichen können.

Monika Muranyi

Der GAIA-Effekt

Gesammelte Kryon-Botschaften:
Wie Erde und Menschheit
zusammenwirken

Kann es sein, dass Gaias einziger Sinn und Zweck darin besteht, die Menschheit zu unterstützen? Dass Menschen nicht einfach nur eine weitere Säugetierart auf einem Planeten sind, der sich um die Sonne dreht? Dass die Energie, die aufgrund der Schwingung dieses Planeten entsteht, auf dem Tun der Menschheit beruht, was sich wiederum auf das gesamte Universum auswirkt? Die Antwort auf all diese Fragen lautet: Ja! Wenn das so ist – was ist das für ein System, das so etwas bewirken kann?

Die australische Autorin und Naturschützerin Monika Muranyi hat alles zusammengestellt, was Kryon jemals über Gaia durchgegeben hat. Seit fast einem Vierteljahrhundert finden die liebevollen Botschaften von Kryon, wie sie über Lee Carroll – das ursprüngliche Medium für Kryon – gechannelt werden, auf der ganzen Welt Verbreitung.

Die persönlichen Erfahrungen und Erkenntnisse der Autorin bilden das Bindeglied zwischen den einzelnen Kryon-Unterweisungen; so ergibt sich ein einzigartiges Bild, welches uns vermittelt, woher wir kommen und warum wir hier sind.

Der Gaia-Effekt
Gesammelte Kryon-Botschaften:
Wie Erde und Menschheit zusammenwirken

352 Seiten
ISBN 978-3-86728-242-0